A NEW INTRODUCTION TO MYTHOLOGY
新・神話学入門

山田仁史 ──［著］

朝倉書店

目 次

序　章　神話と神話学 —— 精神史として ———————————————— 1

第1章　聖書という前提 —— ユダヤ=キリスト教世界 ———————— 7
1.1　『旧約聖書』の成り立ち………………………………………………………7
　　第1話　『旧約聖書』創世記の冒頭……………………………………………7
1.2　『旧約聖書』の翻訳……………………………………………………………11
1.3　ノアの洪水……………………………………………………………………13
　　第2話　ノアの洪水……………………………………………………………13
1.4　英雄神話の一類型……………………………………………………………16
　　第3話　モーセの生い立ち……………………………………………………16
1.5　儀礼と神話……………………………………………………………………18

第2章　古典古代の遺産 —— ギリシャとローマ ——————————— 20
2.1　ギリシャ・ローマ神話とは…………………………………………………20
　　第4話　ローマ建国伝説………………………………………………………21
2.2　ウラノス・クロノスの天地分離……………………………………………23
　　第5話　ウラノス・クロノスの天地分離……………………………………24
2.3　オルフェウスの冥界訪問，そして典拠への道……………………………26
　　第6話　オルフェウスの冥界訪問……………………………………………27
2.4　中世以来における神話の解釈と継承………………………………………29
2.5　二大伝統のその後……………………………………………………………31

第3章　新世界との出会い —— 南北アメリカ大陸 —————————— 35
3.1　非ヨーロッパ世界への視線…………………………………………………35
3.2　「食人種」の記録，神話の記録………………………………………………37
　　第7話　シュターデンの記録したブラジル・トゥピナンバ族の洪水神話……38
　　第8話　ル・ジューヌが記録したアルゴンキン系の神話・神観念…………39
3.3　新大陸神話の解釈へ…………………………………………………………40
　　第9話　ラフィトーが記録したイロクォイ族の神話………………………40
3.4　アメリカ大陸の神話 —— その後の研究から………………………………43

第4章 『エッダ』と『オシアン』の衝撃 ── ゲルマンとケルト ── 48
4.1 ゲルマンとケルト ── 48
4.2 ゲルマン(北欧)神話の成立と概要 ── 50
第10話 「巫女の予言」から，冒頭と世界の終末・再生 ── 51
第11話 トールと山羊の挿話 ── 52
4.3 再発見の衝撃 ── 53
4.4 民俗学の勃興から現代へ ── 56
4.5 ケルト神話とその原典・翻訳 ── 59
第12話 常若の国のアシーン ── 60
関連年表 ── 62

第5章 比較言語学から宗教学・神話学へ ── ペルシャとインド ── 67
5.1 「衝撃に次ぐ衝撃，解読に次ぐ解読」 ── 67
第13話 『ブンダヒシュン』による原牛と原人 ── 68
5.2 比較言語学の成立と発展 ── 71
5.3 マックス・ミュラーと宗教学・神話学の確立 ── 72
第14話 『リグ・ヴェーダ』の原人プルシャ ── 73
5.4 叙事詩と説話 ── 74
第15話 『ジャータカ』に見える「猿の生き肝」 ── 75
関連年表 ── 77

第6章 ロゼッタストーンとギルガメシュ ── エジプトとメソポタミア ── 80
6.1 ヒエログリフの解読からエジプト神話の世界へ ── 80
6.2 エジプトの天地分離神話その他 ── 81
第16話 オシリスとイシスの物語 ── 83
6.3 メソポタミアの『ギルガメシュ叙事詩』 ── 84
第17話 『ギルガメシュ叙事詩』にみえる洪水神話 ── 85
第18話 ギルガメシュによる不死の探求と失敗 ── 86
関連年表 ── 88

第7章 南海の魅惑 ── オセアニア ── 91
7.1 民族学の対象としての「先住民族」 ── 91
7.2 オセアニアとオーストロネシア語族 ── 91
7.3 タブーとマナ ── 94
7.4 オセアニアへの宣教と神話記録 ── 96
7.5 マオリの天地分離神話 ── 96

第 19 話　天父ランギと地母パパの分離 …………………………………… 97
7.6　ハワイのクムリポ ……………………………………………………………… 99
7.7　オセアニア神話の世界 ………………………………………………………… 100
　　第 20 話　メラネシアの天女伝承 ………………………………………… 100
　　第 21 話　裕福なオンドリと貧乏なオンドリ …………………………… 102
　　関連年表 …………………………………………………………………… 103

第 8 章　翻訳された日本・琉球・アイヌの神話 ——————— 107
8.1　日本神話の成立と継承 ………………………………………………………… 107
8.2　ジャパノロジーの成立まで …………………………………………………… 108
8.3　ジャパノロジストによる研究と翻訳 ………………………………………… 110
　　第 22 話　『古事記』にみられる作物起源神話 ………………………… 112
8.4　琉球の神話 ……………………………………………………………………… 113
　　第 23 話　琉球の「火の起源神話」……………………………………… 114
8.5　アイヌの神話 …………………………………………………………………… 115
　　第 24 話　『アイヌ神謡集』所収「梟の神が自ら歌った謡コンクワ」から …… 117
8.6　日本神話の比較研究 …………………………………………………………… 118

第 9 章　新大陸との再会 —— マヤ・アステカ・インカ ——————— 123
9.1　メソアメリカの神話 …………………………………………………………… 123
　　第 25 話　『ポポル・ヴフ（ウーフ）』の冒頭場面 …………………… 124
　　第 26 話　アステカの世界巨人神話 ……………………………………… 126
9.2　メソアメリカの神話資料 ……………………………………………………… 127
9.3　インカ帝国とその神話資料 …………………………………………………… 128
9.4　ネイティヴ・アメリカンのロマンと調査 …………………………………… 130
　　第 27 話　ブラジル・カラヤ族の呪的逃走説話 ………………………… 131

第 10 章　フェティッシュとシャマン —— アフリカと北ユーラシア ——————— 135
10.1　「フェティッシュ」論とアフリカ探検史 …………………………………… 135
10.2　アフリカ神話の概要 ………………………………………………………… 138
10.3　江口一久の西アフリカ民間説話研究 ……………………………………… 139
　　第 28 話　細足とおちょぼ口と太鼓腹 …………………………………… 141
10.4　「シャマン」の「発見」 ……………………………………………………… 142
10.5　北ユーラシア民族学・民俗学の展開 ……………………………………… 143
　　第 29 話　『カレワラ』冒頭 ……………………………………………… 144
10.6　北・中央ユーラシア伝承の研究 …………………………………………… 146

第 30 話　『ゲセル・ハーン物語』の一場面･･････････････････････････････ 146
関連年表･･･ 147

第 11 章　宣教と民族誌 —— 東南アジア ———————————— 153
11.1　東南アジア概観･･ 153
11.2　宣教・統治と民族誌･･ 154
11.3　起源神話･･ 155
11.4　楽園喪失にかかわる神話･･ 156
　　　第 31 話　スラウェシ島ポソのバナナ型神話････････････････････････ 157
11.5　大洪水と火の起源･･ 157
11.6　作物・稲魂（いなだま）・カミ････････････････････････････････････ 159
11.7　天体にかかわる神話･･ 160
　　　第 32 話　トンキン地方（ベトナム北部）マン族の太陽を射る話･････ 161
11.8　昔話化した伝承群･･ 162
　　　第 33 話　フィリピン・タガログ語の猿亀合戦･･････････････････････ 163
11.9　諸文明との邂逅･･ 164

第 12 章　シノロジーから東アジア学へ —— 中国と朝鮮半島 ————— 168
12.1　東アジアの巨視的見方･･ 168
12.2　シノロジーから東アジア学へ･･････････････････････････････････････ 170
12.3　中国の古典神話･･ 170
　　　第 34 話　盤古の死と世界の創造････････････････････････････････････ 172
12.4　中国の民間伝承・民間信仰･･ 173
　　　第 35 話　中国のシンデレラ物語････････････････････････････････････ 175
12.5　朝鮮半島の神話・伝説･･ 176
　　　第 36 話　檀君神話･･ 176

終　章　現代における神話と神話学 ————————————————— 181

あとがき ————————————————————————————— 185
索　引 —————————————————————————————— 187

序章
神話と神話学
──精神史として

　この本は，神話と神話学をとりあつかう。いったいこれらは，どんなものだろう。日本語で「神話」と書くと，「神の話」のように思うかもしれない。しかし第8章で見るように，この語は明治時代の日本において，翻訳語として作られたものだ。では，もとはどんな意味だったのだろうか。

　そもそも「神話」は英語でいえばミス（myth），ドイツ語ではミュートス（Mythos），フランス語ではミット（mythe）で，すべてギリシャ語のミュートス（μῦθος）という語に由来する。これの説明を『ギリシャ語英語辞典』から引いてみよう。

(1) 口から発する言葉により伝えられる事柄，言葉，発話。「エルゴン」つまり行為に対置され，行いを伴わない単なる言葉，発話である。
(2) 談話，会話。また会話の主題や，話題そのもの。
(3) 忠告，命令，指令。
(4) 目的，意図，計画。
(5-1) 説話，物語。後に「ミュートス」は詩的・伝説的説話として，歴史的説明に対置された。
(5-2) 説話，物語，寓話。たとえばイソップの寓話。

　　　　　　　　　　　　　　　　　　【4】Liddell & Scott 1871:454）

　つまりミュートスとは，もとは単なる「言葉」の意味だった。それが次第に，我々の今日用いているような，詩的・伝説的な物語へと意味が狭まってきたわけである。

　では，「神話」は他のタイプの話とはどう違うのだろう？　たとえば，神話の他に伝説（英 legend，独 Sage，仏 légende）とか昔話（英 folktale，独 Märchen，仏 conte populaire）のような話もあるけれど，どう違うのか？

例を出してみよう。神話としてはたとえば『旧約聖書』の創世記に書かれた話がある。そこには初めに神が天と地を作り，それから植物や動物を作り，その後に人間の男アダムと女エバ（イヴ）を作った，と書かれている。それから，大洪水が起こって，それをノアという人が方舟に乗って逃れた，というふうに続いていく。
　伝説はどうか。たとえばウェールズ地方のアーサー王伝説，ドイツではリヒャルト・ワーグナーのオペラでもよく知られている『ニーベルンゲンの歌』のジークフリート伝説，それから日本ではあちこちに，弘法大師が植えた木や休んだ場所などの伝説があり，東北では慈覚大師や坂上田村麻呂，源義経などの伝説が残っている。
　昔話となると，桃太郎の鬼退治やグリム童話の赤ずきんなど，様々である。ではこれらを比べてみると，どう違うか。まず昔話からいこう。桃太郎の話はどう始まったか，思い出してほしい。「むかしむかし，ある所に，おじいさんとおばあさんが住んでいました。あるときおじいさんは山へ柴刈りに，おばあさんは川へ洗濯にでかけました。おばあさんが川で洗濯していると，大きな桃が，ドンブラコ，ドンブラコ，と流れてきました」と始まっている。
　ここで気づくのは，ここでは「むかしむかし」と言っているけれども，いつのこと，ときちんと特定しているわけではない。それに登場人物も，おじいさん・おばあさん，のように言うだけで，ドコソコのダレソレ，とちゃんと説明されているわけではない。このように，昔話は時間や場所をハッキリさせないことが多い。だからどこの誰が聞いても，何となく分かるし，面白いと思える，そんな性格を持つ。
　それに対して，伝説はちょっと違う。アーサー王やジークフリート，弘法大師など，明確な名前が出てくる。それに伝説の舞台となる場所もだいたい特定されている。さらに弘法大師が腰掛けた岩や植えた木などが，今も残っている場合もある。このように伝説とは，歴史の中で実際にあった出来事だということを強調することが多い。それで固有名詞が登場するのである。
　では神話というのはどうか。これは，時間からいえば遠い昔を舞台とする。そしてまた，今われわれが住んでいるこの世界が，どうやってできたか，という起源を説明していることが多い。『旧約聖書』にもあったように，天地や動植物，そして人間はどうやってできたか，といったことが説明されている。
　やや図式的になるが，神話・伝説・昔話の違い，というよりはむしろこれら

表1　散文体の語り物における三形態（【4】Bascom 1984）

形態	信仰	時代	場所	態度	主要登場人物
神話	事実	遠い過去	異界または今より古い世界	神聖	非・人間
伝説	事実	近い過去	今日の世界	神聖または世俗	人間
昔話	虚構	いつでも	どこでも	世俗	人間または非・人間

　三つの語を学術的に用いる場合の区別を示したのが，米国のウィリアム・バスコムによる表1である。
　この表では「神話」に対して人々は「事実」あった物語として信仰してきた，と示されている。今のように科学が進んだ時代の我々からすると，神話とはただの想像上のお伽話のように見えるかもしれないが，人類の祖先たちが各地で，いろいろと想像を働かせて考え，子供たちや孫たちに，初めは口伝えで語ってきたのが神話といえる。そして，神話について研究する学問を「神話学」（mythology）と呼んでいる。ただ，今あげたような三つのジャンルの物語は，しばしば区別をつけにくいこともあるし，ジャンルを越えて共通するモチーフも多いので，本書では神話だけでなく，伝説や昔話も広く取り上げてゆくことにしよう。
　ところで，神話についていろいろ調べを進めていくうちに，どうも私には，テクストそのものもさることながら，それを取り巻くコンテクスト（文脈）の方がだんだん気になるようになってきた。いったい神話とはどんな状況で生まれ，語られ，書き留められ，あるいは翻訳されて，今の我々に伝えられているのか，ということである。
　たとえばゲルマン（北欧）神話なら，それが北欧で口ずさまれてきたのが，キリスト教の伝来に伴い，異教として失われる危機に瀕してかろうじて記録され，長い休眠期間をへた後「再発見」されたこと（詳しくは第4章）。オセアニアや東南アジアの無文字社会で，まさに口伝えで語られてきた神話の多くは，宣教師や植民地行政官や探検家などにより初めて記録されたものであること（第7・11章参照）。
　こうしたことが，次第に私の視野に入ってきた。そうなると，○○神話はこういうものである，といった静的な記述では満足できない。そうではなく動的にみるなら，聖書・古典古代（ギリシャ・ローマ）の知識をもっていたヨーロッパの知識人たちが，異民族の神話資料を発見し，原語から翻訳し，比較してい

く，という長い歴史があった。テクストそのものもだが，そうしたコンテクストも押さえていかないと，本当に神話というものを理解することにはならないのでは，と思うようになったのである。

　本書で試みるのは，ある意味においてヨーロッパ知識人の精神史，という立場から，ことに異文化との出会いを重視しつつ，神話学のあゆみをたどり直すことである。その際，ヨーロッパが接した異文化のうち早いものから，順を追って12章に分けてみた。もちろんこの順序は便宜的ではあるが，それぞれの時代精神を大きく揺さぶった外からの刺激の存在，そしてそこにおいて神話が果たした役割の大きさを，感じてもらえることと思う。

本章の参考文献
【1】本書の全般的な参考文献
大林太良／伊藤清司／吉田敦彦／松村一男（編）2012『世界神話事典』全2冊（角川ソフィア文庫）角川書店．
大林太良 1966『神話学入門』（中公新書；96）中央公論社．
シュール，P=M／F・L・アトリー／J・セズネック／F・ハード／M・エリアーデ 1987『神話の系譜学』（叢書ヒストリー・オヴ・アイディアズ；13）野町啓／松村一男／高田勇／加藤光也／久米博（訳）平凡社．
de Vries, Jan. 1961. *Forschungsgeschichte der Mythologie*. Freiburg: Verlag Karl Alber.
【2】辞事典および工具書
篠田知和基／丸山顯德（編）2016『世界神話伝説大事典』勉誠出版．
松村一男／平藤喜久子／山田仁史（編）2013『神の文化史事典』白水社．
ボンヌフォワ，イヴ（編）2001『世界神話大事典』金光仁三郎（主幹）大修館書店．
稲田浩二ほか（編）1994『日本昔話事典』縮刷版，弘文堂．
Schmalzriedt, Egidius & Hans Wilhelm Haussig (Hrsg.) 1965-. *Wörterbuch der Mythologie*. Stuttgart: Klett. (Abt. 1: Die alten Kulturvölker, Bd. 1: *Götter und Mythen im vorderen Orient*; Bd. 2: *Götter und Mythen im alten Europa*; Bd. 4: *Götter und Mythen der kaukasischen und iranischen Völker*; Bd. 5: *Götter und Mythen des indischen Subkontinents*; Bd. 6: *Götter und Mythen Ostasiens*; Bd. 7: *Götter und Mythen in Zentralasien und Nordeurasien*, 未完結)
Ranke, Kurt (Hrsg.) 1977-2015. *Enzyklopädie des Märchens*, 15 Bde. Berlin: Walter de Gruyter.
Lurker, Manfred. 1989. *Lexikon der Götter und Dämonen. Namen—Funktionen—Symbole / Attribute*, 2., erweiterte Aufl. (Kröners Taschenausgabe; Bd. 463). Stuttgart: Alfred Kröner Verlag.
Thompson, Stith. 1955-58. *Motif-Index of Folk-Literature*, 6 Vols. Bloomington: Indiana University Press.
Aarne, Antti & Stith Thompson. 1961. *The Types of the Folktale: A Classification and Bibliography*. Translated and Enlarged by Stith Thompson. (FF Communications; No. 184 = Vol. 75). Helsinki: Suomalainen Tiedeakatemia.
Uther, Hans-Jörg. 2004. *The Types of International Folktales: A Classification and Bibliography*, 3 Vols. (FF Communications; No. 284-286). Helsinki: Suomalainen Tiedeakatemia.
【3】世界の神話集成
Gray, Louis Herbert & John Arnot MacCulloch (eds.) 1916-32. *Mythology of All Races*, 13 Vols. Boston: Marshall Jones. (1: *Greek and Roman* by William Sherwood Fox, 1916; 2: *Eddic* by John Arnot MacCulloch, 1930; 3: *Celtic* by John Arnot MacCulloch, *Slavic* by Jan Máchal, 1918; 4: *Finno-Ugric, Siberian* by Uno Holmberg, 1927; 5: *Semitic* by Stephen Herbert Langdon, 1931; 6: *Indian* by A. Berriedale Keith, *Iranian* by Albert J. Carnoy, 1917; 7: *Armenian* by Mardiros H. Ananikian, *African* by Alice Werner, 1925; 8: *Chinese* by John C. Ferguson, *Japanese* by Masaharu Anesaki, 1928; 9: *Oceanic* by Roland B. Dixon, 1916; 10:

North American by Hartley Burr Alexander, 1916; 11: *Latin-American* by Hartley Burr Alexander, 1920; 12: *Egyptian*, by Max Müller, *Indo-Chinese* by James George Scott, 1918; 13: *Complete Index*, 1932).

みすず・ぶっくすの神話シリーズ, みすず書房, 1959-60. (13・14:ギラン／ピエール『ギリシア・ローマ神話』1・2, 1959;28:ウルセル／モラン『インドの神話』1959;29:リュケ／ヴィオー／ギラン／ドラボルト『オリエントの神話』1959;30:フォーコンネ／リュケ『新大陸の神話』1959;33:トンヌラ／ロート／ギラン『ゲルマンの神話』1960;35・36:袁珂『中国古代神話』上・下, 1960;40:アレグザンスキー／ギラン『ロシアの神話』1960)

小沢俊夫（編・訳）1976『世界の民話』全37巻, ぎょうせい. (1 ドイツ・スイス；2 南欧；3 北欧；4-5 東欧；6 イギリス；7 アフリカ；8 中近東；9-10 アジア；11-12 アメリカ大陸；13 地中海；14 ロートリンゲン；15 アイルランド・ブルターニュ；16 アルバニア・クロアチア；17 カビール・西アフリカ；18 イスラエル；19 パンジャブ；20 コーカサス；21 モンゴル・シベリア；22 インドネシア・ベトナム；23 パプア・ニューギニア；24 エスキモー・北米インディアン・コルディリェーラインディアン；25 解説編；26 オランダ・ベルギー；27 ウクライナ；28 オーストリア；29 マヨルカ島；30 パキスタン；31 カリブ海；32 アイスランド；33 リトアニア；34 中央アフリカ；35 イエーメン；36 オーストラリア；37 シベリア東部)

関敬吾ほか（監修）1978-81『アジアの民話』全12巻, 大日本絵画. (1 ビルマ；2 済州島；3-4 北方民族；5 セイロン；6 ミクロネシア；7 フィリピン；8 インド；9 中国；10 パプア；11 ベトナム；12 パンチャタントラ)

松村武雄ほか（編）1979-81『世界神話伝説大系』改訂版, 全42巻, 名著普及会. (初版は1928年近代社刊) (1-2 アフリカ；3 エジプト；4 ペルシア；5 バビロニア・アッシリア・パレスチナ；6-7 ヘブライ；8-9 日本；10 シベリア；11 中国・台湾；12 朝鮮；13-14 インド；15 インドネシア・ベトナム；16 メキシコ；17 ペルー・ブラジル；18-20 北アメリカ；21 オーストラリア・ポリネシア；22 メラネシア・ミクロネシア；23-24 ドイツ；25 オーストリア；26 フランス；27 ベルギー；28 スペイン；29-30 北欧；31 フィンランド；32 ロシア；33 ハンガリー；34 セルビア；35-37 ギリシア・ローマ；38 イングランド；39 スコットランド；40-41 アイルランド；42 総索引)

『世界の神話』全10巻, 筑摩書房, 1982-83. (1 メソポタミア；2 エジプト；3 ギリシア・ローマ；4 ヘブライ；5 ペルシア；6 インド；7 中国；8 北欧；9 ケルト；10 日本)

青土社の神話シリーズ, 青土社, ca. 1988-97. (イオンズ『エジプト神話』1988；バーランド『アメリカ・インディアン神話』1990；イオンズ『インド神話』1990；ギラン『ギリシア神話』1991；マッカーナ『ケルト神話』1991；パリンダー『アフリカ神話』1991；デイヴィッドソン『北欧神話』1992；ゴールドスタイン『ユダヤの神話伝説』1992；ニコルソン『マヤ・アステカの神話』1992；オズボーン『ペルー・インカの神話』1992；シンプソン『ヨーロッパの神話伝説』1992；ギラン『ロシアの神話』新版1993；グレイ『オリエント神話』1993；ヒネルス『ペルシア神話』1993；ポイニャント『オセアニア神話』1993；ペローン『ローマ神話』1994；袁珂『中国の神話伝説』1993；エヴリー『キリスト教の神話伝説』1994；金両基『韓国神話』1995；パーカー『アボリジニー神話』1996；吉田敦彦／古川のり子『日本の神話伝説』1996；アードス／オルティス『アメリカ先住民の神話伝説』1997)

青土社の民話シリーズ, 青土社, 1994-99. (グラッシー『アイルランドの民話』1994；アブラハム『アフリカの民話』1995；ブシュナク『アラブの民話』1995；ノーマン『エスキモーの民話』1995；プーラ『フランスの民話』1995；ラーマーヌジャン『インドの民話』1995；ヴァインライヒ『イディッシュの民話』1995；アブラハムズ『アフロ・アメリカンの民話』1996；ブレッチャー『スウェーデンの民話』1996；ハイド＝チェンバース／ハイド＝チェンバース『チベットの民話』1996；コロネル『フィリピンの民話』1997；サデー『ユダヤの民話』1997；アスビョルンセン／モー『ノルウェーの民話』1999；シャマワゾー『クレオールの民話』1999)

東方書店の神話・伝説シリーズ, 東方書店, 1991-96. (黄沍江『韓国の神話・伝説』1991；原山煌『モンゴルの神話・伝説』1995；荻原眞子『東北アジアの神話・伝説』1995；伊藤清司『中国の神話・伝説』1996)

丸善ブックスの神話シリーズ, 丸善, 1994-2004. (3 バーン『ギリシアの神話』1994；6 マッコール『メソポタミアの神話』1994；12 ハート『エジプトの神話』1994；15 ペイジ『北欧の神話』1994；44 タウベ『アステカ・マヤの神話』1996；62 グリーン『ケルトの神話』1997；71 ガードナー『ローマの神話』1998；

96 カーティス『ペルシャの神話』2002；98 アートン『インカの神話』2002；99 ビレル『中国の神話』2003；101 ワーナー『ロシアの神話』2004）

Jockel, Rudolf. 1953. *Götter und Dämonen. Mythen der Völker*. Wiesbaden: Fourier Verlag.

大林太良（編）1976『世界の神話：万物の起源を読む』（NHK ブックス；259）日本放送出版協会.

パノフ，ミシェルほか 1985『無文字民族の神話』大林太良ほか（訳）白水社.

【4】本章に関するその他の参考文献

Liddell, Henry George & Robert Scott (eds.) 1871. *A Lexicon abridged from Liddell and Scott's Greek-English Lexicon*. Oxford: Clarendon.（スタンダードなギリシャ語辞典の簡約版）

Bascom, William. 1984. The Forms of Folklore: Prose Narratives. *In*: Dundes, Alan (ed.), *Sacred Narrative: Readings in the Theory of Myth*: 5-29. Berkeley: University of California Press.（初出は 1965 年）

第1章
聖書という前提
―― ユダヤ=キリスト教世界

ノアの方舟
(チュルリョーニス画
「燔祭」にもとづく)

1.1 『旧約聖書』の成り立ち

　ヨーロッパでは，西暦392年にローマがキリスト教を国教として以来，その信仰がしだいに広がった。そしてゲルマン人やケルト人など，それまで「異教徒」だった人々の間にも浸透し，中世・近代ヨーロッパ知識人の精神的支柱をなすに至った。

　その際に聖典とされたのが『旧約（ヘブライ語）聖書』と『新約聖書』である。前者の冒頭に置かれた五書は「モーセ五書」と総称され，次のような構成をもつ（括弧内はヘブライ語と英語）。

1　創世記（ベレーシート，Genesis）
2　出エジプト記（シェモートゥ，Exodus）
3　レビ記（ワッイクラー，Leviticus）
4　民数記（ベミドバル，Numbers）
5　申命記（デヴァリーム，Deuteronomy）

そしてとりわけ『創世記』と『出エジプト記』には，世界の創造から始まる物語性のつよい神話がつづられているのである。

第1話　『旧約聖書』創世記の冒頭

　はじめに神は天と地を創造した。
　地は空漠として，闇が混沌の海の面（おもて）にあり，神の霊がその水の面に働きかけていた。神は言った，「光あれ」。すると光があった。神は光を見て，よしとした。神は光と闇の間を分けた。神は光を昼と呼び，闇を夜と呼んだ。夕（ゆうべ）となり，朝となった。（第）一日である。
　神は言った，「水の中に蒼穹があって，水と水の間を分けるものとなるように」。神は蒼穹を造り，蒼穹の下の水と蒼穹の上の水との間を分けた。するとそうなっ

た。神は蒼穹を天と呼んだ。夕となり，朝となった。第二日である。

　神は言った，「天の下の水は一箇所に集まり，乾いた所があらわれるように」。するとそうなった。神は乾いた所を地と呼び，水の集まった所を海と呼んだ。神は見て，よしとした。神は言った，「地は草木を，すなわち，種をつける草と種ある実を結ぶ木とを種類に従って地上に芽生えさせるように」。するとそうなった。地は草木を，すなわち，種をつける草を種類に従って，また，種ある実を結ぶ木を種類に従って生じさせた。神は見て，よしとした。夕となり，朝となった。第三日である。

　神は言った，「天の蒼穹に輝くものがあって，昼と夜とを分けるように。それらはしるしとなって，季節と日と年とを刻むように。それらは天の蒼穹で輝くものとなって，地上を照らすように」。するとそうなった。神は大きな輝くものを二つ，すなわち，昼を治めさせるための大きい輝きと夜を治めさせるための小さい輝きとを，また星を，造った。神は地上を照らすため，それらを天の蒼穹に据えた。昼と夜とを治めるため，また光と闇とを分けるためである。神は見て，よしとした。夕となり，朝となった。第四日である。

　神は言った，「水は群がる生き物でうごめくように，鳥は天の蒼穹の面に沿って地上を飛ぶように」。神は，水をうごめかす大きな怪物とすべての這う生き物とを種類に従って，また翼のあるすべての鳥を種類に従って創造した。神は見て，よしとした。神はこれらを祝福して，言った，「生めよ，増えよ。海で水に満ちよ。鳥は地に増えるように」。夕となり，朝となった。第五日である。

　神は言った，「地は生き物を種類に従って，すなわち家畜と這うものと地の獣とを種類に従って，生ずるように」。するとそうなった。神は，地の獣を種類に従って，家畜を種類に従って，地を這うものすべてを種類に従って造った。神は見て，よしとした。

　神は言った，「われらの像(かたち)に，われらの姿に似せて，人を造ろう。そして彼らに海の魚(うお)，空の鳥，家畜，地のすべてのもの，地上を這うものすべてを支配させよう」。神は自分の像に人を創造した。神の像にこれを創造した。彼らを男と女とに創造した。神は彼らを祝福して，彼らに言った，「生めよ，増えよ。地に満ちて，これを従わせよ。海の魚，空の鳥，地を這うすべての生き物を支配せよ」。神は言った，「見よ，わたしは全地(ぜんち)の面にある，種をつけるすべての草と種をつける果実のなるすべての木とをあなたがたに与えた。それはあなたがたの食物となろう。また，地のすべての獣，空のすべての鳥，地上を這う生命あるすべてのものにも，すべての緑の草を食物として与えた」。するとそうなった。

　神が自ら造ったすべてのものを見ると，はたして，それはきわめてよかった。夕となり，朝となった。第六日である。

> こうして天と地とその万象が完成した。第七日に，神は自ら果たしたその業（わざ）を完成した。第七日に，自ら果たしたすべての業を離れ，安息をとった。神は第七日を祝福し，これを聖（なる日）と定めた。その日，神は自ら創造し果たしたそのすべての業を離れ，安息をとったからである。
> これが天と地が創造された経緯である。
>
> 　　　　　　　　　　　出典：『創世記』1:1-2:4a（【2】月本訳 1997:3-5）
>
> これに続けてアダムとエバが登場する。つまり人類起源は二度描かれている。

このように，神は六日間かけて天地，海，草木，太陽・月・星，動物，そして人間を創造した。そして七日目に安息を取ったのが，現代社会における七曜制の起源ともなっている。有名な話ではあるが，仔細に読むとさまざまなことに気づく。

たとえば，「水をうごめかす大きな怪物」とは何だろう。ヘブライ語ではタンニニム（複数形。単数は tannîn）で，元来は龍のような神話的存在を指したが，ここではクジラなど海の大型動物のことかとされている（【2】月本訳 1997:4,【1】日本基督教協議会 1959:486, 索引 61）。ドイツ語版の聖書（ルター訳）を見ると「鯨（Walfisch）」と訳されている。

また「地上を這うもの」というのは，ヘブライ語では remes または seres と言い，昆虫や爬虫類（ドイツ語で Gewürm）のことである（【2】月本訳 1997:4,【1】旧約新約聖書大事典 1989:897）。

さらにまた，古くから神学上の論争が繰り広げられてきた問題もある。すなわち，人間を創造する部分で，なぜ神は「われら」と複数形で言っているのか？　これについて，現代の旧約学では大きく見て次の三つの説明がなされている。

(1) この物語の背後に，多神教の神話があったと想定し，その名残と見るもの。しかしそうした「原本」は発見されておらず，この想定はありそうにない。

(2) 特異な文法的現象と見るもの。これには二通りあり，一つは神の偉大さを表現する尊厳複数形，もう一つは自分自身への語りかけを表す，思案の複数形。

(3) 神が天の宮廷において，傍らにいる神的（天使的）存在に語りかけたと解するもの。

そしてこれらのいずれが正しいのか，いまだ決着はついていないのである（【1】山我 2013:174-178）。

さて，上に掲げた引用には，最初の人間とされるアダムとエバ（イヴ）の話はまだ出ていない。その伝承は，これに続けて語られる（2:4b-3:24）。

それによると，まず神ヤハウェは大地の塵から人つまりアダムを形造り，その鼻にいのちの息を吹き入れることで，生きるものにしたとある。粘土をこねる土器造りからの連想かもしれない。それからヤハウェは，アダムをエデンの園におき，この楽園に生命の木と善悪を知る木を生えさせた。次にアダムのために野生動物と鳥と家畜を造り，その次に最初の女性であるエバを造った。その様子は次のように描かれている（「人」とはアダムのこと）。

  そこで，神ヤハウェは人の上に深い眠りをくだした。彼が寝込むと，神ヤハウェは彼の肋骨を一本取り，代わりに（そこを）肉でふさいだ。神ヤハウェは人から取ったその肋骨で女を造り上げ，彼女を人のところに連れて来た。人は言った，
 「これこそはわが骨の中の骨，わが肉の中の肉。
 彼女は妻と呼ばれよう，夫から取られたのだから」。
 このゆえに，人はその父と母とを見棄てて，妻と結び合う。彼らは一つの体となる。
 人とその妻，彼ら二人は裸であった。彼らは互いに恥じることはなかった（【2】月本訳 1997:8）。

これに続くのは，よく知られた失楽園の物語である。つまり蛇にそそのかされたエバは，ついに禁断の「善悪を知る木」の実を食べ，アダムにも食べさせる。すると不意に，裸でいることに羞恥心が芽生える。ヤハウェは怒り，二人をエデンの東へ追放したというのである。

ではなぜ，人類の起源について，二つの異なる話が出ているのか。これは，聖書の成立にかかわる。『聖書』は初めから一冊の書物として存在していたわけではない。『旧約聖書』は，主にヘブライ語で伝えられていた，四系統の伝承を主体としてまとめられた，と考えられている。それらは，おのおの特定のサークルで長く伝えられていたものだ（【2】関根訳 1967:220）。そして『創世記』の冒頭は，二系統の資料から編集された。

まず第1話として引用した第一の創造記は「祭司資料」(P資料) にもとづく。ここでは，創造者は単に「神」と呼ばれている。それに対し，アダムとエバが登場する第二の創造記では「神ヤハウェ」と呼ばれている。それで，第二の方は「ヤハウェ資料」(J資料) と呼ばれる。19世紀後半以来行なわれてきた研究の結果，前者はおよそ紀元前5世紀頃に祭司階級の間で書き記されたもので，後者はそれより約500年も古い時代 (前10世紀頃) に記されたものだろうと見なされている。ただし，旧約聖書の成立史，とくに資料の問題には今でも謎が多い (【2】関根訳 1967:解説, 月本訳 1997:185)。

　形態としては，初めは石に刻まれたり，粘土に記されたりしていたのが，だんだんと羊皮紙や牛皮紙にインクで書かれるようになってきたらしい。「ヤハウェ」と書く前には，必ずペンをいったん拭いて，インクを付け直すなど，畏怖の念を持ちながら筆写されたともいう (【1】浜島 2003:7, 19-20)。

　つまり『聖書』も，当然ながら人間によってまとめられたものである。おおよそ紀元前2世紀頃には，今のような形の『旧約聖書』が成立したと考えられている。しかし，成立後には安泰だったかと言えば，決してそうではない。

1.2 『旧約聖書』の翻訳

　まず紀元前1世紀頃，アレクサンドリアにユダヤ人のコミュニティがあった。ここで長い時間をかけ，当時地中海世界の公用語になっていたギリシャ語に，ヘブライ語原典からの翻訳が進められた。伝説によると，72人の学者が集められ72日間で訳し終えたというので，「七十人訳聖書」と呼ばれている。

　ところがその後，395年に東西ローマ教会は分裂し，西はラテン語，東はギリシャ語の世界になってしまう。そこで今度は『旧約聖書』をラテン語に訳す試みがなされる。ただそれには，原典のヘブライ語の知識に加え，「七十人訳」との比較対照のためにはギリシャ語の知識も要求されたため，それだけの技量をもつ学者は限られていた。これを成し遂げたのは紀元後4世紀末のヒエロニムスである。以来，そのラテン語聖書は『ウルガタ』(一般の，すべての人に知られた，の意。これには『新約聖書』も含まれる) として，中世ヨーロッパで広く読まれるようになっていく。とは言え，これを読めるのは知識人に限られており，一般民衆は説教を聞いたり，絵画化されたものを通じて理解していた。

　さて，こうしてラテン語で読まれていた『聖書』に対し，大きな変化が訪れたのはルネサンスおよび宗教改革の時期である。ことに1453年，ビザンツ帝

国つまり東ローマ帝国が滅亡し，コンスタンティノープルから頭脳流出が起こった。ギリシャ語のできる学者たちが西のラテン語世界へ逃げだし，家庭教師になったりギリシャ語の文法書を書いたりしたのである。

　これを契機に，西側では原典回帰の動きが起きた。つまり，それまでラテン語で読んできた『聖書』だが，ヘブライ語で『旧約聖書』を，ギリシャ語で『新約聖書』を読もうと試みる学者が出てきたわけである。これをやり遂げた代表格がドイツのマルティン・ルターだ。彼は1522年に『新約聖書』を，1534年には『旧約聖書』をドイツ語に訳した。これはもちろん，印刷術の発展にも助けられて可能となった。こうして人々は，自ら神の言葉やイエス・キリストの言葉にアクセスできるようになった。そしてまた，近代の標準的なドイツ語の基礎もできたのである。

　ところでこのように『聖書』がたどった経緯は，19世紀以来『聖書』の権威が下がり，学問的研究の対象になってから，少しずつ分かってきたことである。特に，1878年に出たドイツのユリウス・ヴェルハウゼンによる『イスラエル史』が，その画期となった。

　しかし，研究の道のりは平坦ではなかった。1881年には，ヴェルハウゼンの研究をイギリスで発展させようとしたロバートソン＝スミスが，『聖書』の記述を「野蛮な」異教徒の風習（トーテミズムや供犠など）と比較したというので，異端審問を受けアバディーン大学の教授職を追われている。

　とは言え，『聖書』の科学的研究は次第に進められた。その際，ヘブライ語原典といっても様々な写本があったため，それらから信頼できるテキストを再構成する必要があった。幸い，ユダヤ教のラビたちが中世（6〜10世紀頃）に，旧約聖書の本文を標準化する作業を進めていた。この作業は「マソラ」（原義は伝承）と呼ばれ，そうしてできた本文を「マソラ本文」と呼ぶ。

　こうしたものを元にして，ドイツの旧約学者ルードルフ・キッテルが編集した『ビブリア・ヘブライカ』（Biblia Hebraica, 略称BHK）初版が1906年に出（図1），1929年に

図1　旧約聖書の冒頭（BHK）

第二版が出た。そして第三版はキッテルの死後に出たが、この第三版の編集には、1008年に筆写されたレニングラード写本が利用され、いっそう正確度が増した。BHKはさらに改訂されて、いま世界で最も信頼できるとされている『旧約聖書』は、『ビブリア・ヘブライカ・シュトゥットガルテンシア』(Biblia Hebraica Stuttgartensia, 略称BHS) と呼ばれるもので、1969年に出版された。日本語で読める『創世記』のうち、岩波文庫版（関根正雄訳）はBHKに、岩波書店版（月本昭男訳）はBHSに基づいている。なお『新約聖書』は、エーバーハルト・ネストレの編になるものが、標準版と認められている。

1.3 ノアの洪水

以上に述べた二つの資料は、ノアの洪水伝承の部分においては非常に複雑に組み合わされ、編集されたらしい。すなわちアダムとエバの10代目の子孫、ノアが大洪水から逃れたという、これまた有名な話である。

第2話　ノアの洪水

次の話のうち、<u>下線を引いたのは祭司資料</u>、それ以外はヤハウェ資料に基づくとされる部分である（【3】Habel 1971による）。まずヤハウェは、地上に人の悪がはびこるのを見て、人を滅ぼそうとする。しかし、義しい人間であったノアだけは救おうと心に決めた。

<u>地は神の前に破滅していた。地は暴虐に満ちていた。神が地を見ると、はたして、それは破滅していた。すべて肉なるものが地上でその道を破滅させたからである。神はノアに言った、「すべて肉なるものの終りがわが前に迫った。彼らによって暴虐が地に満ちたからだ。よいか、わたしは彼らを地もろとも破滅させる。そこで、さあ、あなたはゴーフェル材の箱船を造りなさい。葦をもって箱船を造り、内も外も瀝青を塗るがよい。あなたがそれを造る仕様は次の通りである。箱船の長さは三百アンマ、幅は五十アンマ、高さは三十アンマ。箱船には上部に屋根を造り、アンマ（の尺度）に従ってこれを仕上げなさい。箱船の出入り口は側面に設け、一階と二階と三階のある箱船を造るがよい。わたしは、よいか、地上に大洪水——すなわち水——をもたらす。それによって、生命の霊をもつ肉なるものすべてを天の下から滅ぼすためである。地上にあるすべてのものは息絶えよう。</u>

しかし、あなたとはわが契約を立てよう。あなたは、あなたの息子たち、あな

たの妻，息子の妻たちと共に，箱船に入るがよい。また，あらゆる生き物，あらゆる肉なるものから，二匹ずつを箱船に入らせるがよい。それらがあなたと共に生き残るためである。それらは雄と雌でなければならない。鳥からも種類に従って，獣からも種類に従って，地を這うあらゆる生き物からも種類に従って，すべて二匹ずつが，それぞれ生き残るために，あなたのもとにやって来るであろう。そこで，糧となるあらゆる食べ物をあなたのもとに取り集めなさい。それがあなたとこれら（生き物）の食物となろう」。

ノアは，すべて神が彼に命じた通りにし，そのように行なった。

ヤハウェはノアに言った，「あなたとあなたの家族全員は箱船に入りなさい。わたしはあなたがこの世代にあって，なお，わが前に義しい，と認めたからである。あなたはすべての清い動物から七匹ずつをつがいで取るがよい。清くない動物からは二匹ずつをつがいで，また，空の鳥からは七羽ずつを雄雌で。全地の面に種族を保つためである。あと七日経てば，わたしは地に四十日四十夜雨を降らせ，わたしが造ったあらゆる生き物を大地の面から拭い去る」。

ノアはヤハウェが彼に命じた通りに行なった。

ノアが六百歳の時，大洪水——すなわち水——が地を襲った。ノアは大洪水の水を避けて，彼の息子たち，彼の妻，息子の妻たちと共に箱船に入った。清い動物，清くない動物，鳥，およびすべて地を這うものの中から，二匹ずつ雄と雌がノアのもとにやって来て，箱船に入った。神がノアに命じた通りであった。七日が経って，はたして，大洪水の水が地を襲った。

ノアの生涯の第六百年，二月十七日，その日に大いなる混沌の海の源がすべて裂け，天の水門が開け放たれた。大雨が四十日四十夜，地上に降った。

ちょうどその日，ノアとノアの息子セム，ハム，ヤペト，そしてノアの妻と息子の三人の妻は箱船に入った。そして，彼らと共にあらゆる獣が種類に従って，あらゆる家畜が種類に従って，あらゆる地を這うものが種類に従って，あらゆる鳥——すなわちあらゆる翼のあらゆる鳥——が種類に従って（箱船に入った）。すべて生命の霊のある肉なるものの中から二匹ずつがノアのもとにやって来て，箱船に入った。やって来たものは雄と雌であって，それはあらゆる肉なるものに及んだ。それらは神がノアに命じた通りにやって来たのである。

こうして，ヤハウェは彼の後ろ（の出入口）を閉じた。

大洪水は四十日，地上を襲った。水はみなぎり，箱船を持ち上げたので，それは地上から高く浮いた。水は勢いを増し，地の上にみなぎった。箱船はその水の面を進んだ。水は地の上にますます勢いを増し加え，全天の下にある高い山々はすべて覆われた。水はさらにその上に十五アンマほども勢いを増し，その山々は覆われた。

> こうして洪水は大地を覆いつくすこととなる。
>
> 百五十日間，水は地の上に勢いを増し続けた。
> 神はノアおよび彼と共に箱船に（入って）いたすべての獣とすべての家畜のことを想い起こし，地の上に風を吹き渡らせた。そこで水はおさまった。混沌の海の源と天の水門とは塞がれ，大雨が天に閉じ込められ，地上から水は引き続けた。百五十日が終り，水は（なお）減り続けた。
>
> 七月十七日，箱船はアララトの山地に着いた。
> 水は十月まで減り続け，十月一日，山々の頂きがあらわれた。
>
> 四十日が終って，ノアは自分が造った箱船の窓を開け，烏を放った。それは飛び立ちはしたが，地上から水が乾く前であったから，すぐに戻るのであった。ノアはまた，大地の面から水がなくなったかどうか見きわめようと，自分のもとから鳩を放った。鳩は，その足を休める場所が見あたらなかったので，箱船の彼のもとに戻って来た。水がまだ全地の面にあったからである。彼は手を差しのべて，鳩を捕らえ，箱船の自分のもとに迎え入れた。
>
> その後，さらに七日待って，ふたたび彼は鳩を箱船から放った。夕方，鳩は彼のもとに戻って来た。みると，オリーブの若葉をそのくちばしにくわえていた。そこでノアは，地上から水がなくなったことを知った。その後，さらに七日待って，鳩を放った。鳩はもはや彼のもとに戻っては来なかった。（後略）
>
> 　　　　　　　　　　　　出典：『創世記』6:5-8:22，一部省略【2】月本訳 1997:20-25）
>
> ノアの洪水に関する伝承のうち，残りの部分には，神とノアとの契約のしるしとして，空に虹がかかったことなどが語られる。

このように，ノアの洪水伝承には複雑な編集過程を反映し，さまざまな矛盾点が指摘されている。たとえば箱船に入った動物の数が違っている。つまり，祭司資料ではあらゆる生き物から雄と雌を二匹ずつ，と述べているのに対し，ヤハウェ資料では「すべての清い動物から七匹ずつをつがいで……清くない動物からは二匹ずつをつがいで，空の鳥からは七羽ずつを雄雌で。全地の面に種族を保つためである」と言う。

さらに洪水の継続期間も異なっている。すなわちヤハウェ資料では「大雨が四十日四十夜，地上に降った」と言うのに対して，祭司資料においては「百五十日間，水は地の上に勢いを増し続けた」とされている。

ただしこの大洪水神話については，編集されたとは言え，一つづきの話とし

て読むべきだという考えの学者も多い（【3】Dundes ed. 1988:15）。そしてまた，この伝承はあまりにも著名となったため，第6章に見るような考古学的あるいは民族学的な神話研究の前提としての役割も果たすこととなった。

　要するにこの話は，じつに鮮烈な印象を与えるので，ユダヤ=キリスト教世界の人々にとっては，常識の一部となってしまった。それで，こうした文化伝統の中で育った人々が異文化と出会った際には，これらと比較するような眼で，異民族の神話を見ることになっていく。言ってみれば比較の前提となったのが，こうした『旧約聖書』の神話なのである。

1.4　英雄神話の一類型

　『旧約聖書』にみられる神話的な伝承は，『創世記』に限られるわけではない。たとえば『出エジプト記』にみえるモーセの生い立ちは，非常にドラマチックである。すなわち『創世記』の最後，ノアの子孫であるアブラハムの曾孫にあたるヨセフは，父の偏愛により兄たちに妬まれ，奴隷としてエジプトに売られるが，そこで宰相にまで出世した。彼のもとへやって来た兄たちと共に，彼らイスラエル（ヘブライ）人は一つの勢力を築き始める。『出エジプト記』冒頭では，こうした動きに危機感を抱いたエジプト王が，ヘブライ人の男児を殺害するように命ずる。それを逃れ，同胞を率いてエジプトを脱出することとなるのがモーセである。

第3話　モーセの生い立ち

　エジプトの王はヘブライ女(おんな)の助産婦たちに言った。その一人の名はシフラ，もう一人の名はプア（である）。彼は言った，「お前たちがヘブライ女たちの出産を助けるとき，産み台をよく見るのだ。もし男の子なら殺せ，もし女の子なら，それは生きていてよい」。しかし助産婦たちは神を畏れていたので，エジプトの王が彼女たちに言った通りにはせず，男の子たちを生かしておいた。エジプトの王は助産婦たちを呼んで彼女たちに言った，「なぜお前たちはこんなことをしたのか，男の子たちを生かしておいたのか」。助産婦たちはファラオに言った，「ヘブライ女たちはエジプト女のようではございません。彼女たちは元気で，助産婦が来る前に産んでしまうのです」。神は助産婦たちを厚く遇した。そしてその民は増え，きわめて強大になった。助産婦たちが神を畏れたので，神は彼（女）たちに一族を与えた。ファラオは自分の民全員に命じて言った，「生まれてくる男の

子はすべてナイル河に放り込め、しかし女の子はすべて生かしておくのだ」。

　レビの家の一人の男が行って、レビ人の娘を娶った。女は身ごもり、男の子を産んだ。彼女は息子がかわいいのを見て、三ヵ月の間隠しておいた。しかしもはやそれ以上隠しておけなかったので、息子のためにパピルスでできた箱を取り、アスファルトとタールを塗り、その中にその男の子を入れ、ナイル河の岸の葦の中に置いた。彼の姉が、彼の身に何が起こるか知ろうとして、遠くに立っていた。

　ファラオの娘が水浴するためナイル河におりてきた。彼女の侍女たちはナイル河の岸辺を行き来し続けていた。ファラオの娘は葦の間にあの箱を見つけ、仕え女をやって、取ってこさせた。ファラオの娘は開けて、男の子を見た。すると、その子が泣いている。ファラオの娘はその子がかわいそうになり、言った、「これはヘブライ人の男の子だわ」。男の子の姉がファラオの娘に言った、「行って、あなた様のために、ヘブライ人の女の中から乳母を呼んで来ましょうか。あなた様のためにこの子に乳を飲ませます」。ファラオの娘は彼女に言った、「お行き」。その女の子は行って、男の子の母親を呼んできた。ファラオの娘は彼女に言った、「この子を連れて行き、私のために彼に乳を飲ませておくれ、そうすれば、この私があなたに報酬を与えましょう」。その女は男の子を引き取って、乳を飲ませた。男の子が大きくなったので、女は彼をファラオの娘のもとに連れて来た。男の子はファラオの娘の養子となった。彼女は男の子をモーセと名付けた。そして言った、「水から、私はその子を引き揚げたのだから」と。

出典：『出エジプト記』1:15-2:10（【2】木幡／山我訳 2000:4-7）

　これは英雄神話の一類型である。赤ん坊の時に棄てられ、箱などに入れられて川に漂うなどした後、苦難を経て戻ってくるというモチーフは、前三千年紀後半の、アッカドのサルゴン1世をはじめ数多くの英雄について語られている。

参考：山田仁史 2016「台湾原住民族における〈文学モチーフ〉と〈物語の文法〉」『Asia Japan Journal：アジア・日本研究センター紀要』11:31-48.

　今のは英雄神話に属する伝承だが、聖書にはこれ以外にも、先にみた創世神話、人類起源神話、洪水神話、などなど世界の様々な地域と共通するテーマやモチーフが見出される。さらにまた、聖書に描かれるのは起源の物語だけではない。『新約聖書』の最後におかれた『ヨハネの黙示録』には、宇宙的終末論が記されている。

　それによれば、復活したのち姿を消したキリストがやがて聖人たちとともに再臨し、地上にメシアの王国を建設してここを千年間統治するであろう、とされる。この期間は、サタンである竜が封印され、選ばれた者たちのみが享受で

図2　ミケランジェロ「最後の審判」

きる至福の千年間である。しかし、その期間が終わりに近づくとサタンは活動を再開し、諸国民をハルマゲドン（最終決戦場）に結集させるが、キリストに打ち破られる。それから〈最後の審判〉が行われ、罪人たちは火の池に永久に沈められる。他方、正しい者たちはこの時によみがえり、永遠の天上の国が確立される。

　この恐ろしい終末のビジョンは西洋の画家たちの想像力を刺激し、数多くの〈最後の審判〉図が描き継がれてきたのである（図2）。

1.5　儀礼と神話

　ところで、こうした神話は、儀礼とセットで伝えられることも多かった。つまり神話は儀礼を意味づける一方、儀礼は神話を想起させつつ、追体験の機会を与えるのである。そのことは、たとえば『新約聖書』に描かれたイエス・キリストの受難伝承と、それを上演する受難劇・受難曲などに顕著である。

　他方、古代ユダヤ教において重要だった儀礼は供犠である。ノアの洪水伝承で、水が引いた後にノアが行なったとされる全焼の供犠（ギリシャ語「ホロコースト」）のように、犠牲獣を焼き尽くし、その煙と香りを神に届ける方式など、いくつもの種類があった。そしてこれら供犠の執行細則は、とりわけ『出エジプト記』（25:1 以降）・『レビ記』・『民数記』（10:10 まで）に記されており、祭場のプランなども復元されている（図3）。

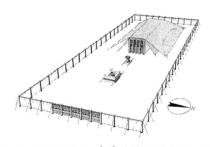

図3　古代ユダヤの祭場（【2】木幡／山我訳 2000 より）

そして，本章でみてきたユダヤ=キリスト教におけるこうした神話と儀礼は，一部イスラームにも継承されることとなる。しかし何と言っても，近代になって神話学を創始した欧米学者の多くが，その研究の前提として『聖書』の知識を意識的にせよ，無意識にせよ，抱いていたことは，強調しておかねばならない。

本章の参考文献
【1】全般的な参考文献・概説・事典類
ペリカン，J 2006『聖書は誰のものか？：聖書とその解釈の歴史』佐柳文男（訳）教文館.
浜島敏 2003『聖書翻訳の歴史：英訳聖書を中心に』（四国学院研究叢書；3）福岡：創言社.
クレメンツ，R・E 1978『近代旧約聖書研究史：ヴェルハウゼンから現代まで』（《聖書の研究》シリーズ）村岡崇光（訳）教文館.
市川裕 2009『ユダヤ教の歴史』（宗教の世界史；7）山川出版社.
山我哲雄 2013『一神教の起源：旧約聖書の「神」はどこから来たのか』（筑摩選書；71）筑摩書房.
大貫隆／名取四郎／宮本久雄／百瀬文晃（編）2002『岩波キリスト教辞典』岩波書店.
日本基督教協議会文書事業部コンコーダンス委員会（編）1959『聖書語句大辞典』教文館.
旧約新約聖書大事典編集委員会（編）1989『旧約新約聖書大事典』教文館.
Skolnik, Fred (ed.) 2007. *Encyclopaedia Judaica*, 2nd ed., 22 Vols. Detroit: Macmillan Reference.
【2】『旧約聖書』（モーセ五書）のヘブライ語版・邦訳・注釈書
Kittel, Rudolf (ed.) 1990. *Torah, Nevi'm u-Khetuvim. Biblia Hebraica Stuttgartensia*. Editio 4a. Stuttgart: Deutsche Bibelgesellschaft.（いわゆる BHS, 初版は 1969 年）
月本昭男（訳）1997『創世記』（旧約聖書；I）岩波書店.
月本昭男 1996『創世記注解』I（リーフ・バイブル・コメンタリーシリーズ）日本基督教団・宣教委員会.
関根正雄（訳）1967『旧約聖書　創世記』（岩波文庫）岩波書店.
木幡藤子／山我哲雄（訳）2000『出エジプト記　レビ記』（旧約聖書；II）岩波書店.
山我哲雄／鈴木佳秀（訳）2001『民数記　申命記』（旧約聖書；III）岩波書店.
【3】ノアの洪水神話などの研究
Habel, Norman C. 1988. The Two Flood Stories in Genesis. *In*: Dundes, Alan (ed.), *The Flood Myth*: 13-28. Berkeley: University of California Press.（初出は 1971 年）
Dundes, Alan (ed.) 1988. *The Flood Myth*. Berkeley: University of California Press.

第2章
古典古代の遺産
—— ギリシャとローマ

スフィンクスと
オイディプス
（モロー画にもとづく）

2.1 ギリシャ・ローマ神話とは

　まず，ギリシャ神話の成り立ちについて述べよう。古代ギリシャ神話は，おおよそ三つのプロセスを経て形成された，と考えられている。それは第一に，口承のみの時代。ホメロス（ホメーロス）の『イリアス（イーリアス）』と『オデュッセイア』，ヘシオドス（ヘーシオドス）の『神統記（テオゴニアー）』や『仕事と日（エルガ・カイ・ヘーメライ）』などに記録されている伝承から，その様子を想像することができる。第二は，文字に記されもしたが基本的に演じられた時代。古典期，すなわちアテネ（アテーナイ）がギリシャの中心となった，前5世紀から前4世紀初めにいたるほぼ百年間は，この時代に該当する。そして第三は，もっぱら文字によって書き手から読み手へと伝えられた時代で，ヘレニズム期（前4から前1世紀）以後に普及したようである（【2】高橋 2006:197-240）。

　つまり，ギリシャ神話も世界のその他の民族の神話と同じく，もとは口承で伝えられていた。そして文字に記されるようになっても，まだ演劇の方が主な伝達手段だった時代を経て，文字で書き記されたものが主要媒体になる時代へと，変わっていったのである。

　ではどのような形で残っているかといえば，かなり非体系的と言える。たとえば前章でみたユダヤ＝キリスト教世界であれば，『聖書』とりわけ『旧約聖書』（ヘブライ語聖書）に，神話的伝承がある程度編纂され，体系化されて載っている。また日本神話について言えば，記紀神話とも称されるように，『古事記』と『日本書紀』にほぼ体系化されている（第8章参照）。

　ところがギリシャ神話については，高度に体系化された文献は，古代にはまとめられていない。非常に多くの作品に，分散された形で残されているのである。よって，今日ギリシャ神話として読まれるものは，近現代の学者が，そうした非常に多くの資料から再構成して，まとめたものである。

さて，しばしばギリシャ・ローマ神話と並び称されるが，誤解を恐れずに言えば，ローマ神話とはギリシャ神話の神々の名前をラテン語にして，置き換えたものとも見なせる（【3】ガードナー 1998:8-18, 117-132）。基本的には，ローマ神話という固有の話があるわけではない。もちろん，前753年とされるローマ建国の英雄であるロムルスとレムスという双子兄弟が，棄てられた後，雌狼に育てられてローマを創設し，この都市名はこのロムルスにちなんで名づけられたという，伝説などは伝わっている（第4話）。

　また，ギリシャから神々を「輸入」する以前，ローマにも独自の神々がいたと考えられている。たとえば戸口の守り神ヤヌス（両方に顔を持つ），森の神シルウァヌス，カマドの女神ウェスタなどがそうした例だ。しかし紀元前5世紀頃には，ローマ人はギリシャの神々を借用し，自分たちの神々の名前を付けていった。たとえば（長音はしばしば無視され，phは[p]と[f]の両方で読まれることがある），ギリシャのゼウスはローマでユピテル（ユーピテル，英語Jupiter）に，その妻ヘラ（ヘーラー）はユノ（ユーノー，Juno）に，クロノスはサトゥルヌス（サートゥルヌス，Saturn）に，アフロディテ（アプロディーテー）はウェヌス（Venus）に，アルテミスはディアナ（ディアーナ，Diana）に，エロス（エロース）はクピド（クピードー，Cupid）つまりキューピッドに，といった具合である。

　そして今日では，神名の多くが英語になっていることとあわせ，ローマの神名を基本にして記述されたギリシャ・ローマ神話関連書も少なくないので，注意が必要である（たとえば【6】諸川監修 1997b）。

第4話　ローマ建国伝説

　この話はいくつかの文献に出てくるが，最も基本的なのは歴史家リウィウス（リーウィウス）『ローマ建国史』に載るものである。それによれば，ローマ近郊のアルバという町に，プロカという名の王がいた。彼はヌミトルとアムリウス（アムーリウス）という二人の息子をもうけた。本来，ヌミトルの方が兄だったので後継者になるはずだったが，弟のアムリウスは兄を追放し，その息子を殺害した。さらにヌミトルの娘レア・シルウィアを，炉の女神であるウェスタ女神の女祭司に選び，「終身純潔の掟に服させ，子を儲ける望みを断」った。女祭司は火を絶やさぬように保つのが役目であり，清い身であることが義務とされたからである。しかし彼女は何者かに犯され，ロムルス（ロームルス）とレムスという双子の兄弟を産む。その場面は以下のように綴られている。これも先に見た第3話

のモーセ同様，水に流されて救助される英雄神話のパターンである。

　だが，私の思うに，かくも偉大な市(ウルブス)は宿命によって起こり，神がみの御業に次ぐ最大の支配は宿命によって始まった。ウェスタ女神の女祭司は力ずくで犯され，双子を生んだ時，素性不明の子の父親がマルス神だと明かす。そう信じたものか，それとも，神が罪の責任者であるほうがまだしも名誉だったゆえか。だが，神がみも，人間も，母親にせよその子にせよ王の残忍から救いはしない。女祭司は縛められて獄に下される。男の子二人は河の流れに投じるよう，王命が下る。

　たまたま神慮により，ティベリス河が両岸へあふれ，ひたひたと水を湛(たた)えて，どこからも本来の河筋へ近づけなかったが，子らを運んだ者たちは，緩やかな流れながら，幼子たちを沈めることができると予想した。こうして彼らは手近の浅瀬——今，ルーミーナ女神の無花果(いちじく)が立っていて，かつてロームルスの無花果と呼ばれたと伝えられるところ——に幼子たちを置き去りにし，王命を果したごとく装った。

　当時，この辺りは荒涼として人気がなかった。今に残る伝えによれば，男の子たちの捨てられた飼葉桶は波にただよったものの，水流の乏しさのために乾いた土の上に取り残されたが，その時，渇えた牝狼が附近の山地から降り立ち，幼子の泣声の方へ歩みを外(そ)らしたという。牝狼が乳房を垂れて幼子たちに優しく含ませ，しまいには子供たちを舌で舐(な)めてやっているのを，王の牧人——名はファウストゥルスだったといわれる——が目にとめた。彼は幼子たちを自分の小屋へ連れ帰り，妻ラーレンティアに預けて育てさせたという。

　ラーレンティアは，体を売ったので，牧人たちの間で「牝狼」と呼ばれ，そこから不思議な出来事の伝えが生じたと考える人たちがいる。

　このように生まれ，このように育てられ，成年に達するや否や，双子の兄弟は小屋にも畜群のもとにも無為に留まってはおらず，山地を跋渉して狩をする。これによって身と心を逞しく鍛えると，もはや野獣とたたかうばかりか，略奪物をかかえこんだ盗賊一味を襲っては，彼らから分捕ったものを牧人たちに分け与える。この牧人たちを得て日に日にふえる若者の群と真面目なこと，遊びごとを共にする。

　このようにして成長したロムルスとレムスは，やがてヌミトルの孫であることが分かり，協力してアムリウスを討取った。だが，二人の間には諍いが生じてしまう。

　こうしてヌミトルにアルバ市の支配が委ねられると，ロームルスとレムスは，

自分たちが捨てられ，また，育てられたその地に市を建てたいという熱望にとらわれた。現にアルバ人，ラティウム人は多数の人員を剰しており，さらに牧人たちも加わっていて，これら全員を合わせると，新たに建設する市に較べれば，アルバ市もラーウィーニウム市も貧弱であろうと期待する気になるのもたやすい。
　やがて，その相談の間に，家の宿痾，王権希求が介入し，そこから全く些細なことを発端に恐ろしい抗争が生じた。
　彼らは双子で，年齢を重んじて序列をつけることができなかったので，当地を守護すべき神がみが鳥の予兆を介して指定し給うた者が，新たな市に名を与え，かつ，建設後，命令権に基づき支配することとし，ロームルスはパラーティウム山，レムスはアウェンティーヌス山を鳥占いの場にする。
　先にレムスに鳥の予兆が到来したと伝えられる。禿鷹六羽だった。この予兆を公示するかせぬうち，二倍の数の鳥がロームルスに現われた。双方の衆徒がそれぞれ「王よ」と叫んで挨拶した。一方は，早く神示を受けたゆえ，他方は，鳥が多数だったゆえ，支配権を主張した。そこから言い争いになり，怒って掴み合ううち殺傷に至る。混乱のさなかレムスは撃たれ，その場に倒れた。
　いっそう広く流布する伝えがあり，レムスは兄弟の冗談に乗り，新造の市壁を跳ねこしたので，怒ったロームルスに殺された。ロームルスは呪いの言葉すら浴びせたという。
「他の何人であれ，私の市壁を跳びこせば，この通りだ。」
　こうしてロームルスは単独で支配権を手中におさめ，新設の市は建市者の名にちなんで（ローマと）呼ばれた。

出典：リウィウス『ローマ建国史』第1巻4章-7章3節，一部省略（【3】リーウィウス 2007:21-26）

　このように，最後は鳥占（augurium）によっても勝負がつかず，力ずくでロムルスが市の創設者に決した。なお，動物によって養育される孤児の伝承も，ユーラシア大陸など各地に広く知られている。

参考：【3】松田 2007，グランダッジ 2006

2.2　ウラノス・クロノスの天地分離

　さて，どんな作品にギリシャ神話が出ているのか。古い順に，いくつか代表的な作品を挙げてみよう。まず上述したホメロスや，ヘシオドスの『神統記』および『仕事と日』（ギリシャ語）。そして中世以降もよく読まれてきた作品として，オウィディウスの『変身物語』（メタモルフォーセース）（ラテン語）。アポロドロス（アポッロドーロス）作とされる『ビブリオテーケー（ギリシャ神話）』（ギリシャ語），ただしこれ

は実は紀元後1-2世紀の作品で、作者は未詳である。さらにまた、ヒュギーヌスの『ファーブラエ（ギリシャ神話集）』（ラテン語）などに、多くの著名なエピソードが収められている。

　ここでは一例として、『ビブリオテーケー』の冒頭に載せられた、ウラノスとクロノスの天地分離神話を採り上げてみたい。この書は作者未詳とはいえ、古い伝承ことに前5世紀以前の作家を典拠にして、なるべく古典時代のギリシャ神話を忠実に伝え、ギリシャの神話・伝説についての参考書を提供することを目的にして書かれた。そのため、ある程度までは体系化されたもの、と言ってよい。

> **第5話　ウラノス・クロノスの天地分離**
>
> 　天空神ウラノス（ウーラノス）は、妻である大地ガイア（ゲー）に怨まれ、息子のクロノスにより去勢される。その結果、天地は分離したという神話である。
>
> 　天空（ウーラノス）が最初に全世界を支配した。大地（ゲー）を娶って先ず「百手巨人」（ヘカトンケイル）と呼ばれるブリアレオース、ギュエース、コットスを生んだ。その大きさと力は比類なく、おのおの一百の手と五十の頭とをもっていた。これらの巨人の後に大地は彼にキュクロープスたち、すなわちアルゲース、ステロペース、ブロンテースを生んだ。そのおのおのは額に一眼をもっていた。しかし天空は彼らを縛してタルタロスへと投げ込んだ。これは地獄の中の暗陰な、大地と空との距離だけ大地より離れている所である。さらに彼は大地によってティーターン族と呼ばれる子供たち、すなわちオーケアノス、コイオス、ヒュペリオーン、クレイオス、イーアペトス、および末弟クロノスを、またティーターニスと呼ばれる娘たち、すなわちテーテュース、レアー、テミス（=「法」）、ムネーモシュネー（=「記憶」）、ポイベー、ディオーネー、テイアーを生んだ。
>
> 　大地はタルタロスに投げ込まれた子供たちの破滅に心平かならず、ティーターンたちにその父を襲うように説き、クロノスに金剛の斧を与えた。彼らはオーケアノス以外は父を襲った。そしてクロノスは父の生殖器を切り放ち、海に投じた。流れる血の滴りより復讐女神アレークトー（エリーニュエス）、ティーシポネー、メガイラが生れた。父の支配権を簒奪し、タルタロスに投入せられた兄弟を連れ戻し、クロノスに支配権を委ねた。
>
> 　しかし彼は再び彼らを縛してタルタロスに幽閉し、姉妹のレアーを妻とした。大地と天空とが彼に予言して、自分の子によって支配権を奪われるであろうと

言ったので，彼は生れた子供たちを呑み込むを常としていた。先ず最初に生れたヘスティアーを呑み，ついでデーメーテールとヘーラー，その後プルートーンとポセイドーンとを呑み込んだ。これに怒ってレアーはゼウスを孕んだ時にクレータに赴き，ディクテーの洞穴でゼウスを生んだ。そしてクーレースたちおよびメリッセウスの娘でニムフなるアドラーステイアーとイーデーにその子を育てるように与えた。そこで彼女たちはアマルテイアの乳で子供を養い，クーレースたちは武装して洞穴中で嬰児を守りつつ，クロノスが子供の声を聞かないように，槍を以て盾を打ち鳴らした。レアーは石を襁褓(むつき)にくるんで生れた子供のごとくに見せかけ，クロノスに呑み込むようにと与えた。

ゼウスが成年に達するやオーケアノスの娘メーティス（＝「智」）を協力者とした。彼女はクロノスに薬を呑むように与えた。薬の力で彼は先ず石を，ついで呑み込んだ子供らを吐き出した。彼らとともにゼウスはクロノスとティーターンたちと戦さを交えた。十年の戦闘の後大地はゼウスにタルタロスに投げ込まれた者たちを味方にしたならば勝利を得るであろうと予言した。彼は彼らの番をしているカムペーを殺してその縛を解いた。そこでキュクロープスたちはゼウスには電光(らいてい)と雷霆を，プルートーンには帽子を，ポセイドーンには三叉(さんさ)の戟(ほこ)を与えた。神々はこれらの武具に身をよろい，ティーターン族を征服してタルタロスに幽閉し，百手巨人どもを牢番とした。しかし彼ら自身は支配権に関して籤を引き，ゼウスは天空を，ポセイドーンは海洋を，プルートーンは冥府の支配権の割当てを得た。

出典：アポロドロス『ギリシア神話』第1巻1章-2章1節（【4】アポロドーロス 1978:29-30）

天地分離の神話は，ギリシャ以外からも伝わっている。第6章のエジプト，および第7章のオセアニアを参照されたい。また，ゼウスに乳を与えたアマルテイアは牝山羊という異伝もあり（カリマコス『讃歌』），先のロムルス・レムスと似た観念もあったことが推定される。

『ビブリオテーケー』の原文英訳には，フレイザーによる非常に詳しい注釈が付されている。それによれば，クロノスが父親ウラノスの去勢に用いた武器（邦訳「金剛の斧」）は，ギリシャ語では「アダマンティエーン・ハルペーン」(ἀδαμαντίην ἅρπην)，英語では「アダマンタイン・シックル」(adamantine sickle) となっている。この語はギリシャ語「アダマス」(ἀδαμας)，すなわち「ダマオー」(δαμάω)「征服する」という動詞の否定形に由来し，英語で「アダマント」(adamant) という，何よりも硬い伝説上の石ないし鋼鉄で，ダイヤモンドとしばしば同一視されたものである。そして「ハルペーン」(ἅρπην) の原形「ハル

図4 ボッティチェリ「ヴィーナス誕生」

ペー」(ἅρπη) は，希英辞典では sickle（三日月状の，片手で使う），scimitar（ペルシャ語源，三日月状の刀）と出ているので，斧というよりは鎌に近いものであろう。

同じ話は，ヘシオドスの『神統記』にも出ている。むしろ『ビブリオテーケー』の作者は，おそらく『神統記』などに基づきながら記述したのだから当然ではあるが，少し内容が異なっている。たとえば『神統記』には，天空(ウラノス)の去勢された性器の行方について，次のように言われている。

> 性器(へのこ)の方は，クロノスが不壊金剛(アダマス)で切り取るや否や，陸地から頻波騒(しきなみ)ぐ海へと投げ入れると，久しい間，綿津見(わたつみ)の面(おもて)を漂っていたが，やがてその周りに，不死なる肉から白い泡が湧き立ち，その中に乙女が凝(こご)り出た。彼女はまず神さびたキュテラ島に立ち寄ると，そこから次に，波に囲まれるキュプロスに到った。美しく貴(あて)なる女神が海から上がると，すらりとした足もと一面に，和草(にこぐさ)が萌え出た。神も人も彼女を（泡から生まれた女神，冠よきキュテレイアと）アプロディテ(アプロゲネス)と呼ぶのは，泡の中に凝り出たから，キュテレイアと呼ぶのは，キュテラ島に到着したから，キュプロゲネスと呼ぶのは，波洗うキュプロスで生まれたから，そして，ピロンメイデス(メーデア)と呼ぶのは，性器から出現したからだ（『神統記』188-200，【4】ヘシオドス 2013:103-104）。

すなわちウラノスの生殖器のまわりに白い泡が立ち，そこからアフロディテつまりヴィーナス（ウェヌス）が生まれた，という，ボッティチェリの名画『ヴィーナス誕生』（図4）のもととなった言い伝えである。

2.3 オルフェウスの冥界訪問，そして典拠への道

さて次に，オルフェウスの冥界訪問譚を見てみよう。これはオウィディウス『変身物語』に詳細が出ている。

第6話　オルフェウスの冥界訪問

　竪琴と詩文の名手オルフェウス（オルペウス）は，新妻エウリュディケが草原を散策していたとき，足首を蛇に嚙まれて命を落としたため，悲嘆に暮れて冥界を訪問する。以下に登場するプロセルピナは冥王プルートン（プルートーン）の妻。タンタロスは冥界の池中で首まで漬けられながら，渇きゆえに水を飲もうとするとたちまち水が退いてしまうという罰を負った男。同じく罰として，絶えず回転する火焰車に縛りつけられているのがイクシオン。手足を縛られたまま禿鷹（または蛇）に肝臓をついばまれ続けているのがティテュオス。穴のあいた柄杓で永久に水を汲み続けるのがダナオスの娘たち。巨大な岩を押し上げるが，もう一息のところで転がり落ちるという罰を受けているのがシシュポスである。

　トラキアの楽人オルペウスは，妻の死を，この地上世界では思いきり嘆き悲しんだが，そのあと，地下の亡者たちにも訴えかけてみようと考えて，タイナロスにある下界への入口から，思い切って冥界へと降りて行った。ふわふわした亡者たち——すでに埋葬の礼を受けた者たちだが——のあいだを通って，プロセルピナと，この陰鬱な国を支配する冥王の前へ，まかり出た。歌にあわせて竪琴の弦を弾じながら，こう吟じた。

（歌は省略）

　こううたって，言葉にあわせて弦をかき鳴らすと，血の気のない亡者たちも，もらい泣きした。タンタロスも，逃げて行く水をとらえようとはしなかったし，イクシオンの車輪も，回転をとめた。禿鷹たちは，ティテュオスの肝臓をついばむことをやめ，ダナオスの娘たちは，杓の手をとめた。シシュポスにいたっては，おのれの岩の上に坐りこんでしまった。復讐女神たちも，すっかり歌に感動して，はじめて，頬を涙で濡らしたということだ。王妃プロセルピナも，冥王も，オルペウスの嘆願を拒むことができないで，エウリュディケを呼び寄せた。彼女は，新しい亡者たちのなかにいたが，進み出る足どりも，たどたどしかった。傷が，まだ障っているのだ。オルペウスは彼女を受け取ったが，それには，条件がつけられていた。アウェルヌス湖の谷あいを出るまでは，うしろを振り返ってはならないというのだ。この禁を破れば，せっかくの贈り物がふいになるのだという。

　もの音ひとつしない静寂のなか，おぼろな靄に包まれた，嶮しい，暗い坂道を，ふたりはたどっていた。もう地表に近づいているあたりだったが，妻の力が尽きはしないかと，オルペウスは心配になった。そうなると，無性に見たくなる。愛がそうさせたということになるが，とうとう，うしろを振りかえった。と，たち

まち，彼女はずるずると後退した。腕をのばして，夫につかまえてもらおう，こちらも相手をつかまえようと，懸命になるが，手ごたえのない空気しかつかまらないのだ。こうして，二度目の死に臨んでも，彼女は，夫への不平を何ひとつ口にしなかった。それもそのはずだ。こんなにも愛されていたという以外に，何の不平があるというのだろう？　ただ，夫の耳にはもうとどかない，最後の「さようなら」をいって，もと来たところへふたたび落ちて行った。

出典：オウィディウス『変身物語』第10巻1-64，一部省略（【4】オウィディウス 1981-84 下：59-62）

　こうして妻を失ったオルフェウスは，その後ほかの女たちに目もくれなかったため，トラキアの女たちの怒りを買い，殺されたと言い（『変身物語』11巻1-66），別伝ではその竪琴は天に配されてこと（琴）座になったとも言う。なお，冥界訪問譚は世界に広く伝わっており，たとえば北米についてはフルトクランツの研究がある。日本神話におけるイザナキの黄泉国訪問神話とも，早くから比較されてきた。

参考：Hultkrantz, Åke. 1957. *The North American Indian Orpheus Tradition: A Contribution to Comparative Religion*. (The Ethnographical Museum of Sweden, Stockholm, Monograph Series, Publication; No.2). Stockholm: The Ethnographical Museum of Sweden.；Franz, Eckart. 1932. *Die Beziehungen der japanischen Mythologie zur griechischen*. Bonn: Druckerei J. Duckwitz.

　さて，この話にも異伝がある。たとえばローマの詩人ウェルギリウスによる『農耕詩』では，オルフェウス（オルペウス）とエウリュディケの別離は前者の「狂気」によると語られている。

　　　さて今やオルペウスは，すべての危難を逃れて，もと来た道を引き返し，返してもらったエウリュディケも，彼の背後につき従って――なぜなら，プロセルピナがその条件を定めていたから――地上の大気に近づいていた。だがそのとき突然，愛するオルペウスは，無分別にも狂気に捕らわれた。もしも死霊が許すことを知っているなら，まことに許されるべき狂気だが。彼は立ち止まり，愛妻のエウリュディケを，もう光明の境に達する寸前に，何とわれを忘れ，決意もついえて，振り返って見た。そのとき，すべての苦労は無駄となり，無慈悲な支配者との約束は破られ，アウェルヌス湖には，三度轟音が鳴り響いた。エウリュディケは言った。「何という狂気が，オルペウスよ，不幸な私とあなたを破滅させたの？　その恐ろしい狂気はいったい何？　ほら，冷酷な運命がふたたび私を呼びもどしています。もう眼は宙を泳いで，眠りに覆われていきます。ではもう，さようなら。私

は果てしない夜に包まれて、力なく両手をあなたに差し延べながら連れ去られます。ああ、もはやあなたの妻ではなくなって」。彼女はこう言うと、まるで希薄な空気に混じる煙のように、たちまち見えなくなり、かなたへ去ってしまった（『農耕詩』第4歌485-500,【4】ウェルギリウス 2004:205-206）。

以上みてきたように、ギリシャ・ローマ神話は様々な作品に断片的に残されている。それらの典拠にたどり着くためには、どうしたらよいのだろうか。いくつか手引書がある。たとえば、ハンガリー生まれの古典学者カール・ケレーニイによる『ギリシアの神話』（【2】）には、典拠に関する詳しい注がある。また日本では、西洋古典学者の呉茂一著『ギリシア神話』（【2】）に、主な原典が示されている。ほかに簡便な辞事典類としては、松原國師の『西洋古典学事典』（【2】）、トリップのハンドブック（【2】Tripp 2007）などがよい。

またギリシャ神話の概要については、諸川春樹監修『西洋絵画の主題物語』（【6】）もある。これによれば、西洋の絵画の題材として古典神話が好まれてきた歴史がよく分かる。さらに、米国の作家ブルフィンチによる『ギリシア・ローマ神話』（【2】）も、1855年に初版が出て以来、長く親しまれてきた好著である。

2.4　中世以来における神話の解釈と継承

さて、こうしたギリシャ・ローマ神話は、どのようにして解釈されたり、継承されたりしてきたのか？　まず、大林（【1】）の『神話学入門』から一つの言葉を紹介しよう。その第一章は「神話研究の歩み」と題され、神話の研究史が扱われているが、その冒頭には「神話の研究は、神話の没落とともに始まった」と述べられる。

すなわち、神話というものを素朴に信じて、敬虔な信仰を持っている間は、神話を研究の対象にしようという態度は出てこない。けれどもその信仰がぐらつき、疑いの目が出て来て、それは本当の話なんだろうか、という疑問が生じてくる時に、初めて客観視するようになる、ということだ。もちろんこの言葉は、「神話」を「宗教」に置き換えてもある程度通じるものがある。後の章を先取りするが、19世紀のヨーロッパでキリスト教の絶対的な権威が衰え、その土台が揺らいで、宗教が「没落」して初めてキリスト教を相対化した、宗教を相手にする学問、宗教学が現れたのである。

いずれにせよ，そうした神話への懐疑あるいは神話学の素朴な芽生えは，すでに紀元前5，6世紀ころから始まっていた。考えてみれば，ギリシャ・ローマ神話にはいろいろな問題がある。そもそもそこには，不道徳な話や，争ったりずる賢い神々なども登場する。これをどう解釈したらいいのか，キリスト教徒であった知識人たちは相当に苦労したようだ。

　その中で特に力を持ったのは，寓意説とエウヘメリズムであり，いずれも古くから存在した。第一の寓意（allegory）とは，ギリシャ神話の神々というのは何か別のものを表している，と解釈することだ。たとえば，ニュクスという女神は夜を表す。そしてニュクスの子供に，モロス（運命），ケール（破壊），タナトス（死），ヒュプノス（眠り），オネイロイ（夢），モーモス（非難），オイジュス（苦悩），ヘスペリデス（宵の星々），ネメシス（復讐），アパテー（欺瞞），ピロテース（愛欲），ゲーラス（老齢），エリス（争い）などがいる（ヘシオドス『神統記』211-225）。これらは，「夜になると星々が見える」「我々は眠る」「夢をみる」「死ぬ」「夜間に危険を冒す」「夜の宴は争いや口論や苦悩につながる」「夜を重ねると老年に，ついには死に至る」「初め夜闇に隠されていた悪行は，やがて白日のもとに曝される」といったことの比喩的表現，つまり寓意である，と考えるわけだ。近代的な神話学の祖であるマックス・ミュラーも，改めてこうした考えを述べているが（【1】ミュラー 2014:68-69），同様の見解は古代から存在した。

　もう一つのエウヘメリズムとは，ギリシャのエウヘメロスの名に由来する。彼が著作『神聖史』において試みたのは，神々の起源について科学的な記述をすることではなく，小説を書くことで，それは前4世紀に愛好されたユートピア物語の一つであった。内容は，どこか南方にあるパンカイアの島で，彼は一本の金の柱を発見したが，その柱には金文字で，ゼウス神の生涯や，その父クロノスおよび祖父ウラノスの事跡が記されてあった，という作り話なのである。このエピソードが示すように，エウヘメロスによれば，神話はその神の事跡の記録である。つまり，もともと人間だったものが死後神格化されたのが神である。よって，人間くさい行動をとっていても，別におかしいことはない，というわけだ。

　このエウヘメリズム的解釈は，キリスト教の護教学者たちによって好まれた。つまり，この解釈法は，異教の神々が元来いかにつまらぬものであったかを証明するのに役立ったからである。さらにまた，ルネサンス以降の16・17世紀

には，ギリシャの神々は聖書の人物がもとになっているというような解釈も，しばしば提出された（【1】大林 1966:9, de Vries 1961:70）。

では，中世にはどのような形でギリシャ神話が継承されていたのだろうか。前章でみたように，ラテン語を公用語とする西ヨーロッパでは，ギリシャ語の知識はあまり継承されなかった。そのため，ラテン語の書物たとえばオウィディウスの『変身物語』や，百科全書のようにまとめられたギリシャ神話のダイジェストが広く読まれた。とくに利用された百科全書としては，6世紀スペインにいたセビリヤのイシドルスによる『語源』が挙げられる。

たとえば，『語源』の第 8 章 11 節「異教の神々」では，神々はもともと人間だった，というエウヘメロス説や寓意説が展開されている。むろん，ここでの「異教」とはキリスト教から見たギリシャ・ローマの宗教を指している。一例として，前述したクロノス（サトゥルヌス）によるウラノス去勢と，その結果としてのウェヌス誕生については，こう言われている。サトゥルヌスが父である天空の男性器を切り落として，これが海に落ちてウェヌスを創り出したと言われているが，そうした想像がなされたのは，水分が天から地上に落ちないことには，何も創り出されないからである，と（【5】Barney et al. 2010:188）。つまりこれは，天から降る雨などの寓意だと言うわけである。

こうした形で伝わっていた神話は初めは写本の形で，後には印刷の形で出回った。ことに挿絵入りの神話物語集は人気があった（【1】シュールほか 1987: 100, 117, 149）。たとえば，エロチックな話も多い小説『デカメロン』（1348-53 作）の作者として有名なイタリアのボッカチオの作品『異教の神々の系譜』などは，特によく読まれた。

一方，直接原典に当たれるようになったのは，ルネサンス以降のことである。古典学者オットー・グルッペによると，1555 年にアポロドロスの著作が出版されるなど，16 世紀にはギリシャ語作品の印刷・出版が進み，それまでのボッカチオの『異教の神々の系譜』以上の知識が，ようやく広まるようになった（【5】Gruppe 1921:31-32）。しかし本格的な研究は，19 世紀のミュラーやブルフィンチの時代を待たねばならなかった。

2.5 二大伝統のその後

ところで，ギリシャ語・ラテン語の古典については，英語と原語の対訳で一般の人が読めるようにという目的で刊行が続けられている一大叢書『ローブ古

典叢書』（Loeb Classical Library）が存在する。1911 年にジェームズ・ローブが創設し，今ではハーバード大学出版局の手で出版・改訂が継続中だ。創設者のローブはアメリカに生まれてハーバード大学で学び，卒業後父の後をついで銀行家になったが，肌が合わなかったらしく，ひどい抑鬱状態を体験した。その後ドイツに移住すると古典への興味がよみがえり，一般人に読める本シリーズの刊行を思い立った。こうして，今や一世紀になろうとする，西洋古典の一大宝庫が我々のもとにあるのだ。

　この叢書を刊行した趣旨について，ローブ自身は次のように語っている。「中世以来，ことによると如何なる時代にも増して，人文学が軽視されている時代，そして人の心がかつてなかったほど実際的・物質的なものに向かっている時代には，どんなに雄弁かつ説得的であっても，我々の最も偉大な過去の遺産の保護と，さらなる享受を主張するだけでは十分でない。これらの至宝を，人生においてより上質なものを好むすべての人々の手に届けるような，手段が見出されねばならない」。この言葉は，今の時代にもあてはまることかもしれないし，人文学の存在意義は，こうした点にあるようにも思われる。ただし『ローブ古典叢書』は，手軽に原典に当たるには便利だが，学問的に正確な校訂本としては，もっと別の新しいものが次々に出ていることを，付言しておきたい。

　いずれにしても欧米では，前章で見た聖書と，本章で見てきた古典古代のギリシャ・ラテン作品が，二つの巨大な伝統をなしてきた。そのことは，美術や教会音楽，ダンテ『神曲』に代表される文学作品など，様々な方面に存在している。

　そしてこの構図は，基本的には近現代まで変わっておらず，その基礎の上に，今でも学問や文化が構築されている面もある。例として，1969 年に月面に着陸した宇宙船はアポロ号と名付けられたこと。また，約 20 万年前にアフリカにいた女性が現生人類すべての祖であるという人類学上の学説が，ミトコンドリア・イヴ説と命名されたことなどを，想起されたい。

　こうした二本の太い流れがあり，それとの比較という目で，ヨーロッパの学者たちは 15・16 世紀以降，視野に入ってきた地球上各地の神話や宗教の資料に対峙していくことになるのである。

本章の参考文献

【1】本章の全般的な参考文献

大林太良 1966『神話学入門』(中公新書；96) 中央公論社.(とくに第Ⅰ章「神話研究の歩み」)

シュール, P=M／F・L・アトリー／J・セズネック／F・ハード／M・エリアーデ 1987『神話の系譜学』(叢書ヒストリー・オヴ・アイディアズ；13) 野町啓／松村一男／高田勇／加藤光也／久米博（訳）平凡社.(とくにセズネック「中世・ルネサンスにおける神話」)

de Vries, Jan. 1961. *Forschungsgeschichte der Mythologie*. Freiburg: Verlag Karl Alber.（とくにⅠ-Ⅳ章）

松本仁助／岡道男／中務哲郎（編）1991『ギリシア文学を学ぶ人のために』京都：世界思想社.

────（編）1992『ラテン文学を学ぶ人のために』京都：世界思想社.

ミュラー, フリードリヒ・マックス 2014『比較宗教学の誕生：宗教・神話・仏教』(宗教学名著選；2) 松村一男／下田正弘（監修）山中仁史／久保田浩／日野慧運（訳）国書刊行会.(1856年に出された記念碑的な論文「比較神話学」などの邦訳を含む)

【2】ギリシャ・ローマ神話の入門書・概説書・辞事典

ケレーニイ, カール 1985『ギリシアの神話』全2冊（中公文庫）植田兼義（訳）中央公論社.

Kerényi, Karl. 1960-66. *Die Mythologie der Griechen*, 2 Bde. (dtv; 30030-31). München: Deutscher Taschenbuch Verlag.（上記の原書）

高橋宏幸 2006『ギリシア神話を学ぶ人のために』京都：世界思想社.

呉茂一 2007『ギリシア神話』改版, 上下（新潮文庫）新潮社.（初出は1969年）

ブルフィンチ, トマス 2011『完訳 ギリシア・ローマ神話』改訂版6版（角川文庫）大久保博（訳）角川書店.(1855年に原書初版が出て以来, 親しまれている好著)

カーク, G・S 1980『ギリシア神話の本質』(叢書・ウニベルシタス) 辻村誠三／松田治／吉田敦彦（訳）法政大学出版局.

高津春繁 1960『ギリシア・ローマ神話辞典』岩波書店.

松原國師 2010『西洋古典学事典』京都：京都大学学術出版会.

Tripp, Edward. 2007. *The Meridian Handbook of Classical Mythology*. New York: Penguin.（初出は1970年）

────. 2001. *Reclams Lexikon der antiken Mythologie*, 7. Aufl. Stuttgart: Philipp Reclam jun.（上記のドイツ語訳, 初出は1974年）

Gantz, Timothy. 1993. *Early Greek Myth: A Guide to Literary and Artistic Sources*. Baltimore: Johns Hopkins University Press.

Dowden, Ken & Niall Livingstone (eds.) 2014. *A Companion to Greek Mythology*. (Blackwell Companion to the Ancient World). Hoboken, NJ: Wiley Blackwell.

Ogden, Daniel (ed.) 2010. *A Companion to Greek Religion*. (Blackwell Companion to the Ancient World). Hoboken, NJ: Wiley Blackwell.

Rüpke, Jörg (ed.) 2011. *A Companion to Roman Religion*. (Blackwell Companion to the Ancient World). Hoboken, NJ: Wiley Blackwell.

Hornblower, Simon & Antony Spawforth (eds.) 2012. *The Oxford Classical Dictionary*, 4th ed. Oxford: Oxford University Press.（1949年の初版以来改訂を重ねている, スタンダードな古典学辞典. 略称OCD）

Cancik, Hubert & Helmuth Schneider et al. (eds.) 2002-14. *Brill's New Pauly: Encyclopaedia of the Ancient World*, 28 Vols. Leiden: Brill.（A・パウリが1839年から52年にかけて出した初版を, G・ヴィッソヴァが1890年から死後の1980年にかけて出した改訂版, 略称Pauly-Wissowaの英訳版. 最も信頼される古典学大事典）

Ackermann, Hans Christoph & Jean-Robert Gisler (eds.) 1981-2009. *Lexicon iconographicum mythologiae classicae*, 10 Vols. Zürich: Artemis.（古典神話の図像表現を網羅的に集成した大カタログ. 略称LIMC）

Liddell, Henry George & Robert Scott (eds.) 1996. *A Greek-English Lexicon*. Rev. and augm. by Henry Stuart Jones. 9th ed. with new supplement. Oxford: Clarendon Press.（1843年の初版以来, 改訂を重ねているスタンダードなギリシャ語辞典. 編著者3人のイニシャルから, LSJと略称される）

Glare, P. G. W. (ed.) 2012. *Oxford Latin Dictionary*, 2nd ed. Oxford: Oxford University Press.（1933年に編纂開始, 1968年から82年にかけ分冊の形で刊行・完結し, 現在の第2版が, スタンダードなラテン語辞典と目

されている。略称 OLD)

【3】ローマ神話の入門書・概説書・邦訳など
ガードナー，J. F. 1998『ローマの神話』（丸善ブックス；71）井上健／中尾真樹（訳）丸善．
松田治 2007『ローマ建国伝説：ロムルスとレムスの物語』（講談社学術文庫；1818）講談社．（初出は 1980 年）
グランダッジ，アレクサンドル 2006『ローマの起源：神話と伝承，そして考古学』（文庫クセジュ；902）北野徹（訳）白水社．
リーウィウス 2007『ローマ建国史』上（岩波文庫）鈴木一州（訳）岩波書店．

【4】ギリシャ神話の翻訳および原典（主なもののみ）
ホメロス 1992『イリアス』上下（岩波文庫）松平千秋（訳）岩波書店．
─── 1994『オデュッセイア』上下（岩波文庫）松平千秋（訳）岩波書店．
ヘシオドス 2013『全作品』（西洋古典叢書；G78）中務哲郎（訳）京都：京都大学学術出版会．
Hesiod. 1966. *Theogony*. Edited with Prolegomena and Commentary by M. L. West. Oxford: Clarendon Press.
オウィディウス 1981-84『変身物語』上下（岩波文庫）中村善也（訳）岩波書店．
Ovid. 1984. *Metamorphoses*, 2 nd ed., 2 Vols. With an English Translation by Frank Justus Miller. (The Loeb Classical Library; 42-43 / Ovid; 3-4). Cambridge: Harvard University Press.
アポロドーロス 1978『ギリシア神話』（岩波文庫）高津春繁（訳）岩波書店．
Apollodorus. 1921. *The Library*, 2 Vols. With an English Translation by James George Frazer. (The Loeb Classical Library; 121-122). London: W. Heinemann.
ヒュギーヌス 2005『ギリシア神話集』（講談社学術文庫；1695）松田治／青山照男（訳）講談社．
ウェルギリウス 2004『牧歌／農耕詩』（西洋古典叢書；L13）小川正廣（訳）京都：京都大学学術出版会．

【5】古典古代の神話資料の伝承過程
レイノルズ，L・D／N・G・ウィルソン 1996『古典の継承者たち：ギリシア・ラテン語テクストの伝承にみる文化史』西村賀子／吉村純夫（訳）国文社．
グラフトン，アンソニー 2015『テクストの擁護者たち：近代ヨーロッパにおける人文学の誕生』（bibliotheca hermetica 叢書）ヒロ・ヒライ（監訳・解説）福西亮輔（訳）勁草書房．
セズネック，ジャン 1977『神々は死なず：ルネサンス芸術における異教神』高田勇（訳）美術出版社．
ウィント，エドガー 1986『ルネサンスの異教秘儀』田中英道／藤田博／加藤雅之（訳）晶文社．
伊藤博明 1996『神々の再生：ルネサンスの神秘思想』東京書籍．
カルターリ 2012『西欧古代神話図像大鑑：全訳『古人たちの神々の姿について』』大橋喜之（訳）八坂書房．
─── 2014『西欧古代神話図像大鑑 続篇：東洋・新世界篇／本文補訳／図版一覧』L・ピニョリア（増補）大橋喜之（訳）八坂書房．
Gruppe, Otto. 1921. *Geschichte der klassischen Mythologie und Religionsgeschichte während des Mittelalters im Abendland und während der Neuzeit*. (Ausführliches Lexikon der griechischen und römischen Mythologie; Supplement). Leipzig: B. G. Teubner.
Barney, Stephen, W. J. Lewis, J. A. Beach & Oliver Berghof. 2010. *The Etymologies of Isidore of Seville*. Paperback ed. (corrected). Cambridge: Cambridge University Press.
セビリャのイシドルス 1993「語源」兼利琢也（訳），上智大学中世思想研究所（編訳・監修）『後期ラテン教父』（中世思想原典集成；5）：505-565．平凡社．（上記のほんの一部の抄訳）

【6】二大伝統が継承されていったことの事例など
諸川春樹（監修）1997a『西洋絵画の主題物語Ⅰ 聖書編』美術出版社．
─── （監修）1997b『西洋絵画の主題物語Ⅱ 神話編』美術出版社．
楠見千鶴子 1993『オペラとギリシア神話』（音楽選書）音楽之友社．
新井明／新倉俊一／丹羽隆子（編）1991『ギリシア神話と英米文化』大修館書店．
ホール，ジェイムズ 1988『西洋美術解読事典：絵画・彫刻における主題と象徴』高階秀爾（監修）高橋達史／高橋裕子／太田泰人／西野嘉章／沼辺信一／諸川春樹／浦上雅司／越川倫明（訳）河出書房新社．
Hunger, Herbert. 1988. *Lexikon der griechischen und römischen Mythologie*. 8., erweiterte Aufl. Wien: Hollinek.
Walther, Lutz (Hrsg.) 2004. *Antike Mythen und ihre Rezeption. Ein Lexikon*, 2. Aufl. Leipzig: Reclam.

第3章
新世界との出会い
――南北アメリカ大陸

ブラジル　トゥピナンバ族
（シュターデン著の挿画にもとづく）

　聖書とギリシャ神話の後に南北アメリカ大陸が登場するのを不審に思う読者もいるかもしれない。しかしそれは本書の眼目の一つが，ヨーロッパ知識人の視野に入ってきた異文化としての神話世界を，その時代を追って見てゆく点にあるからだ。すなわち，15世紀後半からヨーロッパ人が大航海時代に入り，1492年コロンブスがアメリカ大陸を「発見」したことに象徴されるように，新大陸が一つの目的地になったためである。そこではイエズス会士が中心となり，現地のネイティヴ・アメリカンの人々に布教を進めていく。

　そのためには当然，現地の人々の言葉ができないといけない。それで，宣教師たちは現地語を学び，その過程で彼らの神話などについても聞き知る機会を持った。その記録はヨーロッパに伝えられ，いろいろな解釈が行われるようになった。これが第一段階で，おおよそ18世紀の前半までである。

　その後に訪れた第二段階は18世紀の後半以降で（アメリカ合衆国独立は1776年），アメリカ大陸における風習や神話・宗教についても科学的かつ本格的な調査・研究が行われるようになっていく。この辺りの事情は第9章「新大陸との再会」でとりあげたい。

　本章ではまず，大航海時代以前までヨーロッパの人々が非ヨーロッパ世界をどのように認識していたか，見てゆこう。

3.1　非ヨーロッパ世界への視線

　中世ヨーロッパでは，「化け物世界観」ともいうべき異質な世界像が幅をきかせていた。その原型となったのは，紀元後1世紀に活躍したプリニウスの『博物誌』だった。

　これと同様の世界認識が，その後も繰り返し示されていく。例としては，前章でも紹介した6世紀セビリヤのイシドルス（聖人，教会博士，神学者，歴史家を兼ねていた）の『語源』がある。この書は世界地誌のもっとも権威ある典拠と

ニコバル諸島「この島の住民は男女とも犬の顔をしており，キノケファレスと呼ばれる」

アンダマン諸島「巨人のように大きな身体の人種がいる。……目がひとつしかなく，額の真ん中にある」

図5　マンデヴィルの旅行記の挿絵（【2】ミルトン 2000より）

して，以後ルネサンス期まで，ヨーロッパで利用された。

　1356年には，ジョン・マンデヴィルの旅行記が出た。彼はフランスの貴族だったらしく，この書も大人気になった。残存する250の写本（マルコ・ポーロの3倍以上）のうち，73がドイツ・オランダ語，37がフランス語，50がラテン語，40が英語，残りはスペイン語，イタリア語，スウェーデン語，チェコ語，アイルランド語となっている。

　本書にはいくつかの点で注目すべきこともあるが，やはり古代のプリニウス以来の，化け物世界観を引き継いでいた。とくにスマトラ島に食人種がいるということ（これはマルコ・ポーロも言及）などと並び，インド洋の部分では，奇怪な化け物をいくつも挙げている。たとえばニコバル諸島の住民は男女とも犬の顔をしており，キノケファレスと呼ばれるとか，アンダマン諸島には巨人のように大きな身体の人種がおり，目はひとつしかなく，額の真ん中にある，といった具合である（図5）。

　こうした情報のうち，「食人種」がいるという報告は古くからあった。しかし16世紀になると，アメリカ大陸における「食人種」の報告が次々入ってくるようになった。ちなみに食人のことを英語でカニバリズム（cannibalism）というが，これはコロンブスが出会ったカリブ海の人々の習慣から来ている（【3】ラウス 2004:34）。

　「食人種」を意味するカニバル（cannibal）は，もともとスペイン語のカリバル（caribal）が訛ったもので，謝肉祭を指すカーニバル（carnival）とは何ら関係

はない。

3.2 「食人種」の記録，神話の記録

　たとえばブラジルに居住していたトゥピナンバ族の食人俗については，16世紀半ばに現地を訪れたドイツ人水夫ハンス・シュターデンの記録が有名である。彼は1554年に難破してトゥピナンバ族に捕らえられ，9ヶ月余りをそこですごした。その間，興味深い観察をし，帰欧後の1557年，『新世界アメリカにおける，野蛮で裸体で獰猛な食人種の国についての真正なる物語と記述』を多数の木版画を付して出版したのである。その第29章は「いかなる儀式で，彼らが敵を殺して食べるか。いかにして撲殺し，それをどう扱うか」と題されている。

　同様の記述は，当時続々と発表された。特に，フランシスコ会修道士アンドレ・テヴェ『南極フランス異聞』は，1555-56年のブラジル滞在にもとづく。その第40章は「これらの野蛮人たちが，戦争で捕えた敵をいかにして殺し，食べるかということ」である。またカルヴァン派の牧師ジャン・ド・レリーの『ブラジル旅行記』も，ほぼ同時期の1556-58年ブラジル渡航にもとづく。その第15章は「アメリカ人は戦争捕虜をいかに遇するか，また彼らを殺して食う際に行なわれる儀式について」であった。なお，テヴェやド・レリーの記録は，初期の第一級の民族誌として，後の人類学者メトローやレヴィ＝ストロースから高く評価されている。

　そして有名な話だが，フランスのモラリスト，ミシェル・ド・モンテーニュは，ブラジルで10年ないし12年間すごした知人からトゥピナンバ族の食人について聞き，その文化相対主義的な，あるいは「高貴な野蛮人」的な思想を吐露している。

　　　私は，このような行為のうちに恐ろしい野蛮さを認めて悲しむのではない。むしろわれわれが彼らの過ちに正しい判断を下しながら，われわれの過ちにまったく盲目であることを悲しむのである。私は死んだ人間を食うよりも，生きた人間を食うほうがずっと野蛮だと思う。まだ十分に感覚の残っている肉体を責苦と拷問で引き裂いたり，じわじわと火あぶりにしたり，犬や豚に嚙み殺させたりするほうが，（われわれはこのような事実を書物で読んだだけでなく，実際に見て，なまなましい記憶として覚えている。それが昔の敵同士の間でなく，隣人や同胞の間におこなわれているのを，しかもなおいけないことには，

敬虔と宗教の口実のもとにおこなわれているのを見ている。）死んでから焼いたり，食ったりすることよりも野蛮であると思う。

……

したがって，理性の法則から見て彼らを野蛮であるということはできても，われわれにくらべて彼らを野蛮であるということはできない。われわれのほうこそあらゆる野蛮さにおいて彼らを越えているのである。彼らの戦争はあくまでも気高く，高潔で，この人間的病気がもちうる限りの美点と釈明とをもっている。彼らの間では，戦争は武勇への熱意ということのほかに何の動機もない。彼らは新しい領土を征服しようとして戦うのではない。なぜなら，働いたり骨折ったりしなくとも必要なものは何でも自然から豊富に授かり，境界を拡げる必要もないからである。彼らはいまだに自然の要求が命ずるだけしか欲求しないという幸福な状態にある。それ以上のものはすべて彼らにとっては余計なのである（【3】モンテーニュ 1965-67 I:404-406）。

繰り返し引用される文章だが，ここには当時のヨーロッパの混乱ぶりと，新大陸への憧憬と恐怖が，知識人の目から吐露されており，大変興味深い。

さてシュターデンに戻るなら，食人俗の記述にとどまらず，「土人の宗教」つまりトゥピナンバ族の宗教を扱った項目がある。それによれば彼らは音楽が好きで，タム・マラカという楽器（マラカスの語源）を儀礼の時に使うことや，バイジという呪医（medicine man）がこのタム・マラカに神を籠めると，それにより戦いに勝つことができると信じられていること，なども記されている。

こうした記述と並んで，ごく短くではあるが，神話も書かれている。

第7話　シュターデンの記録したブラジル・トゥピナンバ族の洪水神話

真実の神が天地を創造したことについて，彼らはまったく気にしておらず，昔からずっと天地は存在したと考えている。それ以外，特に世界の始まりについては知らない。

それから彼らが言うには，あるとき大水があって，彼らの祖先たちはみな溺れ，何人かが小舟で逃れ，また何人かは高い木に逃れた。これは大洪水のことに違いないと私は思う。

出典：【3】Staden 1557:Cap. XXIII

> これは簡単な記述だが，洪水神話である。「大洪水」の原語は「ズュントフルート (sündtflut)」で，『旧約聖書』のノアの洪水を指す。

　北米に関しても神話の記録がなされ，17, 18世紀になると，より詳細な記録が現れてくる。ことに今のカナダにあたる地域からイエズス会宣教師たちがもたらした記録は，興味深い資料を多々含んでいる。

　たとえばポール・ル・ジューヌによる1633年の報告中には，「アース・ダイバー」つまり水中に潜って土をもたらし，大地を造ったという「潜水神話」の最古の記録と言えるものが含まれている（【5】Clements 1996:62参照）。

第8話　ル・ジューヌが記録したアルゴンキン系の神話・神観念

　彼らは，メッスー (Messou) という者が，水中に失われた世界を回復したのだと言います。彼らにも，お伽話と混然としてはいても，大洪水伝承があるのがお分かりでしょう，というのも，彼らの言い分によれば，世界は次のようにして失われたのだからです。
　このメッスーが，犬ではなく大山猫たちと一緒に狩に行った時，彼のいた場所近くのある湖は，大山猫たち（彼はそれらを兄弟と呼んでいた）には危険だと警告された。ある日，彼が一頭のヘラジカ (élan) を追っていると，大山猫たちはその湖の中まで追って行った。中央まで到達すると，彼らは一瞬にして沈んで (abîmés) しまった。彼がそこへ行き着き，兄弟らをあちこち探していると，一羽の鳥が言うには，湖の底である動物または怪物が彼らを捕まえているとのこと。彼は救出のため水中に飛び込むが，すぐに湖はあふれ，水量がはげしく増して，大地はすべて浸り没してしまった。
　メッスーは驚き，大山猫たちを考えるのはやめにして，世界を回復しようと考えをこらした。彼はオオガラスを送って土くれを探させ，このかけらで別の世界を造ろうとした。全てが水で覆われていたため，オオガラスは何も見つけられなかった。彼はカワウソを潜らせたが，水が深いため，彼は地面まで行き着けなかった。最後にマスクラットが降りて行き，それをもたらした。この土片で彼は全てを元通りにした。木の幹を作り直し，それに向かって矢を射ると，それは枝に変わった。彼が全てを回復させたのを語れば，長いお話になる。狩人たち〔大山猫たち〕を捕まえた怪物たちに復讐するのに，彼は千種類もの動物に変身して奇襲した。結局，この素晴らしい修復者は一匹のハツカネズミ (souris musquée) と結婚し，子供たちを生んで，彼らが世界にまた殖えた，とのことです。
　これらの話から，野蛮人たちが神について何らかの観念を持っていることがお

分かりでしょう。……

出典：【4】Le Jeune 1634:77-79

　ここでも「大洪水」と訳した原語は「デリュージュ（deluge）」で、『旧約聖書』のノアの洪水を指す。

　以上のように，洪水の話を聞けば，ヨーロッパ人がまず想起したのは『旧約聖書』にみえるノアの洪水の話であったし，キリスト教の神観念に近いものを現地民が持っているか否かということに，非常に関心を抱いてもいたのである。

3.3　新大陸神話の解釈へ

　こうした人々の中で，近代的な民族学の先駆者と言われているのは，フランス人イエズス会宣教師のジョゼフ=フランソワ・ラフィトーである。彼は北アメリカに渡り，イロクォイ族（もとはニューヨーク州に住んでいた。その後アメリカの独立戦争に際し，多くはカナダに移った）のもとに5年間居住，布教のかたわら彼らの慣習を観察し，『アメリカ野蛮人の諸慣習と古代諸慣習との比較』（1724年）という民族誌を著した。

　本書は「18世紀の『金枝篇』」とまで呼ばれ，当時非常によく読まれた（【1】Feldman & Richardson 1972:42）。それまで未知だったアメリカ大陸インディアンの生活が，一目瞭然だったからである。たとえば政治組織，結婚と教育，男性や女性の仕事，戦争，病気と治療，死と葬制など様々な項目について，詳細な記述があり，中にはイロクォイ族の神話も含まれている。

第9話　ラフィトーが記録したイロクォイ族の神話

　イロクォイ族は，この世界の起源を次のように語っている。初めは6人の男がいたという（ペルーとブラジルの諸民族も同じ数で一致している）。彼らはどこから来たのか，については分からない。まだ大地はなく，風のままに漂っていた。女がいなかったので，彼らの種族は絶えてしまうと思った。しまいに彼らは，天に1人の女がいるのを知った。話し合った結果，ホグアホ（Hogouaho）つまり狼という名の男が，天に行くことに決まった。この試みは不可能に思われたが，天の鳥たちが次々に椅子となって彼の体を支えて持ち上げてくれた。
　天に着くと，男は1本の木の下で，女が近くの泉へ水汲みにやって来るのを待った。現れた女に彼は話しかけ，熊の脂を食べるようにプレゼントした。好奇

心が強く,おしゃべり好きで贈り物を受け取るのも好きなこの女は誘いに乗った。天の主はこれを見て怒り,彼女を追い払い突き落とした。

　落ちるうちに,亀が彼女をその背中に受け止めた。その上に,カワウソと魚たちが水底から採った粘土が小島を形成し,それが次第に大きく広がって,我々が今日見る大地の姿になった。

　女が生んだ2人の子供は互いに戦い合った。しかし,片方の武器は攻撃用だったのに,他方の武器は殺傷能力がなかったため,後者はやすやすと殺されてしまった。

　この女は,その他すべての人間たちの祖先である。何世代も経るうちに,イロクォイ族とヒューロン族における狼,熊,亀の3家族に分かれた。この3つの名前には,伝承が生き続けているのである。

　この神話（fable）の滑稽さは侮蔑の念を起こさせるが,ギリシャ人の神話ほど馬鹿らしいとは言えない。ギリシャ人はあれほど霊的（spirituel）な人々だったが,火を盗もうとして天に昇ったプロメテウスの話を発明したり,神託に従って石を背後に投げ,それが人間の男と女に変じたデウカリオンとピュラの話を発明したりした。

　しかしこの神話の滑稽さの内にも,いくぶんの真実は見出されると我々は信じる。天上の女,善知と悪知の木,誘惑に負けたことなど。またここには,我々の最初の父を楽園から追い出した,神の怒りも見出される。最後に,ここには兄カインによる弟アベルの殺害も見られると信ずる。

　またこの神話は,その基礎を古代人の神話にも置いている。イロクォイ族の神話において天から追われたこの女については,ホメロスが語るアテほど似たものはない。アテはユピテルの娘で,女神だった。しかし彼女は神々と人間たちに対し忌まわしい悪事しかしなかったため,しまいにユピテルは怒って彼女の髪をつかみ,天の高みから落として,もう二度と戻るなと言ったのである。

出典：【5】Lafitau 1983 I:58-60

　最後に出てくるアテは,ホメロスではゼウス（ラテン名ユピテル）の娘で,神々と人間の道徳的判断を失わせる狂気を女性神格化した存在である。

　上記のようにラフィトーは,一方におけるイロクォイ族の神話を,他方におけるギリシャ・ローマ神話や『旧約聖書』の神話と,比較考察している。後者が欧州知識人にとって比較の原点として存在していたことが,よく分かるだろう。また面白いのは,彼は宣教師なので『旧約聖書』を真実の物語の源泉とし,それが堕落してギリシャ神話やアメリカ先住民の神話になった,という見方を

示している点である。

　つまりイエズス会宣教師たちにとって，インディアンの神話とは間違った，堕落した信仰の表現に外ならなかった。またインディアンたちも白人に軽蔑されるのを恐れて，あまり神話を話そうとしなかった。そのため，神話についての記述はあまり詳しくは残されていないのである（【5】Clements 1996:62 参照）。

　さて，ラフィトーの古典的民族誌が出たのと同じ 1724 年に，もう一冊，神話学史にとって重要な小冊子が出版された（実はそれより十年早い 1714 年版が発見されている。【6】赤木 1993:79）。それはフランスの哲学者ベルナール・ド・フォントネルによる『神話の起源について』であり（執筆は 1690 年代），ここでも次のように，アメリカ先住民とギリシャ神話の比較が展開された。

　　もし必要とあらば，私はアメリカ人の神話とギリシャ人の神話との驚くべき一致を示すことができよう。アメリカ人は悪い人生を送った者たちの霊魂を，汚く嫌な湖に送ったが，それはギリシャ人がそれらを彼らのステュクス川やアケロンの岸に送ったのと同様である。アメリカ人は，雨が降るのは，雲の中にいる少女が弟と遊んでいて水瓶を割られたからだと信じているが，これは水を壺から汲み出す泉のニンフたちと似てはいないか？　ペルーの伝承によれば，太陽の息子インカ・マンコ・グアイナ・カパックは，その能弁により，深い森に獣のように住んでいた奥地住民を連れ出し，理性的な法 (loix raisonnables) に基づく生活をさせることに成功したという。オルフェウスはギリシャ人に対して同じことをしたし，彼も太陽の息子であった。

　　これが示すのは，ギリシャ人も一時期は，アメリカ人とちょうど同じような野蛮人 (Sauvages) であったのであり，彼らは同じ仕方で蒙昧状態 (la barbarie) から引き上げられたのであり，これら両民族は遠く離れてはいるけれども，その想像は，卓越した能力を持つのが太陽の息子であるという点で一致している。ギリシャ人は知性 (esprit) に満ちていたが，民族として若かった時には (lorsqu'ils étoient encore un Peuple nouveau)，スペイン人に発見された際にはどうやらまだ若い民族だったアメリカの野蛮人たち以上に理性的には，思考できなかったのだから，アメリカ人も時間さえあれば，ついにはギリシャ人と同じ程度に理性的に考えるようになっていただろうと，信ずるべき理由があるのである（【6】de Fontenelle 1932:30-32）。

引用文中の太陽の息子インカ・マンコ・グアイナ・カパックとは，インカ帝国の初代皇帝とされる人物である。ともあれ，フォントネルが引用した「アメリカ人」の神話の典拠はよく分からないが，彼も新大陸の神話を何らかの資料から知り，それをギリシャ神話と比較している。そしてその際，一歩を進めて，アメリカ人もさらに進歩すればギリシャ人の段階にまで至ることができる，というように，理性的・客観的に神話をとらえていること，比較研究の走りとなったこと，ひいては啓蒙思想の端緒ともなったこと，は特に注目されている。

以上のように，ラフィトーの民族誌を初めとする情報が次々にヨーロッパへ入り，それをギリシャ・ローマ神話や『旧約聖書』の物語と比較することが，この時代に始まった。神話というものを理性的に解釈しようという試みと，その材料としての新大陸の神話があいついで入って来た，そういう時代が18世紀の半ば頃まで続くのである。

3.4 アメリカ大陸の神話——その後の研究から

さて，こうして16世紀に細々と知られ始めたアメリカ大陸の神話であるが，その後4世紀を経て，現在知られている概要を記せば，おおよそ次のようである。

北アメリカには，ヨーロッパ人の到来以前からエスキモー（イヌイット）や「インディアン」と呼ばれる人々が住んでいた。彼らの伝統的な居住地は，大まかに東部・南西部の農耕地帯，北西海岸の漁撈地帯，残る狩猟・採集地帯に分けることができる。そして，さらにいくつかに分けられる文化領域ごとに，特徴ある神話や神格が発達してきた。

狩猟民の間には，狩りの獲物となる動物を支配し，それらを人間のもとに送り出す「動物の主」という観念がしばしば見いだされる。たとえば極北地域のエスキモーには，海獣の主であるセドナという「結婚したがらない娘」の神話が伝わっている。セドナは求婚者を拒否してばかりいたが，あるときウミツバメの化身の若者に連れ去られ，妻として暮らしていた。探しにやってきた父親により，彼女は連れ帰られる。だがその途中，二人の乗ったカヤック（小舟）は嵐に遭い，父はセドナを犠牲として海に投げ込んだ。父が切り落とした，舟べりにしがみついたセドナの指はアザラシに変身し，以来彼女は海獣の主として海底に住んでいるという。

狩猟・採集民の間でことに発達をとげたのは，トリックスターの活躍する神

話である。アラスカや北西海岸地域ではワタリガラスやミンクやアオカケスが，台地地域などではコヨーテが，そして大平原地域などではウサギやノウサギがトリックスター，つまり一種のいたずら者として現れる。トリックスターは宇宙とか洪水後の世界をととのえたり，火を盗んで人間のもとにもたらしたり，というような文化英雄の役割を果たすこともある。彼らはしばしば秩序を転換し，好色さを発揮する。たとえばオジブワ族のマナボジョ（ウィナボジョ）というノウサギは，弟のチビアボス（ワボッソ）と闘い，しまいに後者はいなくなった。彼らは双子とされる場合もあるが，双子の英雄というのは南北アメリカ大陸の神話に繰り返し出てくるモチーフである。

　南西部の農耕民や南カリフォルニアの諸民族からは，天父地母の観念が報告されている。ズニ族の創世神話によれば，原初の大いなる海から母なる大地が飛び出してきたとき，彼女は父なる天にぶつかってしまった。それでこの天父から離れたのであった。ホピ族のもとでは，太陽は天の心臓と呼ばれ，地母は種子の芽生え，老女，蜘蛛女，トウモロコシの少女，成長の女神，といったさまざまな名称で呼ばれてきた。

　同じく農耕民の間に広く分布するのは，トウモロコシの母という穀母の観念だ。シア族の神話では，彼らの母であるウトストが穀母でもあった。人々が地下から出てきたのち，地上の食物としては草や種しかなかった。そこでウトストが自分の心臓の一部を畑に埋めたところ，トウモロコシが生えてきた。彼女は人々に言った，「これは私の心臓です。人々にとっては，私の胸から出たお乳のようなものになるでしょう」。

　こうした神々ないし神話的人物とは別に，北米先住民のもとに広くみられるのは，森羅万象に霊魂が存在するというアニミズム的な観念である。この霊魂，精霊ないし超自然的力はエスキモー語でイヌア，イロクォイ語でオレンダ，スー語でワカンダなどと呼ばれるが，もっともよく知られているのはアルゴンキン語のマニトゥであろう。マニトゥは風や雷，鳥，獣，植物，岩，太陽や月，といったあらゆる物に内在すると考えられている神秘的な力と言える。北アルゴンキン諸族では，「大いなる精霊」のことをキチ（キシャ）・マニトゥと呼んでいるが，それは不可視・不死にしてあらゆる善の根源であるような，マニトゥの中の長とされている。

　一方，南アメリカ先住民では，狩猟や焼畑農耕を中心とする人々に関心が集まり，アマゾンや南端のティエラ・デル・フエゴといった諸地域に伝わる，人

類史でも比較的古い様相を残した神話や伝承が採集されている。その一部は，中米や南米アンデス地域の文明社会における神話とともに，第 9 章で紹介することにしよう。

本章の参考文献（メソアメリカとアンデス高文化については第 9 章）
【1】全般的な参考文献

Feldman, Burton. 1973. Myth in the Eighteenth and Early Nineteenth Centuries. *In*: Wiener, Philip P. (ed.), *Dictionary of the History of Ideas: Studies of Selected Pivotal Ideas*, Vol. 3: 300-307. New York: Charles Scribner's Sons.（邦訳はフェルドマン，バートン「神話：18, 19 世紀初期における」ウィーナー，フィリップ・P 編『西洋思想大事典』3:33-40，平凡社，1990）

Feldman, Burton & Robert D. Richardson. 1972. *The Rise of Modern Mythology 1680-1860*. Bloomington: Indiana University Press.

de Vries, Jan. 1961. *Forschungsgeschichte der Mythologie*, Freiburg: Verlag Karl Alber.（とくに第Ⅴ章）

Blanckaert, Claude (éd.) 1985. *Naissance de l'ethnologie?: Anthropologie et missions en Amérique XVIe-XVIIIe siècle*. Paris: Les Éditions du Cerf.

【2】中世ヨーロッパにおける異文化認識

Hodgen, Margaret T. 1971. *Early Anthropology in the Sixteenth and Seventeenth Centuries*. Philadelphia: University of Pennsylvania Press.（初出は 1964 年）

増田義郎 1989『新世界のユートピア：スペイン・ルネサンスの明暗』（中公文庫）中央公論社.（初出は 1971 年）

Mason, Peter. 1990. *Deconstructing America: Representations of the Other*. London: Routledge.

Hamelius, P. 1919-23. *Mandeville's Travels*, 2 Vols. (Early English Text Library; 153-154). London: Oxford University Press.

福井秀加／和田章（監訳）1997『マンデヴィルの旅』英宝社.（上記 Hamelius 版の完訳）

ミルトン，ジャイルズ 2000『コロンブスをペテンにかけた男：騎士ジョン・マンデヴィルの謎』岸本完司（訳）中央公論新社.

Tzanaki, Rosemary. 2003. *Mandeville's Medieval Audiences*. Aldershot: Ashgate.

【3】新大陸における食人俗

Staden, Hans. 1557. *Wahrhaftige Historia und Beschreibung einer Landschaft der wilden, nackten, grimmigen Menschenfresser, in der Neuen Welt Amerika gelegen*. Marburg.（ポルトガル語からの重訳は『蛮界抑留記：原始ブラジル漂流記録』西原亨訳，帝国書院，1961 年）

Thevet, André. 1557. *Les Singularitez de la France Antarctique, autrement nommée Amerique, & de plusieurs Terres & Isles decouvertes de notre temps*. Paris.（邦訳はテヴェ，アンドレ『南極フランス異聞』山本顕一訳・注，『フランスとアメリカ大陸』第 1 冊，大航海時代叢書，第 2 期 19 巻:157-501, 岩波書店，1982 年）

de Léry, Jean. 1578. *Histoire d'un voyage faict en la terre du Bresil, autrement dite Amerique*. Genève.（邦訳はド・レリー，ジャン『ブラジル旅行記』二宮敬訳・注，『フランスとアメリカ大陸』第 2 冊，大航海時代叢書，第 2 期 20 巻:3-365, 岩波書店，1987 年）

モンテーニュ 1965-67『エセー』全 6 冊（岩波文庫）原二郎（訳）岩波書店.

山田仁史 2017『いかもの喰い：犬・土・人の食と信仰』亜紀書房.（第四章「カニバリズムを追う」）

ラウス，アーヴィング 2004『タイノ人：コロンブスが出会ったカリブの民』（叢書・ウニベルシタス；809）杉野目康子（訳）法政大学出版局.（原著は 1992 年刊）

【4】イエズス会宣教師の活動

バンガード，ウィリアム 2004『イエズス会の歴史』上智大学中世思想研究所（監修）原書房.

高橋裕史 2006『イエズス会の世界戦略』（講談社選書メチエ；372）講談社.

Prieto, Andrés I. 2011. *Missionary Scientists: Jesuit Science in Spanish South America, 1570-1810*. Nashville: Vanderbilt University Press.

Thwaites, Reuben Gold (ed.) 1896-1901. *The Jesuit Relations and Allied Documents*, 73 Vols. Cleveland: The

Burrows Brothers.（ニューフランスにおけるイエズス会宣教師たちの報告書を集大成した全73巻のシリーズで，原語に英訳を付す）

Le Jeune, Paul. 1634. *Relation de ce qui s'est passé en La Nouvelle France en l'année 1633*. Paris: Sebastian Cramoisy.（上記シリーズの第5巻に収録されている）

【5】「文化人類学の祖」ラフィトーの古典的民族誌およびその背景

Lafitau, Joseph-François. 1724. *Mœurs des sauvages américains comparées aux mœurs des premiers temps*, 2 tomes. Paris: Saugrain.

―――. 1983. *Mœurs des sauvages américains comparées aux mœurs des premiers temps*, 2 tomes. Introduction, choix des textes et notes par Edna Hindie Lemay. (La Découverte; 61-62). Paris: François Maspero.

Clements, William M. 1996. "Not so stupid as they may have been painted": The Jesuits and Native Canadian Verbal Art. *In*: Clements, *Native American Verbal Art: Texts and Contexts*: 53-72, 210-212. Tucson, Arizona: The University of Arizona Press.（初出は1994年）

Motsch, Andreas. 2001. *Lafitau et l'émergence du discours ethnographique*. Sillery, Québec: Septentrion.

Harvey, David Allen. 2008. Living Antiquity: Lafitau's *Moeurs des sauvages amériquains* and the Religious Roots of the Enlightenment Science of Man. *Proceedings of the Western Society for French History*, 36: 75-92.

【6】フォントネルと，その『神話の起源について』

de Fontenelle, Bernard le Bouier. 1932. *De l'origine des fables*. Édition critique, par J.-R. Carré. (Textes et traductions pour servir à l'histoire de la pensée moderne). Paris: Librairie Félix Alcan.（初版は1724年。英訳は【1】Feldman & Richardson 1972: 10-18）

de Fontenelle, Bernard le Bouier. 1991. Über den Ursprung der Mythen. *In*: Fontenelle, *Philosophische Neuigkeiten für Leute von Welt und für Gelehrte. Ausgewählte Schriften*, 2. Aufl. (Reclams Universal-Bibliothek): 228-242. Leipzig: Reclam.（上記の独訳）

赤木昭三 1993『フランス近代の反宗教思想』岩波書店．

山口信夫 2007「フォントネル」小林道夫（編）『デカルト革命：17世紀』（哲学の歴史；第5巻）：653-674, 710-712. 中央公論新社．

【7】北アメリカの文化・神話に関する主要文献

Sturtevant, William C. (ed.) 1978-. *Handbook of North American Indians*, 15 Vols. Washington, D.C.: Smithsonian Institution.（北米先住民の文化・社会に関する包括的・網羅的なシリーズ。未完結）

Lindig, Wolfgang. 1994. *Nordamerika. Von der Beringstraße bis zum Isthmus von Tehuantepec*, 6. Aufl. (Die Indianer. Kulturen und Geschichte; Bd. 1). München: Deutscher Taschenbuch Verlag.（北米先住民文化概説）

Gill, Sam D. & Irene F. Sullivan. 1992. *Dictionary of Native American Mythology*. Santa Barbara: ABC-CLIO.（北米先住民の神話辞典。書誌が充実している）

Bierhorst, John. 2002. *The Mythology of North America*. Oxford: Oxford University Press.（北米先住民神話の概説書。バランスがよく取れている）

Alexander, Hartley Burr. 1916. *North American*. (The Mythology of All Races; Vol. 10). Boston: Marshall Jones.（北米先住民の神話を文化領域ごとに概説。古いがよくまとまっている）

荻原眞子 2012「北アメリカの神話」大林太良／伊藤清司／吉田敦彦／松村一男（編）『世界神話事典　世界の神々の誕生』（角川ソフィア文庫）：179-188, 227. 角川学芸出版．

ブティエ, M／Ph・モナン 1985「北アメリカの神話」パノフ，ミシェル／大林太良ほか『無文字民族の神話』大林太良／宇野公一郎（訳）：153-168. 白水社．

ダングリュール，ベルナール・サラダン／ピィエレット・デジー 2001「北アメリカの神話・宗教」ボンヌフォワ，イヴ（編）『世界神話大事典』金光仁三郎（主幹）：1238-1258. 大修館書店．

Hultkrantz, Åke. 1962. Die Religion der amerikanischen Arktis. *In*: Paulson, Ivar, Åke Hultkrantz & Karl Jettmar, *Die Religionen Nordeurasiens und der amerikanischen Arktis*. (Die Religionen der Menschheit; Bd. 3): 357-415. Stuttgart: W. Kohlhammer Verlag.

Müller, Werner. 1961. Die Religion der Indianervölker Nordamerikas. *In*: Krickeberg, Walter, Hermann

Trimborn, Werner Müller & Otto Zerries, *Die Religionen des alten Amerika*. (Die Religionen der Menschheit; Bd. 7): 171-267. Stuttgart: W. Kohlhammer Verlag.

【8】南アメリカの文化・神話に関する主要文献

Steward, Julian H. (ed.) 1940-47. *Handbook of South American Indians*, 7 Vols. Washington, DC: Smithsonian Institution.（南米先住民の文化・社会に関する包括的・網羅的なシリーズ）

Münzel, Mark. 1992. *Mittel- und Südamerika. Von Yucatán bis Feuerland*, 5. Aufl. (Die Indianer. Kulturen und Geschichte; Bd. 2). München: Deutscher Taschenbuch Verlag.（中南米先住民文化概説）

Bierhorst, John. 1988. *The Mythology of South America*. New York: Quill.（南米先住民神話の概説書。バランスがよく取れている）

友枝啓泰 2012「南アメリカの神話」大林太良／伊藤清司／吉田敦彦／松村一男（編）『世界神話事典 世界の神々の誕生』（角川ソフィア文庫）：199-209, 227-228. 角川学芸出版.

メトロー, A 1985「南アメリカの神話」バノフ, ミシェル／大林太良ほか『無文字民族の神話』大林太良／宇野公一郎（訳）：205-228. 白水社.

クラストル, ピエール 2001「南アメリカの神話・宗教」ボンヌフォワ, イヴ（編）『世界神話大事典』金光仁三郎（主幹）：1288-1305. 大修館書店.

Zerries, Otto. 1961. Die Religionen der Naturvölker Südamerikas und Westindiens. *In*: Krickeberg, Walter, Hermann Trimborn, Werner Müller & Otto Zerries, *Die Religionen des alten Amerika*. (Die Religionen der Menschheit; Bd. 7): 269-384. Stuttgart: W. Kohlhammer Verlag.

第4章
『エッダ』と『オシアン』の衝撃
—— ゲルマンとケルト

ユグドラシル
(Mallet 著の挿画に
もとづく)

4.1 ゲルマンとケルト

　ゲルマンとケルトは，そもそも言語の概念である。いずれもインド・ヨーロッパ（印欧）語族の一員で，ゲルマン語派は東ゲルマン語，北ゲルマン語，西ゲルマン語に分かれる。東ゲルマンのゴート語は，今は使われていない。北ゲルマン語には，アイスランド語，ノルウェー語，スウェーデン語，デンマーク語と，北欧の多くの言語が属している。それに対し西ゲルマン語には，英語，フリジア語，オランダ語，ドイツ語が属する（図6）。

　他方のケルト語派のうち今も残っているのは，ブリトン語とゲール語だ。さらにブリトン語は，カムリー語（使用地域はウェールズ），ケルノウ語（コーンウォール），ブレイス（ブルトン）語（ブルターニュ）に分かれ，ゲール語の方は，エール語（アイルランド），マン語（マン島），アルバ（スコットランド・ゲール）語（スコットランド）に分かれている（図7）【4】原 2016）。

　ケルトはしばしば，陸のケルト（Celtes continentaux）と島のケルト（Celtes insu-

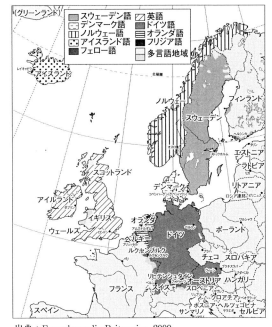

出典：Encyclopaedia Britannica, 2009

図6　ゲルマン語派分布図

laires)に分類されることもあり，前者は大陸の，もういなくなってしまった古代のケルト人を指す。現存のケルト語世界はすべて島のケルトに属する。このように，今日ではヨーロッパでも辺境の地に取り残された感のあるケルト系の言語だが，かつてケルト人（しばしばガリア人とも称される）は，ヨーロッパに広く住んでいたらしい（図8）。ことに，オーストリアのハルシュタット文化（前12～前5世紀）やスイスのラテーヌ文化（前5世紀～紀元前後）など，遺跡にちなんで命名されたケルト文化がある程度復元されている（ハルはケルト語で塩の意）。このためヨーロッパの人々にとっては，ケルト人というのは追いやられた先住民，というような意識がある。日本人が「縄文人」に

出典：【4】原 2016:19

図7　ケルト語派分布図

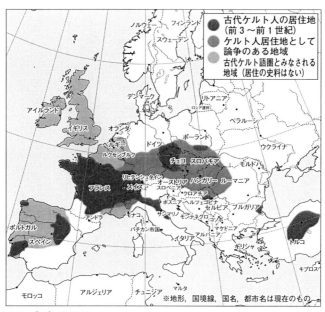

出典：【4】原 2016

図8　古代ケルト人の居住地

対して抱くのと，少し共通するような心情と言ってもよいかもしれない。一応これだけのことを説明した上で，彼らの神話について概要を記そう。

4.2 ゲルマン（北欧）神話の成立と概要

まずゲルマン人は，文明の進んだローマ人から見れば北方の野蛮人だった。紀元1世紀に書かれた，ローマの歴史家タキトゥス『ゲルマーニア』には，その様子がいろいろと描かれている。たとえば「飲料には，大麦または小麦より醸造られ，いくらか葡萄酒に似て品位の下がる液がある」とビールに言及され，「彼らは調理に手をかけず，調味料も添えずに餓えをいやす。しかし，彼らは渇き（飲酒）に対してこの節制がない」と，質朴ぶりを称えるとともに揶揄したような口調も見える（【2】泉井訳 1979:108）。さらにまた，ゲルマン人の神々や信仰についても貴重な資料を与えているのである。

だがゲルマン人も次第に「文明」を，そしてキリスト教も受け入れていく。およそ6世紀頃から11世紀頃にかけて，キリスト教がゲルマン世界に浸透していった。

そうした中，本来ゲルマン人が持っていた神話は聖職者に敵視されて失われたり，キリスト教の影響で変化したりした。ところが，それが簡単に失われず，比較的遅くまで保存されていたのが，アイスランドだ。ここはもともと無人島だったが，移住した人たちによって929年に国として設立され，ちょうど紀元1000年にキリスト教を国教として受け入れた。

以降，ここでもゲルマン神話は変化してだんだんと失われる危険が出てきた。それを何とか残しておこうとして記録したのは，詩人・政治家のスノリ・ストルルソンである。彼が書き留めた神話，ないし神話の解説書は『スノリのエッダ』と呼ばれている。

これと並んで，『古エッダ』と呼ばれる資料もある。こちらは，1643年にキリスト教の司教が，納屋の中で発見した古い羊皮紙の写本に基づいている（【2】山室 1992:115-123）。これの成立年代はよく分からないが，およそ800年から1100年頃，キリスト教の布教が進んできたころに，自分たちの文化を見直す機運が生じて記録されたものと考えられている（【2】谷口訳 1973:283）。また北欧神話では『エッダ』の他，『サガ』と呼ばれる英雄や王族などの歴史的な伝承も豊富に残されている。

さて『エッダ』のゲルマン（北欧）神話は，古アイスランド語（古ノルド語）

で記録された。中でも『古エッダ』は韻文で書かれているため、『詩のエッダ』あるいは『エッダ歌謡』などと呼ばれることもある。その冒頭に置かれた「巫女の予言」（ヴェルスパー［Vǫluspá］）では、巫女が過去・現在・未来にわたってそのヴィジョンを語ってゆく。すなわちそれは、巫女（ヴェルヴァ［vǫlva］、原義は「杖［vǫlr］を持った者」）のヴィジョン（スパー［spá］）である。宇宙と人類の成り立ち、神々の暮らしぶり、それから大地が破滅に向かう、いわゆる「神々の黄昏」（ラグナロク［Ragnarǫk］、Götterdämmerung）、そして新たな世界の再生が語られるのだ。

　これらゲルマン神話の中では、英語の火曜日（Tuesday、勇敢な男神チュール［Týr］から）、水曜日（Wednesday、主神オージン［Óðinn］、古英語名ウォーデン［Woden］から）、木曜日（Thursday、雷神ソール／トール［Þorr］から）、金曜日（Friday、豊穣を司る美しい女神フレイヤ［Freyja］から）、といった曜日名のもとになった神々、またロキやバルドルなど、個性的な神々が活躍する。

第10話　「巫女の予言」から、冒頭と世界の終末・再生

　冒頭では語り手の巫女が、聴衆に対し静粛を呼びかける。「聖なる種族」とは神々、ヘイムダルは人類の祖先にあたる神なので「ヘイムダルの子ら」とは人類である。また主神オージンは様々な別名を持つが、以下では「戦士の父」がそれに当たる。なおガルムは地獄の入口グニパヘリルを守る番犬の名。

静聴を　願う　われ　すべての　／　聖なる　種族に、
貴き　はたまた　賤の　／　ヘイムダルの　子らに。
戦士の父よ、なんじは　望めり、われの　／　つぶさに　語らんことを
生けるものの　いにしえの　物語を　／　われの　最古のものとして　記憶せるかぎりの。

…（中略）…

いまや　ガルムは　激しく咆哮す　／　グニパヘリルの　前。
鎖は　ひきちぎれ、／　狼は　逃げ去らん。
われ　あまたの知識を　誇れり、／　われ　はるか行手に　見る
統べる者どもの　運命を、／　戦の神々の　苛烈なる。

兄弟は　相争い　／　そして　互いに　死に至らん、

姉妹の　息子どもは　／　血族の　血を　汚さん。
この世は　冷酷非情となり，／　不義密通は　いかばかり。
戦斧の世，剣の世，／　楯は裂かれ，
嵐の世，狼の世，／　この世の瓦解するまで。
皆無ならん　／　他人を　気遣う者など。

　こうして壮絶な運命が開始される。世界の破滅を告げる角笛が吹き鳴らされる中，宇宙を支えるユグドラシルの樹は悲愴にそびえ立つ。その姿は，やがて己が炎に呑み込まれるのを待ち受けているかのようだ。やがて日は暗くなって大地は海に没し，天からは星影が消え去る。猛り狂う噴煙と高く燃え上がる火焔は，天をもなめるほどの勢いだ。こうして世界がいったん滅びた後から，常緑の大地がふたたび浮かび出る。そして謎めいた言葉——

そのとき　大いなる者　天降る　／　神の国に
強き者が　上より，／　そは　すべてを統べる者なり。
　　　　　出典：『古エッダ』巫女の予言，第1，44-45，65節（【2】尾崎 1994:28-29，85-90，124）

　最後の「大いなる者」「強き者」「すべてを統べる者」は，イエス・キリストを暗示しているとも言われる。
参考：【2】尾崎 1994:124-126

　『エッダ』には印象的な場面も多く含まれるが，その一つとしてオージンの息子，美しいバルドルの死の場面などが挙げられる。さて，こうした内容を持つ二つの『エッダ』だが，長らく写本の形で存在し，ヨーロッパ世界に広く知られるようになるには18世紀を待たねばならなかった。

第11話　トールと山羊の挿話

　エッダの神々はアース神族とヴァンル神族という二大神族に分かれる。前者に属する雷神トールといたずら者ロキが，農家に泊まった時の挿話である。

　車のトールが山羊にひかせた車にのり，ロキという名のアース神も同乗していた。彼らは晩方，ある百姓のところにきて，宿をとった。そしてその夜，トールは山羊をつかまえて二頭とも殺した。それから皮を剝いで鍋のところまで運び，料理ができあがると，連れの者と一緒に夕食の席についた。トールは，百姓とその妻子を食事にさそった。百姓の息子の名はスィアールヴィといい，娘の名はレ

スクヴァといった。それから、トールは山羊の皮を火のそばにひろげ、百姓とその家族に、骨を山羊皮の上に投げるようにといった。百姓の息子スィアールヴィは山羊の腿の骨をナイフで切り裂き、髄までこじあけた。トールはその夜そこに泊った。

そして翌朝まだ明けやらぬうちに起き、衣服をつけ、槌ミョルニルを手にとって振り上げ、山羊皮を浄めた。すると、山羊たちは立ち上がったが、一頭は後脚がびっこだった。トールは、そのことに気づき、百姓か家の者が、山羊の骨を慎重に扱わなかったな、腿の骨が折れているぞ、といった。

これについて、くどくどいう必要はあるまい。百姓は、トールが眉根を眼の上に下げるのを見て、どんなに恐れたか、誰にも想像できよう。眼を見ただけで、その眼光のおそろしさに卒倒しそうになった。トールは指の関節が白くなるほど、槌の柄を手でぐっと握りしめた。百姓はこういう場合につねであるように、家の者ともども泣き叫んで、生命ばかりはお助けくださいといい、自分たちのもっているものは何なりと代りにお取りください、といった。トールは彼らの恐怖を見ると激怒もおさまり、仲直りに彼らから子供たち、スィアールヴィとレスクヴァをうけとった。二人はトールの召使になり、それ以後はいつもトールに従っているのだ。

出典：『スノリのエッダ』ギュルヴィたぶらかし、第44節（【2】谷口訳 1973:260-261）

この話では、骨を丁寧に扱ってもらえなかった山羊はきちんと再生できず、片足をひきずる羽目になってしまった。これは狩猟民における「骨からの再生」観念の名残と解釈されている。他にも、『古エッダ』に含まれる「オージンの箴言」139-142節には、オージンが風の吹きさらす樹に9夜の間吊り下げられて槍に傷つけられ、魔法の歌を習って知恵を得た、と記されており、これはシャマンのイニシエーション儀礼におけるヴィジョンとも解されている。

参考：山田仁史 2015『首狩の宗教民族学』筑摩書房、pp. 44-45; Buchholz, Peter, *Schamanistische Züge in der altisländischen Überlieferung*, Dissertation Münster, 1968.

4.3　再発見の衝撃

さて、ゲルマン神話をヨーロッパ世界が「再発見」したのは、ポール・アンリ・マレーという学者のおかげである（以下【1】de Vries 1961:99-100, Feldman & Richardson 1972:199-209）。彼はスイス人だったが、1752年に22歳の若さでデンマーク・コペンハーゲン大学の「文学」（Belles-Lettres）教授に任命され、その後デンマーク政府の命により、北欧の歴史について研究を行なった。そしてそ

の成果を 1756 年,『ケルト人,とりわけ古代スカンジナビア人の神話と文学の資料』と題し,フランス語で出版した。ここには,『エッダ』のおおよその内容が整理されて示されている。なお当時「ケルト」という包括的な言葉には,ゲール語系,ゲルマン系,そしてスカンジナビアの人々がすべて含まれていた(【1】Feldman & Richardson 1971:200-201, de Vries 1961:99, 1956-57 I:51)。

本書が出版されると,すぐにヨーロッパの様々な言語に翻訳された。すなわち同年にはデンマーク語訳,1765 年にドイツ語訳,1770 年に英語訳が出た。そして熱狂的な歓迎を受けたのである。たとえば,第 2 章で言及したブルフィンチ『ギリシア・ローマ神話』(1855 年)も本書を利用したし,マシュー・アーノルドの詩「バルドルの死」(1855 年)も,この書から発想を得たものだった。

こうした動きは,フランス啓蒙思想に対する反動としてのドイツ・ロマン主義が始まる前兆でもあった。前章の最後で少しふれたように,理性(ロゴス)によって,古代人のお伽話である神話(ミュトス)を批判し,ギリシャ人もアメリカ大陸の先住民と変わらない,と断定したのが啓蒙思想の神話観だったとすれば,今度はその揺り戻しとして,神話の中には人間感情の根源に触れるものがあり,その想像力こそを高く評価すべきだという動きが出てきたのである。

そして重要だったのは,それまでヨーロッパ人の心のふるさとと考えられてきたギリシャ神話以外にも,それに肩を並べるような,いや場合によってはそれをしのぐような神話が,イギリス人やドイツ人の属するゲルマン系の言語世界から再発見された,ということであった。

ゲルマンにおける『エッダ』と似た役割をケルト世界において果たしたのは『オシアン』だ。こちらも 18 世紀ヨーロッパに大きな衝撃を与え,ロマン主義の前ぶれを告げた書物である(以下【6】高橋 2004:91-126,野口 2006)。

まず 1762 年,スコットランドのジェイムズ・マクファーソンという,当時は無名の 26 歳の青年が『フィンガル——六巻から成る古代の叙事詩』を発表,翌 1763 年には『テモラ——八巻から成る古代の叙事詩』という続編を出した。さらに 1773 年には訳文を見直し,改題した『オシアンの詩』を出版,現在ではこちらの名称の方が一般的となっている。

その内容は,西暦 3 世紀ごろのスコットランドが舞台である。西ハイランド地方モールヴォン(Morvern)の王フィンガルの息子で歌人のオシアンが,自分の息子オスカル(Oscar)の許嫁マルヴィーナ(Malvina)に語って聞かせた,王と一族の物語をマルヴィーナが書き留め,それをマクファーソンが翻訳した

ものとされる。

「勇猛で気高い戦士は、国の内外でのローマやスカンディナヴィアの異民族との戦いで次々に倒れ、最後に残った王子オシアンが高齢で失明したのち、息子オスカルの許婚者で竪琴の名手マルヴィーナに語り聞かせた回想のかたちをとり、それをマルヴィーナが後世に伝えたものとされている。雄大な自然あり、武装して男たちのあとを慕う高い胸の娘たちあり、闇の世界をさまよう亡霊あり、なによりも簡潔で暗く張りつめた調べの語りがすばらしい。そこにあるのは疑いもなく、あたらしいロマンティシズムの精神であった。しかも、そこに登場する人びとは、ホメロスの叙事詩の英雄たちがしばしば残忍暴虐であるのと対照的に、敵に対しても寛容で高貴、古代ケルト人の心性はかくやと思わせる存在であった」(高橋 2004:96) と評されている。

高橋哲雄によれば、当時ヨーロッパ文化の中心にあり、古典主義の文化に染め上げられたフランスの知識人もたちまち『オシアン』に夢中になった。スタール夫人やシャトーブリアンらは、ルソーの「高貴な未開人」を思わせる古代人の、新鮮な原始の感動にみちた世界のとりこになった。オシアン熱が広がって、子供にオスカルとかマルヴィーナといった名を付けるのが流行する。

スウェーデンのオスカル1世はそのひとりだった。名付け親はナポレオンで、彼はイタリア語訳の『オシアン』を戦場でも手放さなかった。画家ジローデに命じてマルメゾンの書斎のために「天国でナポレオンの将軍たちを迎えるオシアン」を描かせたり、画壇の大家アングルには大作「オシアンの夢」を描かせるほどの肩入れぶりだった。

ドイツでは、『オシアン』はフランス以上に熱狂的に迎えられ、シラー、ヘルダー、ノヴァーリス、クライストといった作家・哲学者がオシアンを讃美し、ゲーテもその一人だった。

ところが、実はイギリスでの反響は大陸とはかなり違っていた。たしかに、詩のすばらしさへの讃仰が広く見られたことは大陸と変わりない。事実、1805年になってもエジンバラの出版業者ジョージ・チャーマーズは、聖書とシェイクスピアを除けば、『オシアン』ほど売れている本はないと述べている。

その一方、『オシアン』は捏造ではないのか、という疑惑も初めからあった。ゲール語の原典を示せという要求に対して、マクファーソンがそれを提示しなかったことも、疑念を強めた。

では全くの捏造だったかというと、その後の調査で、もとになった伝承はス

コットランドに存在したことが明らかになっている。それらをマクファーソンは取捨選択しながら，自由に翻訳したことや，共訳者の存在もわかってきた（【2】高橋 2004:107-108，野口 2006）。

　野口英嗣によれば，「今日なお，マクファーソンの『オシアンの詩』に直接結びつくような伝承資料は見つかっておらず，捏造論争に終止符を打つところまでは至っていないが，ケルト文化への関心が高まり，ゲール文化に伝承される民話やゲール語で書かれた原資料がしだいに収集されるに及んで，現在では『マクファーソン捏造説』はほぼ否定される傾向にある」（【6】野口 2006:207）。

4.4　民俗学の勃興から現代へ

　18世紀後半から19世紀初め，主にドイツ・ロマン主義において，北欧神話・ケルト神話はこうして再発見され，時代精神の中で再評価され受容されていった。その際，『エッダ』や『サガ』に代表されるゲルマンの神話と，『オシアン』などケルトの伝承とが，二つのブームを形成し，ヨーロッパ各国の民俗学（Volkskunde）の形成を招く。つまり，自分たちの国民意識，民族意識が19世紀になるとさらに高揚し，グリムなども現れ，我々意識の核心として，神話というものが位置づけられるようになっていく。

　この場合の神話，とくに『オシアン』に見られるような神話は，『エッダ』に見えるような宇宙や人類の起源を語るような物語というよりは，むしろ我々という共同体，ないし近代的国民国家のアイデンティティの核となるようなものとしての物語となる。

　その枠組みとして，工藤庸子著『ヨーロッパ文明批判序説』の「それぞれのホメロスを求めて」という一節には「オシアンの叙事詩は，おのれのホメロスをもたぬヨーロッパ各地の住民にとって，羨むべき模範となったのである」と的確に述べられている。またナポレオンがドイツなどに攻め込んで来る（18世紀末から19世紀初）中で，「国民」の自覚を促すためには，王国の盛衰の物語ではなくて，建国の神話が必要だった。神話は出生証明書のようなものであり，これを復唱することは祖先を称える行為ともなる。物言わぬ民衆は，プリミティヴであるがゆえに「生きた化石」のように偉大な祖先の精神を宿しているはずだ。この前提から，文化不在の空間とみなされてきた土地に埋蔵された文化の古層を認めようとする運動は，19世紀に引き継がれ，文学のみならず，言語学，考古学，民族学，地理学など，さまざまの知的探究が側面からかかわ

ることになる，というのである（【1】工藤 2003:150-151）。

　ここで言う「民族学」はむしろ「民俗学」であろうが，いずれにせよ，こうした雰囲気の中で，国民や民族のアイデンティティ探究が始まっていたのである。

　また併せ考えるべきこととして，18世紀のヨーロッパでは産業革命が進んでいた，ということもある。ジェームズ・ワットの蒸気機関の発明が1769年，それから半世紀後の1825年に，イギリスで世界初の鉄道が開通したことを思い出せばよいだろう。こうして各国の村にまで鉄道が敷かれていくと，都市に流出する人口も増え，村落に伝わってきた伝承や祭の存続が危ぶまれるようにもなってきた。こうして，これを残しておきたいと思う人々により，採集が始められるようにもなる（【4】Monaghan 2004:xi；【1】Williamson 2004:107）。いわば田園的で牧歌的な世界への憧れが，都会人の間で高まってきたのもこの頃なのである。

　さてこうした時代に，まず思想家のヘルダーが民族精神を高らかに謳ったドイツで，そうした民俗学の最初の記念碑的な仕事が現れてくる。それを担ったのが，ヤーコプとヴィルヘルムのグリム兄弟に外ならない（p. 63の年表参照）。

　工藤によれば，ドイツでは1757年に完全な写本が出版された『ニーベルンゲンの歌』がホメロスの役目を果たしたとされるが（【1】工藤 2003:150），これには賛成者と反対者がいたようで，グリムは反対したらしい。『ニーベルンゲンの歌』は，血で血を洗うようなすさまじい殺戮場面に満ちているし，クリエムヒルトのような復讐心に燃えた女性が登場するなど，民族の神話・叙事詩としてはふさわしくない，というのが理由だったらしい。

　そこでグリム兄弟が始めたのが，物語の聞書であった。さらに二人は『エッダ』をドイツ語で紹介したり，タキトゥスの『ゲルマーニア』を編集・出版したりもしているが，特に重要なのは，ヤーコプが1835年に出した『ドイツ神話学』である。これはまさにタイトルが示しているとおり，ドイツ民族にとっての神話を再構築しようとした本だ。その第3版（1854年）序文には次のようにある。

　　キリスト教は民族宗教ではなかった。それは余所から来て，古くからあり，この地が崇拝し，愛した土着の神々を追放しようとした。これらの神々とその礼拝は，民族の伝承，制度，習俗と深く結びついていた。彼ら

の名前は民族語に発し，古くから聖なるものとされ，王や君主たちはその血統や出自を個々の神々に帰した。森と山と湖は身近にあったため，活き活きとした神聖視を受けていた。だが，民族はそのすべてを放棄することとなった。かつては誠実や忠節として称えられたものが，新しい信仰を伝える説教者たちによって罪や咎とされ，迫害された。聖なる教えの起源もその場もはるか彼方へと永遠に遠ざけられ，派生的であまり力をもたない教えだけが故郷の地に委ねられたのである（【1】Kippenberg 1997:122-123, 邦訳：128 参照）。

こうして兄グリムの『ドイツ神話学』はドイツ人本来の信仰として，『エッダ』に見えるオージンが最高位の神で，それを祀るとともに，森や山や湖といった自然を愛でる感受性豊かな民族としての，ドイツ人古来の神話と信仰世界を描き出した。またこれは，『子供と家庭の童話集』（1812-15年初版）および『ドイツ伝説集』（1816-18年初版）という二つの準備段階を経て，出来上がったものだということにも注意しておきたい。

グリムの影響はヨーロッパ各地に及び，ケルト世界もその例外ではなかった。ただし年表にもあるように，そもそもケルト文化復興運動の方が，グリムよりもむしろ早かったらしい。1805年，革命派によってフランス最初の民俗学会であるケルト・アカデミーが設立され，アンケート調査などもしていたが，ナポレオンと命運をともにし，1814年には活動がほぼ止まってしまったようだ。興味深いのは，ケルト神話の再編，ケルトの遺産の収集，オシアンのテキストの復元，という彼らの主張である（【4】蔵持 1998:216, 原 2003:138-139）。なお，ヤーコプ・グリムは1805年以降，何度かパリに滞在し，ケルト・アカデミーとも接触したらしい。ドイツでもこうしたアカデミーの設立を模索したようだが，うまくいかなかったようだ。

さて，フランスではいったんこうした伝統が途絶えたが，今度はグリム『子供と家庭の童話集』に啓発され，アイルランド（クローカー，1825年）やスコットランド（キャンベル，1860-62年）でも民話の採集と出版が進められた。この後のケルト研究についても簡単に触れておこう。1865年にはスイスのヌーシャテルで第1回人類学先史考古学国際会議が開かれ，古代ケルトの遺跡について討議が行われた。考古学的な発掘により，文献学だけでは分からない過去の具体的な様子が探究される時代を迎えたとともに，1870年代から80年代には，

イギリス・ドイツ・フランスの各国で言語学・文学を中心にケルト学講座が設置され、古い文献の解読や出版が進んだ。

こうして見てくると、民俗学およびそこで収集された神話や民話には、ナショナリズムと結びついていた面がある、ということが言える。そもそもの始まりが、ゲルマンやケルトという、自分たち民族のルーツを明らかにし、アイデンティティの核になるようなホメロスを持ちたい、という目的を持って、始まった学問だからである。そしてそれは、さまざまな結果につながった。たとえばドイツの場合、ワーグナーの「ニーベルングの指環」を初めとする音楽が、ヒトラーなどに非常に愛好され、ナチスの大会の儀礼的な演出に悪用されるようなことになった例もある。

ケルトの場合、1980年代から始まる世界的なケルト・ブーム（エンヤの音楽やBBCのテレビ番組）もあれば、『アステリックス』というフランスを初めヨーロッパ各地で大人気の漫画もあり、後者では小柄なアステリックスと大柄なオベリックスという二人のガリア人がペアで活躍する。

そうしたブームの一方、ヨーロッパでもケルト学という学問自体は、地味すぎるため、大学では閉鎖される所も多いらしい。ウィーンのケルト学を牽引してきた碩学ビルクハーンは、そうした風潮を憤っている。スピリチュアルな (Esoterik) 興味しか持たず、学問的背景を知らない人によりめちゃくちゃにされてしまう、というのだ（【4】Birkhan 2005:18-9, 480-481）。

4.5 ケルト神話とその原典・翻訳

ところで、ケルト神話の原典と翻訳は、どのような現状なのだろうか（【4】Birkhan Hrsg. 2005参照）。

まずケルト神話・宗教の資料は三種類に分けられる（【4】グリーン 1997:4）。すなわち、（1）古代ギリシャ・ローマ世界の同時代の著述家による記述、たとえばカエサルの『ガリア戦記』など。（2）アイルランドとウェールズの後代の地元言語による記録（詳しくは下記）。そして（3）考古学的資料である。

（2）のうちウェールズのケルト神話資料は、『マビノギオン』と総称される物語群である。おそらく11世紀後半から修道僧により集成が進められたが、現存する写本は14世紀から15世紀にかけてのものであり、1849年にゲスト夫人により初めて英訳されてから、誤解に基づく書名が広く普及している（【4】中野訳 2000:439-442）。

他方、アイルランドのケルト神話資料は紀元6世紀に初めて文字で記録されたが、現存する写本の大半は12世紀以降のもので、大きく三つに分けられる（【4】グリーン 1997:7）。

第一に神話群（Mythological Cycle）。これはアイルランドの歴史とくに諸民族の攻防の歴史を、神話的に語る。様々な神々が登場し、とくにトゥアタ・デー・ダナン（Tuatha Dé Danann）つまり女神アヌ（ダナン、ダヌ）の一族と、先住民族との二度の戦いを描く『マグ・トゥレド（モイトゥラ）の戦い』（Cath Maige Tuired）が最重要作品である。最初の戦いはフィル・ヴォルグ族（Fir Bolg）との、第二の戦いはフォウォレ族（Fomoire）との戦いであり、ルー（ルグ）神（Lugh）などが活躍する。この神は輝ける者、太陽神とされ、カエサルによりローマのメルクリウスと同一視された。

第二はアルスター伝説群（Ulster Cycle）。これはアルスターを中心とする民、とりわけルー神の子である英雄クー・フリン（Cú Chulainn）の活躍を語る。最重要の物語は『クアルンゲ（クーリー）の牛捕り』（Táin Bó Cuailnge）で、女王メドヴとその夫、コナハトのアリルがそれぞれの所有物を自慢し合い、メドヴが夫をしのぐために、アルスターの一地区クアルンゲの赤牛を力づくで手に入れようとする話である。

最後の第三は、フィン（フィアナ、フィニアン）物語群（Fenian Cycle）であり、3世紀初頭の南アイルランドを舞台とする、フィン騎士団の長フィン・マックールを中心とした物語群。オシアン物語群とも呼ばれ、スコットランドの『オシアン』と登場人物が重なる。つまりフィンはフィンガル、息子オシーン（アシーン）はオシアン、甥オスカルはオスカルである。

本章のしめくくりとして強調しておきたいのは、ゲルマン神話の邦訳があふれている現状に対し、ケルト神話の信頼できる邦訳があまりに少ないことである。特にアイルランド語原典からの邦訳は皆無に等しい。この分野に関心を抱く人が増えるよう願いたい。

第12話　常若の国のアシーン

フィアナ戦士団の首長フィンの息子アシーンは、美しい金髪のニーアヴに連れられてティール・ナ・ノーグ（常若の国、青春の国）に赴き、婚礼をあげて300年をすごした。アシーンにはたった3年と思われたが、やがて望郷の念にかられ、エリンの地（アイルランド）に戻るが、その際、ニーアヴから次のように警告さ

れた。

　アシーン，わたしがいうことを覚えておきなさい。もし地面に足がついたら，もう永遠に戻ってくることはできないでしょう，わたしのいるこのすばらしい国に。
　ふたたび，なにも隠さずに言いましょう。白馬から一度でも降りると，もはや「青春の国」に来ることはできないでしょう，鎧に身を固めた，黄金に輝くアシーンよ。
　また三度目にあなたに言います。もし馬から降りることがあれば，あなたは老人となり，衰え，目が見えなくなる，動けなく，喜びもなく，走れず，跳ぶこともできません。

　けれども，エリンに着いたアシーンは，うっかり鞍からずり落ち，両足で地面に立ってしまう。以下はその場面についての，アシーンの語りである。

　わたしの両足が草地に触れるや，白馬はおびえて，どこかへ走り去った。そして悲しくも，わたしの体は衰弱した。
　わたしの目は見えなくなり，姿や顔つきはやせ衰え，気力が無くなり，わたしは力もなく，わけが分からず，名声もない，哀れな盲目の老人となった。

出典：『青春の国のアシーンの物語詩』より（【4】松村 1997:97-98, 100-101）

　この話には様々な異伝があるが，マイケル・コミン（Michael Comyn）という学者により1749年頃に書かれたものを，オルーニーが原文・英訳ともに掲げたものが定本とされることが多い（【4】O'Looney 1859）。邦訳はない（【4】松村 1997:83-111, 岩瀬 2008）。アイルランドの詩人・劇作家イェイツはこのオルーニー版をもとに，叙事詩『アシーンの放浪』（*The Wanderings of Oisin*）を1889年に発表した（【4】鈴木訳 1982:225-245）。またこのエピソードは，浦島太郎の説話ともしばしば比較されてきた。

参考：渡邉浩司　2009「浦島伝説の日本語版とフランス語版の比較：中世フランスの短詩『ガンガモール』と8世紀の浦島譚」吉村耕治（編）『現代の東西文化交流の行方　第Ⅱ巻　文化的葛藤を緩和する双方向思考』:41-79, 大阪：大阪教育図書；大林太良 2000「浦島伝説の源流」うらしまフォーラム実行委員会『記録　うらしまシンポ2000：この伝説の青い海を21世紀へ』:7-20, 京都府伊根町：うらしまフォーラム実行委員会.

表2 ヨーロッパ各国における神話・伝説・昔話資料の発掘　関連年表

●はゲルマン関係，▲はケルト関係，■はその他。
Gはグリム，JGは兄ヤーコブ。
太字はとくに重要な出来事。

西暦	出来事
●1756	北欧（ゲルマン）神話『エッダ』の再発見（マレーの仏訳出版）。
●1757	『ニーベルンゲンの歌』の完全な写本の出版。
▲1762-63	スコットランド（ケルト）古詩『オシアン』再発見（マクファーソンの英訳出版）。
▲1805	フランス最初の民俗学会ケルト・アカデミー Académie Celtique 設立。51項目のアンケート調査結果を1807-12刊行の年報に公表。1814には活動ほぼ停止。
（●1805以降）	JGは何度かパリに滞在，ケルト・アカデミーと接触したらしい。
●1812-15	**G兄弟『子供と家庭の童話集 Kinder- und Hausmärchen』初版刊行（1829英訳）。**
●1815	G兄弟共著『古エッダ歌謡 Lieder der alten Edda』出版。
●1816	JG『タキトゥス「ゲルマニア」Taciti Germania』出版。
●1816-18	G兄弟『ドイツ伝説集 Deutsche Sagen』出版。
▲1825	クローカーにより，『アイルランド南部の妖精伝説と伝承 The Fairy Legends and Traditions of the South of Ireland』第1巻出版。
●1835	**JG『ドイツ神話学 Deutsche Mythologie』初版（1844第2版，54第3版，75-78第4版）。**
■1835	フィンランドの国民的叙事詩『カレワラ』出版（リョンロットによる），スウェーデン語訳（1841），仏訳（45），独訳（52）。
▲1839	ブルターニュの民謡集『バルザス・ブレイス』出版（ラヴィルマルケによる）。
●1841-44	アスビョルンセンとモーによる『ノルウェーの民話』出版（1859英訳）。
●1842	バイエルン王ルートヴィヒ1世がヴァルハラ（ゲルマン神話に倣ったドイツ諸英雄の祭殿）建設。
▲1849	ウェールズの古伝承『マビノギオン Mabinogion』，ゲスト夫人英訳出版。
●1853	詩人ハイネ『流刑の神々 Götter im Exil』刊行。
●1853-74	ワーグナー『ニーベルングの指環』4部作を作曲。
▲1860-62	キャンベルにより，スコットランドの民話集『高地西部の民話 Popular Tales of the West Highlands』出版。ゲール語の原語と英訳を併記。
▲1865	スイスのヌーシャテルで第1回人類学先史考古学国際大会。古代ケルトの遺跡（ハルシュタットは1846年から，ラテーヌは1858年から発掘）につき討議。
▲1870-80年代	英・独・仏の諸国で言語学・文学を中心にケルト学講座設置，古文献の解読・出版進む。

本章の参考文献
【1】本章の全般的な参考文献
Feldman, Burton. 1973. Myth in the Eighteenth and Early Nineteenth Centuries. *In*: Wiener, Philip P. (ed.), *Dictionary of the History of Ideas: Studies of Selected Pivotal Ideas*, Vol. 3: 300-307. New York: Charles Scribner's Sons.（邦訳はフェルドマン,バートン「神話：18, 19世紀初期における」ウィーナー,フィリップ・P編『西洋思想大事典』3:33-40, 平凡社, 1990）
Feldman, Burton & Robert D. Richardson. 1972. *The Rise of Modern Mythology 1680-1860*. Bloomington: Indiana University Press.
de Vries, Jan. 1961. *Forschungsgeschichte der Mythologie*, Freiburg: Verlag Karl Alber.（とくにⅥ章）
―――. 1956-57. *Altgermanische Religionsgeschichte*, 2 Bde., 2., völlig neu bearbeitete Aufl. (Grundriß der germanischen Philologie; 12). Berlin: Walter de Gruyter.（とくに Bd. 1: S. 50-56）
Thiesse, Anne-Marie. 2001. *La création des identités nationales. Europe XVIIIe-XXe siècle*. (Collection «Points Histoire»). Paris: Éditions du Seuil.（1999年初版。邦訳はティエス,アンヌ=マリ『国民アイデンティティの創造：十八～十九世紀のヨーロッパ』斎藤かぐみ訳, 工藤庸子解説, 勁草書房, 2013）
工藤庸子 2003『ヨーロッパ文明批判序説：植民地・共和国・オリエンタリズム』東京大学出版会.（とくに pp. 148-152「それぞれのホメロスを求めて」）
Williamson, George S. 2004. *The Longing for Myth in Germany: Religion and Aesthetic Culture from Romanticism to Nietzsche*. Chicago: The University of Chicago Press.（とくに Chap. 2）
Cocchiara, Giuseppe. 1981. *The History of Folklore in Europe*. (Translations in Folklore Studies). Philadelphia: Institute for the Study of Human Issues.（原著は1952年刊）
Dorson, Richard M. 1968. *History of British Folklore*, 3 Vols. London: Routledge & Kegan Paul.
風間喜代三 1993『印欧語の故郷を探る』（岩波新書；269）岩波書店.
Kippenberg, Hans G. 1997. *Die Entdeckung der Religionsgeschichte. Religionswissenschaft und Moderne*. München: C. H. Beck.（邦訳はキッペンベルク『宗教史の発見：宗教学と近代』月本昭男／渡辺学／久保田浩訳, 岩波書店, 2005）
ウィルソン,ウィリアム・A 1996「ヘルダー,民俗学,ロマン主義的ナショナリズム」岩竹美加子（編訳）『民俗学の政治性：アメリカ民俗学一〇〇年目の省察から』:157-186. 未来社.（1973年初出）
リューティ,マックス 1997『メルヘンへの誘い』（叢書・ウニベルシタス；573）高木昌史（訳）法政大学出版局.
【2】北欧（ゲルマン）神話の概説・原典・翻訳・辞事典ほか
山室静 1992『サガとエッダの世界：アイスランドの歴史と文化』（現代教養文庫）社会思想社.
―――― 1969『北欧文学の世界』東海大学出版会.（pp. 139-158「北欧民話について」）
谷口幸男 1976『エッダとサガ：北欧古典への案内』（新潮選書）新潮社.
菅原邦城 1984『北欧神話』東京書籍.
パウルソン,ヘルマン 1995『オージンのいる風景：オージン教とエッダ』大塚光子／西田郁子／水野知昭／菅原邦城（訳）東海大学出版会.
オルリック,アクセル 2003『北欧神話の世界：神々の死と復活』尾崎和彦（訳）青土社.
グレンベック,ヴィルヘルム 2009『北欧神話と伝説』（講談社学術文庫；1963）山室静（訳）講談社.（原書は1927年初版）
『ユリイカ』第39巻第12号, 特集「北欧神話の世界」, 青土社, 2007年10月号.
コラム,パードリック 2001『北欧神話』新版（岩波少年文庫；550）尾崎義（訳）岩波書店.（北欧神話の印象的エピソードを要領よくまとめている）
谷口幸男（訳）1973『エッダ：古代北欧歌謡集』新潮社.（『古エッダ』および『スノリのエッダ』のうち「ギュルヴィたぶらかし」の邦訳を収める）
―――― 1979『アイスランド サガ』新潮社.
松谷健二（訳）1986『エッダ／グレティルのサガ』（ちくま文庫 中世文学集；Ⅲ）筑摩書房.
尾崎和彦 1994『北欧神話・宇宙論の基礎構造：『巫女の予言』の秘文を解く』（明治大学人文科学研究所叢書）白凰社.

下宮忠雄／金子貞雄 2006『古アイスランド語入門：序説・文法・テキスト・訳注・語彙』大学書林.（「巫女の予言」訳注を収める）
ノルダル，シーグルズル 1993『巫女の予言 エッダ詩校訂本』菅原邦城（訳）東海大学出版会.
水野知昭 2002「『巫女の予言』抄訳と略註」篠田知和基（編）『神話・象徴・文学』Ⅱ：27-54. 名古屋：楽浪書院.
谷口幸男 1983「スノリ『エッダ』「詩語法」訳注」『広島大学文学部紀要』43：1-121.
――― 2002-03「スノッリ・ストゥルルソン『エッダ』「序文」と「ハッタタル（韻律一覧）」訳注」『大阪学院大学 国際学論集』13(1)：203-230, (2)：125-154, 14(1)：99-130.
Neckel, Gustav. 1983. *Edda. Die Lieder des Codex Regius, nebst verwandten Denkmälern.* I. Text, 5. verbesserte Aufl. von Hans Kuhn. (Germanische Bibliothek: Reihe 4, Texte). Heidelberg: Carl Winter.（『古エッダ』の底本）
Kuhn, Hans. 1968. *Edda. Die Lieder des Codex Regius, nebst verwandten Denkmälern.* II. Kurzes Wörterbuch, von Hans Kuhn. 3. umgearbeitete Aufl. des Kommentierenden Glossars. (Germanische Bibiliothek: Reihe 4, Texte). Heidelberg: Carl Winter.
Krause, Arnulf (Hrsg.) 2004. *Die Götter- und Heldenlieder der Älteren Edda.* (Reihe Reclam). Stuttgart: Philipp Reclam jun.（『古エッダ』のドイツ語訳）
Sijmons, B. & Hugo Gering. 1927-31. *Kommentar zu den Liedern der Edda,* 2 Bde. (Germanische Handbibliothek; 7. Die Lieder der Edda; 3. Bd.) Halle: Buchhandlung des Waisenhauses.（『古エッダ』の注釈書）
泉井久之助（訳）1979『タキトゥス ゲルマーニア』改版（岩波文庫）岩波書店.
Hoops, Johannes (Hrsg.) 1973. *Reallexikon der germanischen Altertumskunde,* 2. Aufl., 37 Bde. Berlin: W. de Gruyter.（全 37 巻のゲルマン古代学大事典）
Beck, Heinrich, Herbert Jankuhn & Reinhard Wenskus (Hrsg.) 1986-. *Ergänzungsbände zum Reallexikon der germanischen Altertumskunde,* 92 Bde. Berlin: De Gruyter.（上記大事典の補遺，既刊 92 巻）
Simek, Rudolf. 2006. *Lexikon der germanischen Mythologie,* 3. Aufl. (Kröners Taschenausgabe; Bd. 368). Stuttgart: Alfred Kröner Verlag.（ゲルマン神話辞典。参考文献など充実）
Simek, Rudolf & Hermann Pálsson. 2007. *Lexikon der altnordischen Literatur. Die mittelalterliche Literatur Norwegens und Islands,* 2. Aufl. (Kröners Taschenausgabe; Bd. 490). Stuttgart: Alfred Kröner Verlag.（北欧古文献の辞典）

【3】北欧（ゲルマン）神話の再発見
Mallet, Paul Henri. 1756. *Monumens de la mythologie et de la poésie des Celtes, et particulièrement des anciens Scandinaves.* Copenhagen.

【4】ケルト世界とその神話・民俗学
Birkhan, Helmut (Hrsg.) 2005. *Bausteine zum Studium der Keltologie.* Wien: Edition Praesens.（ケルト学の概説書）
Koch, John T. (ed.) 2006. *Celtic Culture: A Historical Encyclopedia,* 5 Vols. Santa Barbara, Calif.: ABC-CLIO.
Karl, Raimund & David Stifter (eds.) 2007. *The Celtic World,* 4 Vols. (Critical Concepts in Historical Studies). London: Routledge.
原聖 2003『〈民族起源〉の精神史：ブルターニュとフランス近代』（世界歴史選書）岩波書店.
――― 2016『ケルトの水脈』（興亡の世界史 講談社学術文庫；2389）講談社.（初出は 2007 年）
グリーン，M・J 1997『ケルトの神話』（丸善ブックス；62）市川裕見子（訳）丸善.
井村君江 1990『ケルトの神話：女神と英雄と妖精と』（ちくま文庫）筑摩書房.
Maier, Bernhard. 1994. *Lexikon der keltischen Religion und Kultur.* Stuttgart: Kröner.（邦訳はマイヤー，ベルンハルト『ケルト事典』鶴岡真弓監修，平島直一郎訳，大阪：創元社，2001）
―――. 1997. *Dictionary of Celtic Religion and Culture.* Translated by Cyril Edwards. Woodbridge, Suffolk: The Boydell Press.（上記の英訳）
MacKillop, James. 1998. *A Dictionary of Celtic Mythology.* Oxford: Oxford University Press.（マイヤーのものと並び，信頼できるケルト神話辞典）
松村賢一 1997『ケルトの古歌『ブランの航海』序説』（中央大学学術図書；44）八王子：中央大学出版部.
O'Looney, Bryan. 1859. Tir na nÓg: The Land of Youth. *Transactions of the Ossianic Society,* 4: 227-280.

岩瀬ひさみ 2008「『常若の国のオシーン』とスコットランドの伝承」日本カレドニア学会創立50周年記念論文集編集委員会（編）『スコットランドの歴史と文化』:389-412. 明石書店.
鈴木弘（訳）1982『W・B・イェイツ全詩集』北星堂書店.
de Vries, Jan. 1961. *Keltische Religion*. Stuttgart: Kohlhammer.
中野節子（訳）2000『マビノギオン：中世ウェールズ幻想物語集』JULA出版局.
Monaghan, Patricia. 2004. *The Encyclopedia of Celtic Mythology and Folklore*. New York: Facts On File.
長野晃子 1989「フランスの口承文芸研究」『口承文芸研究』12:88-97.
蔵持不三也 1998「フランスの民俗学：その成立を巡って」福田アジオ／小松和彦（編）『民俗学の方法』（講座日本の民俗学；1）:213-224. 雄山閣.
福井憲彦 2005「フランス民俗学の成立」福井『ヨーロッパ近代の社会史：工業化と国民形成』:103-152. 岩波書店.（初出は1986-87年）

【5】アイルランドの神話をより深く学ぶための文献
Gray, Elizabeth A. 1983. *Cath Maige Tuired: The Second Battle of Moytura*. (Irish Texts Society = Cumann na Scríbheann Gaedhilge; Vol. 52). London: Irish Texts Society.（『マグ・トゥレドの戦い』の定評ある英訳）
Kinsella, Thomas. 2002. *The Táin: From the Irish Epic Táin Bó Cuailnge*. Oxford: Oxford Paperbacks.（初出は1969年。『クアルンゲの牛捕り』の定評ある英訳）
カーソン，キアラン 2011『トーイン：クアルンゲの牛捕り』栩木伸明（訳）東京創元社.（英訳からの重訳）
Gantz, Jeffrey. 2000. *Early Irish Myths and Sagas*. (Penguin Classics). London: Longman.（初出は1981年。アルスター伝説群の英訳として定評がある）
ディロン，マイルズ 1987『古代アイルランド文学』青木義明（訳）横浜：オセアニア出版社.
八住利雄（編）1981『アイルランドの神話伝説』全2冊，改訂版（世界神話伝説大系；40-41）名著普及会.

【6】『オシアン』とその真贋論争
中村徳三郎（訳）1971『オシアン：ケルト民族の古歌』（岩波文庫）岩波書店.
Macpherson, James. 1762. *Fingal, an Ancient Epic Poem in Six Books*. London.
―――. 1763. *Temora, an Ancient Epic Poems in Eight Books*. London.
The Poems of Ossian, 2 Vols. Translated by James Macpherson. London: Strahan, 1773.
高橋哲雄 2004『スコットランド　歴史を歩く』（岩波新書；895）岩波書店.（第4章「オシアン事件」）
野口英嗣 2006「『オシアンの詩』」木村正俊／中尾正史『スコットランド文化事典』:786-787. 原書房.
日本カレドニア学会創立50周年記念論文集編集委員会編 2008『スコットランドの歴史と文化』明石書店.（野口英嗣「ジェイムズ・マクファーソンの西部・島嶼地方への旅行：『オシアンの詩』本文成立過程の分析」[pp. 205-221]，三原穂「『オシアン詩群』に対するジョンソンの反発とパーシーの共鳴」[pp. 223-247] 他を含む）

【7】グリム兄弟とその著作および影響
高木昌史／高木万里子（編訳）2008『グリム兄弟　メルヘン論集』（叢書・ウニベルシタス891）法政大学出版局.
ザイツ，ガブリエーレ 1999『グリム兄弟：生涯・作品・時代』高木昌史／高木万里子（訳）青土社.
Brüder Grimm. 2001. *Kinder- und Hausmärchen*, 3 Bde. Stuttgart: Philipp Reclam jun.（レクラム版初出は1980）
Bolte, Johannes & Georg Polívka. 1992-94. *Anmerkungen zu den Kinder- und Hausmärchen der Brüder Grimm*, 4. Bde. (Jacob Grimm und Wilhelm Grimm Werke; Bd. 2-5/6). Hildesheim: Olms-Weidmann.（『子供と家庭の童話集』への注釈書. 1913-32年版の復刻）
金田鬼一（訳）1979『完訳グリム童話集』改版全5冊（岩波文庫）岩波書店.
Brüder Grimm. 1965. *Deutsche Sagen*. Vollständige Ausgabe. (Dünndruck-Bibliothek der Weltliteratur). München: Winkler-Verlag.
グリム 1987-90『ドイツ伝説集』上下，桜沢正勝／鍛冶哲郎（訳）京都：人文書院.
Grimm, Jakob. 1968. *Deutsche Mythologie*, 3 Bde. Graz: Akademische Druck- und Verlagsanstalt.（『ドイツ神話学』第4版［1875-78年］の復刻版）
『ユリイカ：詩と批評』第31巻第5号〈特集：グリム童話〉，青土社，1999.（ヤーコプ・グリム「『ドイツ神話

学』より『死神』」木村豊訳, pp. 99-111 を含む)
小澤俊夫 1992『グリム童話の誕生：聞くメルヒェンから読むメルヒェンへ』(朝日選書；455) 朝日新聞社.
クローカー, トマス・C (編) グリム兄弟 (解説・注) 2001『グリムが案内するケルトの妖精たちの世界』上下, 藤川芳朗 (訳) 草思社.
アスビョルンセン／ヨーレン・モー 1999『ノルウェーの民話』米原まり子 (訳) 青土社.

第5章
比較言語学から宗教学・神話学へ
—— ペルシャとインド

ハヌマーン
(タイ・ワットプラケオ
寺院の壁画にもとづく)

5.1 「衝撃に次ぐ衝撃,解読に次ぐ解読」

　本章ではまず前章とならび,18世紀後半から19世紀前半にかけて起きていた,もう一つの時代状況について,年表(p.77)を参照しつつみていこう。それは『エッダ』(1756年)と『オシアン』(1762年)の再発見に引きつづき,今度はペルシャ(イランの旧称)やインドの文献の翻訳ラッシュが始まり,ヨーロッパの目がアジア,ことに「オリエント」世界に向き始めた,ということである。

　年表からは,1771年からの30年間に,インド・ペルシャの古代・中世の文献が続々とヨーロッパの言語に翻訳されていった様子が分かるだろう。キッペンベルクは次のように述べている。

> 　1770年以来,旧世界(ヨーロッパ)は,自らとは完全に独立し,部分的には自らよりも古い未知の文明が存在する,ということをかつてないほどに強く経験せねばならなかった。ユダヤ=キリスト教の聖書とギリシャ=ローマの古典古代に根拠を置く西洋世界はその無比の地位を失い,競合相手をもったのである。
> …(中略)…
> いわば七つの封印(ヨハネ黙示録8章1節)にながらく閉ざされていた,異文明の残した文書遺産がヨーロッパ人によって解読され,その内容をさらし始めたのである。衝撃に次ぐ衝撃,解読に次ぐ解読 (【1】Kippenberg 1997:45-46, 邦訳:38-39)。

　前章でみたように18世紀後半になると,フランス的啓蒙主義からドイツ的ロマン主義への思想的転換が起きる。そこへ大きな刺激を与えた源泉は二つあった。その一つはゲルマン・ケルト世界の再発見,そしてもう一つが本章で

あつかうペルシャ・インド世界の「発見」だったのである。

その発端は 1771 年の，フランス人アンクティル=デュペロンによる『ゼンド=アヴェスター』の翻訳と出版だ。これは古代ペルシャ（＝イラン），ゾロアスター教の聖典とその注釈であった。

そもそも古代イランの神話を記した文献は，使用言語と執筆年代に従って，次の三つに分類できる（【4】青木 2010:128）。

(1) 『アヴェスター』／古代ペルシャ語碑文：前 12 ～前 4 世紀
  神々への讃歌を含むが，ストーリー性のある神話はない。
(2) 『ブンダヒシュン』（中世ペルシャ語）：後 3 ～ 10 世紀
  「原初の創造」という意味。10 世紀に衰亡の極にあったペルシャのゾロアスター教神官団が作製した古代イラン神話の要約。少なくともサーサーン王朝時代（224～651 年）に伝えられた古代イラン神話を再現した文献とされる。ユダヤ・キリスト教やマーニー教の影響をこうむって成立した可能性もある。
(3) 『王書』など近世ペルシャ語文献：11～18 世紀
  『王書』はムスリムの詩人が 11 世紀に近世ペルシャ語で著したもの。

これらのうち古代ペルシャの起源神話・創世神話を伝えているのは，『ブンダヒシュン』である。伝えられてきた地域にもとづきイラン系とインド系の二つに分けられる写本群があり，後者は前者の半分ほどの分量しかないので，それぞれ大ブンダヒシュン，小ブンダヒシュンと呼ばれている。

アンクティル=デュペロンはこのうち小ブンダヒシュンをフランス語訳した。その後英訳も出ているが，最近になって大ブンダヒシュンの日本語訳が出た（ただし，不明として「？」が付されている箇所も多い）。なお原典は中世ペルシャ語（パフラヴィー語）である。

第 13 話 『ブンダヒシュン』による原牛と原人

まず，第 1 A 章に，ゲーティーグ界の被造物の創造について，というくだりがある。ゲーティーグ界というのは物質界・可視界・現世のことで，これに対立するのがメーノーグ界でこちらは霊界・不可視界である。初めに登場するガンナーグ・メーノーグは邪霊・悪霊（【4】奥西 2009:262），他方オフルマズド（アフラ・マズダー）は「覚知の霊気」（【4】奥西 2009:261）ないし「賢明なる主」（【4】ヒ

ネルズ 1993:94)、すなわち善霊である。この善悪二元論、善と悪の戦いがペルシャ・イラン神話の特徴となる。

オフルマズドは敵のガンナーグ・メーノーグが不能な状態にあるうちに、天、水、大地、草木、家畜、義者を作っていく。その様子は、次のように描かれる。

まず天を創ったが、それは明るく、明らかで、果てしなく、卵形で、輝く金属製、つまりその実質は男性のダイヤモンドで、その端は無限光明とつながっていた。被造物はすべて天の中で創られた。天は、戦いに必要なすべての道具が中に置かれている堅固な要塞のようであった。あるいは、すべてのものが中に置かれている家のようであった。

すなわち天空はカチッと硬い材質でできた、中が空洞のようなものとして想像されている（【4】カーティス 2002:26）。
その後、水や大地が創られる。そして

5番目に、世界の中心のエーラーンウェーズのウェフ・ダーイティー河の岸（つまり、世界の中心）で唯一の牛を創った。それは白く、月のように輝き、身の丈は平均的な葦3本の長さだった。牛を助けるため水と草木を創った。なぜなら混合の中で力と成長力はこれらによるからである。

これが原牛（Urrind）と呼ばれるものである（以下、【4】Colpe 1986:422-423参照）。さらに原人ガヨーマルドが創られる。

6番目に太陽のように明るいガヨーマルドを創った。身の丈は平均的な葦4本の長さで、幅は丈と同じだった。それはウェフ・ダーイティー河の岸（つまり、世界の中心）にいた。ガヨーマルドは左側に、牛は右側におり、彼らのお互いの間の距離はダーイティー河からの距離で（？）自分の身の丈であった。

さてこの原牛と原人については、ガンナーグ・メーノーグはデーウという悪神（【4】奥西 2009:262）とともに光明と対決しに行った。

…（前略）…次に大地の中心に穴を開けて侵入して、次に草木、次に牛とガヨーマルド、次に火を襲った。そして、ハエのようにすべての被造物を襲ったのである。…（中略）…
貪欲と困窮と危険と痛みと病気と肉欲と怠情が牛とガヨーマルドの上に放たれ

た。(害悪が) 牛に来る前に，オフルマズドは病気を治すマング（大麻）――バンジとも言う――を牛が飲むように，目の前ですりつぶして与えた。打撃と罪と悪事（?）による不快が減るようにするためである。牛はすぐに病気で弱って乳が出なくなり，死んだ。

第13章では，「デーン」すなわち「教え」(【4】野田 2009-11 I:153) ないし「宗教，教義，自我，ロゴス＝言葉＝神自身」(【4】奥西 2009:262) に次のように言われている。なおマヨラナとはマジョラム (marjoram) とも称し，ハーブの一種。アコーマンは古代語形ではアカ・マナフ (Aka Manah) すなわち悪しき思考のことで，悪神の一人。アベスターグはアヴェスターの中世語形。太陰界は月の世界。ハーサルとフラサングは，いずれも距離の単位である。

デーンに言うように，唯一のものとして創られた牛が死んだとき，その脳髄が飛び散ったところに55種の穀物と12種の薬草が生えた。言われているように，脳髄から胡麻と空豆が――脳髄から出ているのでそれ自身が髄である――，角からレンズ豆が，鼻から韮が，血から葡萄酒をそれから作る葡萄の……が。それゆえ葡萄酒は血を増やすのに最もよい。肺から芥子が，肝臓の中からマヨラナの巻きひげが，アコーマンの悪臭を追い払い，害に対抗するために（生じ），その他のものが1つずつ（生じた）。

アベスターグに言うように，ブンダヒシュン（原初創造）において創られた1つの穀物は馬の姿で創られ，そこで3種に分かれアラング河に運ばれた。それは米であると言うものもあれば，水を吸う小麦であると言うものもいる。

牛の精液は太陰界に運ばれ，そこで清められた。多くの種類の家畜が創られた。まず2頭の牛で，1頭は雄，1頭は雌である。ついですべての種から1組が地上に，8ハーサル，つまり3フラサングに渡ってエーラーンウェーズに現れた。

言われているように，牛の有益さのために私（オフルマズド）は2度創造を行なった，つまり1度は牛として，もう1度は多種の家畜とともにである。

このように，原牛は様々な作物や植物や家畜を生みだしている。他方この後の第14章では，次のように原人も様々なものを生みだす。なおフラシュギルドは世界の再生のこと，ネーリヨーサングは精霊ないし天使の一種，ミフリーとミフリヤーニーは，最初の人間であるマシーとマシヤーニーの植物状態での呼称かとされる。

ガヨーマルドが病気になったとき，左側に倒れた。頭からは鉛が，血から錫が，

> 脳髄から銀が，足から鉄が，骨から銅が，脂肪から水晶が，腕から鋼鉄が，魂の抜け殻から金が現れた。金はその貴重さのゆえに今でも人々が魂とともに与える。
> 　左側から死がガヨーマルドの体に入った。すべての被造物はフラシュギルドまで死が襲う。
> 　ガヨーマルドは死ぬとき種を放った。その種は太陽の光で清められた。その3分の2はネーリヨーサングが保管し，3分の1はスパンダルマド（大地の女神）が受け取り，40年間大地の中にあった。
> 　40年の終わりに1本の茎と15枚の葉をもつ大黄の姿でミフリーとミフリヤーニーが大地から生えてきた。その様は手を耳に当て，互いに結びついて同じ丈同じ形であった。
>
> 出典：『ブンダヒシュン』（【4】野田 2009-11）
>
> 　そして結局この二人は人間の姿に変わり，その子孫から人類，とくにイラン民族が殖えていった，とされる（【4】カーティス 2002:30）。つまりこの原人ガヨーマルドからは様々な金属も生じ，人類の祖先ともなったわけである。原牛と原人は，それぞれ月と太陽に近く，ペアのように考えられていたことがうかがえる。

5.2　比較言語学の成立と発展

　さてペルシャ由来の文献とともに，インドからも様々な文献が翻訳され，サンスクリットという言語の存在が次第にクローズアップされてゆく。中村元によれば，これには二つの背景があった（【1】中村 1960:7-10）。それは第一に，西洋とくにイギリスによる東洋の政治的・軍事的な支配統治の必要性，そして第二に，印欧語族の源流を明らかにしようという知的欲求である。

　後者の印欧語族についてだが，アヴェスターの言語であるアヴェスター語つまり古代ペルシャ・イラン語と，サンスクリットはかなり近い関係にある，ということが分かってきた。さきほど見たオフル・マズド（アフラ・マズダー）のオフルというのは古代語形ではアフラで，インドの阿修羅であるし（【4】奥西 2009:261），イランという民族名はアーリアと同じ語源なのである。

　こうした言語の共通性に気づいたのは，ウィリアム・ジョーンズだ。彼はイギリス人で，インドで裁判官をしていたが，言語の研究も進めるうちにこうした類似に気づいた。そして1786年2月2日，比較言語学の誕生を告げる記念すべき講演をした。

サンスクリットは，その古さはどうあろうとも，驚くべき構造をもっている。それはギリシア語よりも完全であり，ラテン語よりも豊富であり，しかもそのいずれにもまして精巧である。しかもこの2つの言語とは，動詞の語根においても文法の形式においても，偶然つくりだされたとは思えないほど顕著な類似をもっている。それがあまりに顕著であるので，どんな言語学者でもこれら3つの言語を調べたら，それらは，おそらくはもはや存在していない，ある共通の源から発したものと信ぜずにはいられないであろう。これはそれほどたしかではないが，同じような理由から，ゴート語とケルト語も，非常に違った言語と混じり合ってはいるが，ともにサンスクリットと同じ起源をもっていると考えられる。またもしこの場でペルシアの古代に関する問題を論議してもよいならば，古代ペルシア語も同じ語族に加えられよう（【2】風間 1978:13-15 より）。

　前章で見たとおり，『エッダ』や『オシアン』の再発見によってゲルマンやケルトという自分たちの故郷が見つかったとは言っても，せいぜい10世紀ないし3世紀までしか溯ることはできなかった。ところが今度は，一気に紀元前1200年頃まで溯り，しかもゲルマン・ケルトだけでなくギリシャ・ローマなども含めた，広い地域にわたる人々の共通の祖先の言語が発見された，ということで大興奮がもたらされたわけである。

5.3　マックス・ミュラーと宗教学・神話学の確立

　こうした言語学の資料となったのは，印欧語族に属する様々な言語で書かれたテキストだった。それを言語の資料として比較するだけではなく，そこに出ている宗教や神話同士の比較も始まったのは当然の流れといえる。

　その中で登場した近代神話学・宗教学の始祖として知られるのが，フリードリヒ・マックス・ミュラーだ。ドイツ生まれだが1848年以降イギリスに移り，死去するまでオックスフォードのドイツ人として過ごした。その専門はもとは言語学，ことにサンスクリットだった。古代インドの宗教を含む『東洋の聖典』という全50巻のシリーズ（1879-1910年刊）を編集したのも彼である。

　このシリーズ中にはインドのものが31冊含まれるが，他にイスラームの『クルアーン』や仏典，中国の『書経』・『孝経』・『易経』・『礼記』・『老子道徳経』などが含まれ，第50巻は弟子のヴィンテルニッツにより編集された総索

引で，これは長らく「東洋宗教コンサイス辞典」と呼ばれてきてもいる（【1】中村 1960:26）。

さてミュラーはまた，バラモン教の聖典であるヴェーダの原典を，サンスクリット原文のまま出版してもいる。これは今でもスタンダードなテキストになっており，近年出た後藤敏文やマイケル・ヴィッツェル（ヴィツェル）らによるドイツ語訳も，これをもとにしている。

さらにミュラーは，学問分野の名称として「宗教学」(science of religion) という言葉を初めて用いた学者でもある。一般に1870年のロンドンでの講演を最初とすることがあるが，すでに1867年に刊行された著書のタイトルとして使用している。その比較神話学の最初のマニフェストと言えるのが，1856年に出た「比較神話学」という論文であった。

忘れてならないことに，ミュラーのもとには明治の日本からも留学生が訪れ勉強している。その一人南條文雄は，大垣の真宗大谷派の寺出身で，1885年に東大梵語学嘱託講師を，後に大谷大学学長を務めた。もう一人の高楠順次郎は，広島の農家出身だが熱心な真宗信徒で，1897年に東大梵語学講座を創設し，東洋大学学長となった。

さらに直接ミュラーに師事はしなかったが，ミュラーとともに『東洋の聖典』に関わり，多数の翻訳を残したデイヴィッズのもとで学んだのが，姉崎正治である。彼は1900年からドイツでドイセンに師事，02年からイギリスでデイヴィッズに教えを受けた。もとは京都の真宗寺院の絵所（絵画制作機関）出身で，1903年に帰国し05年，東大に宗教学講座を創設した。なお東北大インド学（1922年創設）の初代教授・宇井伯寿は高楠の弟子，そして宗教学（1924年創設）の初代教授・鈴木宗忠は姉崎の弟子である。

第14話 『リグ・ヴェーダ』の原人プルシャ

プルシャは千頭・千眼・千足を有す。彼はあらゆる方面より大地を蔽いて，それよりなお十指の高さに聳え立てり。
… （中略）…
神々がプルシャを祭供（供物）として祭祀を執行したるとき，春はそのアージア（グリタ）なりき，夏は薪，秋は供物〔なりき〕。
… （中略）…
それ（祭祀）より馬生まれたり。両顎に歯あるすべての獣〔生まれたり〕。牛も

実にそれより生まれたり。それより山羊・羊生まれたり。

　彼らがプルシャを〔切り〕分かちたるとき，いくばくの部分に分割したりしや。彼（プルシャ）の口は何になれるや，両腕は何に。両腿は何と，両足は何と呼ばるるや。

　彼の口はブラーフマナ（バラモン，祭官階級）なりき。両腕はラージャニア（王族・武人階級）となされたり。彼の両腿はすなわちヴァイシア（庶民階級）なり。両足よりシュードラ（奴婢階級）生じたり。

　月は意（思考器官）より生じたり。眼より太陽生じたり。口よりインドラとアグニ（火神）と，気息より風生じたり。

　臍より空界生じたり。頭より天界は転現せり，両足より地界，耳より方処は。かく彼ら（神々）はもろもろの世界を形成せり。

　…（後略）…

出典：『リグ・ヴェーダ』第10巻90歌〔【5】辻訳 1970:318-321〕。なお〔　〕は訳者による補足，（　）は訳者による説明。

　最後の「方処」とは，世界の諸地方（Weltgegenden）ほどの意味である。なお上村勝彦によると，バラモン等の四階級が順次にプルシャの口・腕・腿・足から生じたと説かれていることから，後にこの讃歌はインド社会における四姓制度（カーストないしヴァルナ）を権威づけるものとして，バラモンの側で好んで引用された。逆にいえば，この讃歌は四姓制度がある程度確立した時期に成立したと考えられ，『リグ・ヴェーダ』の最も新しい段階に属するとされる。またプルシャは後になると，先に引いたペルシャ神話の原牛や原人，また第12章でみる中国の盤古などとも，太古の世界巨人（Weltriese）として比較されるようになってゆく（図9）。

参考：【5】上村 2003:38

5.4　叙事詩と説話

　インドの二大叙事詩とされる『マハーバーラタ』や『ラーマーヤナ』にも，主に神々や英雄たちの戦いにまつわる伝説が繰り広げられている。前者は古代インドで活躍したバラタ国の末裔たる二王族間の軋轢および戦闘を描き，後者はラーマ王子が神猿ハヌマト（ハヌマーン）らと協力して魔王ラーヴァナと戦い，さらわれた妃シーターを取り戻す物語である。

　ことに『マハーバーラタ』は演劇などの形で伝わってきたため，多くの写本が存在した。それらは1919年から1966年までの歳月をかけて，ボンベイ（ム

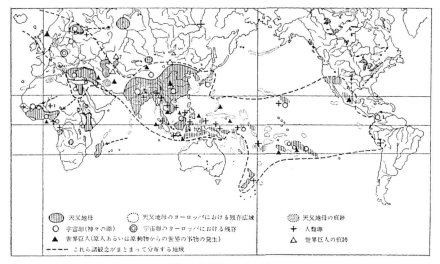

図9　世界巨人の分布図
(バウマン原画，大林太良『仮面と神話』小学館，1998年，p. 77 より)

ンバイ）近郊にある都市プーナの研究所で編纂作業が行われ，全19巻13000頁にわたるプーナ版と呼ばれるテキストが造り上げられた。これが今『マハーバーラタ』研究に用いられるプーナ版である。

　ちなみに『マハーバーラタ』のように演劇などで伝わってきた伝承をテキストとして固定してしまうことにより，さまざまな異伝が研究対象から外れてしまうことの問題性も指摘されている。

　また釈迦の前世譚である『ジャータカ』は，前1世紀にはすでにおおよその形がまとまっていたが，今あるような形で編纂されたのは5世紀初めとされる（【7】辻/渡辺 2006:227）。他に『パンチャタントラ』（1～6世紀に成立）にも色々とおもしろい物語が出ており，世界的に伝播したのである。

第15話　『ジャータカ』に見える「猿の生き肝」

　昔ある時，ガンガー河（ガンジス川）に住むワニの妻が妊娠し，猿の王（釈迦の前世の姿であるボーディサッタ）の心臓の肉を食べたいと夫にせがんだ。そこでワニは計略をこらす。猿の王に対し，「ガンガー河の向う岸には，マンゴーやらパンの木の実やら，おいしい果物がいっぱいある。だからあなたを背中にのせてつれて行ってあげる」と持ちかける。そして背中に猿の王を乗せたワニは，途中で下心を明らかにし，ボーディサッタを水中に沈めた。「いったいどういうわけ

だ」と彼がたずねると，ワニの返事は……。なおウドゥンバラとはイチジクのことらしい。

「わたしはなにも親切でおまえをつれて行くわけじゃない。妻がみごもっているので，おまえの心臓をしきりにほしがるのだ。だから妻におまえの心臓を食べさせてやりたいのさ」
「やあ，おまえはわたしに話してくれて，いいことをしたよ。なぜって，もしわたしたちの身体のなかに心臓があったら，梢をとびまわっているうちに粉々になってしまうだろうよ」
「じゃあ，おまえたちはどこへ置いておくのかい？」
　ボーディサッタは，ほど遠くないところにある一本のウドゥンバラの木に，よくみのった実がたわわについているのを指さして，
「見てごらん。あんなにわたしたちの心臓が一本のウドゥンバラの木にぶらさがっているだろう」と言った。
「もしわたしに心臓をくれるのなら，おまえを殺さないよ」
「では，あそこへわたしをつれて行ってくれ。そうしたら，わたしは木にぶらさがっている心臓をおまえにあげよう」
　ワニはボーディサッタをつれて，そこへ行った。ボーディサッタはワニの背からとびあがって，ウドゥンバラの木に腰かけ，
「ばかなワニめ！　いったい，生きものの心臓なんていうものが木のうえにあるとでも思っているのかい？　おまえはばかだよ。おまえの言ういろいろな果物とやらはおまえにあげるよ。まったく，おまえの身体は大きいけれど，智慧はちっともないんだね」と言…（中略）…た。

出典：『ジャータカ』第208話「ワニ前世物語」（【7】中村監修・補註 1982-91 Ⅲ:49-51）

　実はこの愚かなワニは，釈迦にことごとく敵対することとなるデーヴァダッタの前世の姿だった，と締めくくられるこの話は，『今昔物語集』（12世紀前半）にも見え，日本の昔話「くらげ骨なし」としても広く伝わっている。また日本神話の因幡の素兎のエピソードとも時に比較される。

表3 ペルシャ・インド文献の翻訳 関連年表

☆★◎◆は，それぞれ同一人物にかかわるもの。

西暦	出来事
☆1771	『ゼンド・アヴェスター』（ゾロアスター教の聖典とその注釈） Zend-Avesta, ouvrage de Zoroastre. Paris.　小ブンダヒシュンの仏訳を含む。1776 独訳。訳者アンクティル＝デュペロン（仏，史学・東洋学）。
1784	イギリスのベンガル・アジア協会設立。
★1785	『バガヴァッド・ギーター』（マハーバーラタの一部。前1-後1世紀頃成立） The Bhagvat-Geeta or dialogues of Kreeshna and Arjoon. London.　サンスクリットから英訳。訳者チャールズ・ウィルキンス（英，東洋学）。
◎1786	カルカッタのアジア協会で，インド・イラン語とギリシャ・ラテン語の類縁につきウィリアム・ジョーンズが講演。
★1788	『ヒトーパデーシャ』（教訓物語集，下記パンチャタントラの改作本，10-14 世紀成立） The Heetopades of Veeshnoo-Sarma. Bath & London.　サンスクリットからの英訳。1844 独訳。訳者チャールズ・ウィルキンス。
◎1789	『シャクンタラー』（詩人カーリダーサの戯曲，4-5 世紀初） Sacontala or the Fatal Ring, an Indian Drama by Calidas. Calcutta.　サンスクリットから英訳。1791 独訳。訳者ウィリアム・ジョーンズ（英，法学・インド学）。
☆1801-02	『ウパニシャッド』（ヴェーダ文献の一部。前6世紀頃） Oupnek'hat, 2 tomes. Strasbourg.　ペルシャ語からのラテン語訳。1808 さらに独訳。訳者アンクティル＝デュペロン。
1808	フリードリヒ・シュレーゲル（独，哲学）『インド人の言語と叡智について』出版。
1818	アウグスト・ヴィルヘルム・シュレーゲル（独，東洋学）ボン大インド学教授（ドイツで初）に就任。
1823	A・W・シュレーゲル，『バガヴァッド・ギーター』のサンスクリット・テクストにラテン語訳を付し出版。
1833	フランツ・ボップ（独，言語学）のサンスクリット，アヴェスタ語，ギリシャ・ラテン，ドイツ語などの『比較文法』出版。
◆1849	フリードリヒ・マックス・ミュラー（独→英，宗教学）『リグ・ヴェーダ』原文出版（-74 全6巻）。→1877 の T・アウフレヒトによる第2版（全4巻）が現在では標準版。
◆1856	F・M・ミュラーの論文「比較神話学」刊行。
1859	テオドール・ベンファイ（独，インド学）『パンチャタントラ』（後3-4 世紀）編集・刊行。
◆1867	F・M・ミュラーの『宗教論集』出版。
◆1870	F・M・ミュラーがロンドンで講演。→1873,『宗教学序説』として出版。
◆1879	F・M・ミュラー編『東洋の聖典』刊行開始（-1910, 全50巻）。

本章の参考文献
【1】全般的な参考文献
Kippenberg, Hans G. 1997. *Die Entdeckung der Religionsgeschichte. Religionswissenschaft und Moderne.* München: C. H. Beck.（邦訳はキッペンベルク『宗教史の発見：宗教学と近代』月本昭男／渡辺学／久保田浩訳，岩波書店，2005 年。第 2 章「未知の文化の解読」，第 3 章「諸言語が語るヨーロッパ初期宗教史」）
Windisch, Ernst. 1992. *Geschichte der Sanskrit-Philologie und Indischen Altertumskunde.* Berlin: Walter de Gruyter.
Schwab, Raymond. 1984. *The Oriental Renaissance: Europe's Rediscovery of India and the East, 1680-1880.* New York: Columbia University Press.（初出は 1950 年）
App, Urs. 2010. *The Birth of Orientalism.* (Encounters with Asia). Philadelphia: University of Pennsylvania Press. (pp. 363-439 がアンクティル=デュペロンを扱う)
中村元 1960『比較思想論』（岩波全書；247）岩波書店．（特に pp. 7-44）
長田俊樹 2002『新インド学』（角川叢書；23）角川書店．
ポリアコフ，レオン 1985『アーリア神話：ヨーロッパにおける人種主義と民族主義の源泉』（叢書・ウニベルシタス；158）アーリア主義研究会（訳）法政大学出版局．（初出は 1971 年。第 3 章「新しいアダムを求めて」）
長尾雅人／服部正明 1969「インド思想の潮流」長尾雅人（編）『バラモン教典　原始仏典』（世界の名著；1）:5-56. 中央公論社．（特に pp. 7-12）
菊地章太 2007『フランス東洋学ことはじめ：ボスフォラスのかなたへ』（研文選書；98）研文出版．
辻直四郎 1981-82『辻直四郎著作集』全 4 巻，法蔵館．（第 1 巻に「ヴェーダ学の今昔」，「ペルシャ語訳ウプネカット十奥義書」，第 3 巻に「インド神話」を収める）
【2】比較（歴史）言語学
風間喜代三 1978『言語学の誕生：比較言語学小史』（岩波新書；69）岩波書店．
【3】マックス・ミュラー関連
ミュラー，フリードリヒ・マックス 2014『比較宗教学の誕生：宗教・神話・仏教』（宗教学名著選；2）松村一男／下田正弘（監修）山田仁史／久保田浩／日野慧運（訳）国書刊行会．
Müller, Friedrich Max (ed.) 1879-1910. *Sacred Books of the East,* 50 Vols. Oxford: Clarendon Press.
van den Bosch, Lourens P. 2002. *Friedrich Max Müller: A Life Devoted to the Humanities.* (Numen Book Series: Studies in the History of Religions; Vol. 44). Leiden: Brill.
Waardenburg, Jacques. 1974. *Classical Approaches to the Study of Religion: Aims, Methods and Theories of Research, 2: Bibliography.* (Religion and Reason; 4). The Hague: Mouton.（pp. 184-188 に網羅的文献リスト）
南条文雄 1979『懐旧録：サンスクリット事始め』（東洋文庫；359）平凡社．
前嶋信次 1985『インド学の曙』（ほんブックス；9）世界聖典刊行協会．
【4】ペルシャ（イラン）神話の概説・解説およびその資料
カーティス，ヴェスタ・サーコーシュ 2002『ペルシャの神話』（丸善ブックス；96）丸善．
ヒネルズ，ジョン 1993『ペルシア神話』井本英一／奥西峻介（訳）青土社．
ボイス，メアリー 2010『ゾロアスター教：3500 年の歴史』（講談社学術文庫；1980）山本由美子（訳）講談社．
青木健 2010「ゾロアスター教における「水」と「火」：神話学と古代イラン研究」篠田知和基（編）『水と火の神話』：「水中の火」:125-139. 名古屋：楽瑯書院．
Colpe, Carsten. 1986. Altiranische und zoroastrische Mythologie. *In:* Haussig, Hans Wilhelm (Hrsg.), *Götter und Mythen der kaukasischen und iranischen Völker*: 161-487. Stuttgart: Klett-Cotta.
Anklesaria, Behramgore Tehmuras. 1956. *Zand-Ākāsīh: Iranian or Greater Bundahišn.* Bombay.（大ブンダヒシュン TD2 の英訳）
野田恵剛 2009-11「ブンダヒシュン」『貿易風：中部大学国際関係学部論集』4:149-186, 5:120-171, 6:165-232.（大ブンダヒシュン TD2 を基にした訳）
奥西峻介 2009「光と闇の闘争：『原初創造』第一章」篠田知和基（編）『神話・象徴・言語』II:247-262. 名古屋：楽瑯書院．（大・小ブンダヒシュン諸写本を参照して第 1 章を邦訳したもの）
West, Edward William. 1880. *Pahlavi Texts,* Part 1. (The Sacred Books of the East; Vol. 5). Oxford: Clarendon Press.（小ブンダヒシュンの英訳を含む）

辻直四郎ほか（訳）1967『ヴェーダ　アヴェスター』（世界古典文学全集；3）筑摩書房.
フィルドゥスィー 1969『王書（シャー・ナーメ）：ペルシア英雄叙事詩』（東洋文庫；150）黒柳恒男（訳）平凡社.（抄訳）
フェルドウスィー 1999『王書：古代ペルシャの神話・伝説』（岩波文庫）岡田恵美子（訳）岩波書店.（抄訳）
【5】インド神話の概説・解説およびその資料
上村勝彦 2003『インド神話：マハーバーラタの神々』（ちくま学芸文庫）筑摩書房.
中村元 1943「神話と伝説」辻直四郎（編）『印度』（南方民族誌叢書；5）：155-400. 偕成社.
Rig-Veda. Das heilige Wissen. Erster und zweiter Liederkreis. Aus dem vedischen Sanskrit übersetzt und herausgegeben von Michael Witzel & Toshifumi Gotô unter Mitarbeit von Eijirô Dôyama & Mislav Jezic. Frankfurt a. M.: Verlag der Weltreligionen, 2007.
Geldner, Karl Friedrich. 1951. *Der Rig-Veda,* 4 Teile. (Harvard Oriental Series; Vols. 33-36). Cambridge: Harvard University Press.
辻直四郎（訳）1970『リグ・ヴェーダ讃歌』（岩波文庫）岩波書店.
辻直四郎 1967『インド文明の曙：ヴェーダとウパニシャッド』（岩波新書；619）岩波書店.
────── 1978『古代インドの説話：ブラーフマナ文献より』春秋社.
【6】『マハーバーラタ』と『ラーマーヤナ』
上村勝彦 2002-05『原典訳マハーバーラタ』1-8巻（ちくま学芸文庫）筑摩書房.（訳者急逝で未完）
ラージャーゴーパーラーチャリ, C 1983『マハーバーラタ』上中下（レグルス文庫）奈良毅／田中嫺玉（訳）第三文明社.（梗概）
ヴァールミーキ 2012-13『新訳 ラーマーヤナ』全7巻（東洋文庫；820・822・827・829・834・836・838）中村了昭（訳）平凡社.（全訳）
────── 1980-85『ラーマーヤナ』1・2（東洋文庫；376・441）岩本裕（訳）平凡社.（サンスクリット原典からの完訳として全7巻を予定したが未完結。東南アジアでの受容についての解説もよい）
阿部知二（訳）1966『ラーマーヤナ』（世界文学全集；第3集第2）河出書房.（英訳3種などに基づき信頼に足るもの）
河田清史 1971『ラーマーヤナ：インド古典物語』上下（レグルス文庫）第三文明社.（梗概）
沖田瑞穂 2008『マハーバーラタの神話学』弘文堂.
【7】『ジャータカ』・『パンチャタントラ』その他の説話とその研究
Thompson, Stith. 1946. *The Folktale.* New York: Holt, Rinehart & Winston.（邦訳はトンプソン, スティス『民間説話：世界の昔話とその分類』荒木博之／石原綏代訳, 八坂書房, 2013年）
中村元（監修・補註）1982-91『ジャータカ全集』全10冊, 春秋社.
辻直四郎／渡辺照宏（訳）2006『ジャータカ物語：インドの古いおはなし』新版（岩波少年文庫；139）岩波書店.
田中於菟弥／上村勝彦（訳）1980『パンチャタントラ』（アジアの民話；12）大日本絵画.

第6章
ロゼッタストーンとギルガメシュ
―― エジプトとメソポタミア

ホルス神

6.1 ヒエログリフの解読からエジプト神話の世界へ

19世紀前半には,それまでヨーロッパに知られていなかった物語が,エジプトやメソポタミアの文字の解読が行われたことで知られるようになり,世界の神話・民話研究が大きく進んだ。その流れを本章でみてゆこう。

そもそもの始まりは,ナポレオンによる1798年から翌年にかけてのエジプト遠征だった。この時,今は大英博物館に収められている有名なロゼッタストーンが発見された。これは二種の象形文字,つまり神官文字(ヒエラティック),民衆文字(デモティック),そしてギリシャ語で書かれていた。

これが解読されたのは1822年のことである。フランス人のシャンポリオンがフランス碑文文芸アカデミーに出席し,学会で会長宛の手紙『表音聖刻文字に関するダシエ氏への手紙』を読み上げた。イギリス人トーマス・ヤングの貢献も大きかったが,今ではシャンポリオンの方が公的な解読者とされている。その後エジプト学は大きく発展し,今日ではドイツ語による『エジプト学大事典』全7巻により,詳細な原典資料にあたることが可能となった([3] Helck & Otto Begr. 1975-92)。

そもそもエジプト神話は,決して体系化されているわけではない。主に次の三つほどの資料から再構成されたものだ。大雑把にまとめれば,以下のようになる([2] クリアーノ 1994:226,[6] 酒井 1980:60)。

第一に,古王国時代 (前24世紀~前22世紀) の「ピラミッド文書」(英 Pyramid Texts, 独 Pyramidentexte, 仏 textes des pyramides)。ピラミッドの内壁 (玄室・前室・羨道など) に記された文書で,死者を嘆く歌や讃歌,神々への祈禱などから成る。これらをまとめたのはドイツ (ベルリン大学教授) のクルト・ゼーテである。

なぜそれまで無銘であったピラミッド内部にテキストが刻まれるようになったかについては,次のように推定されている。古代エジプト人は不死・永生の

信仰から複雑な葬祭慣行を発達させ，とくに死者の復活のための埋葬儀礼は煩瑣な手続きに従って進行した。ところがこうした処置にもかかわらず，永生の獲得に対する確信を揺るがせるような事態が生じたに違いない。おそらくそれは治安の悪化による墓荒らしの頻出とそれに伴うミイラの破壊だったのだろう。この新しい事態に対処するために，永生の獲得を助ける目的で，埋葬儀礼中に唱えられた呪文を壁面に刻み込むことによって，その効果を永続させようとしたものであろう，というのだ（【1】杉ほか 1978:579）。

第二は，中王国時代（前22世紀～前18世紀頃）の「棺柩（かんきゅう）文書」（英 Coffin Texts, 独 Sargtexte, 仏 textes des sarcophages）で，これをまとめたのはオランダ人（レイデン大学教授）のアドリアーン・デ・ビュックだ。宗教学者クリアーノによれば，天における死後の生は王の独占的特権だったが，貴族たちも自分たちの死後も地上の生が続けられるようにと墳墓を造営し，しばしば王の永遠の生にあやかろうとした。この目的のために，彼らは柩の内壁に呪文を記入した，という（【2】クリアーノ 1994:226）。

そして第三が，新王国時代以後（前15世紀以後）の『死者の書』（英 Book of the Dead, 独 Totenbuch, 仏 livre des morts）で，これは神話とは直接関係しないが，棺柩文書や，場合によってはピラミッド文書に倣い，一般民衆も死後「葦の国」で生を受けることができるとされたため，ここへ到る者たちへの祝福を主要テーマとし，呪文型式で書かれた（【2】クリアーノ 1994:226，【6】酒井 1980:60）。

要するに，古代エジプト史は民主化の歴史であった。王や貴族に独占されていた文書記録の術が，しだいに民衆へ広まっていったのである。

6.2　エジプトの天地分離神話その他

ではそこにはどんな神話が書かれているのだろう。たとえばゼーテのピラミッド文書784a・bおよび1208cには，天地分離の神話が断片的に記されている。784aとbは，天そのものである女神ヌートへの呼びかけだ。「地の上にいる高き者，汝は汝の父シューの上におり，彼を支配する者なり。彼は汝を愛し，彼自身を汝の下に置いた。万物は汝のもの」とある。そして1208cには，「天が大地から分離された時，そして神々が天へ昇った時」と出ている。

次に，デ・ビュックの「棺柩文書」Ⅱ:19aには，「私はシューの魂であった，彼がヌートを自分自身の上へ持ち上げ，ゲブをその脚もとに置いた時。彼ら二

図10　天空女神ヌートの出現

人の間に自分自身を置いたのは，私である……」と見える。

つまり，ヌートという女神が天，その夫ゲブが大地であり，その両者を引き離したのがヌートの父親シューだ，というのである。非常に断片的だが，こうした原典テキストから復元されたものが，今ひろく読まれているエジプト神話なのだ。ただ，これはヘリオポリス系統の神話で，他にメンフィス系統，ヘルモポリス系統の神話も存在した（【2】矢島 1997:41-42）。

また他に，絵画資料もある。とくに，死んだ人が死者の世界に入っていく場面を描いたパピルス文書の中に，古代エジプト人が宇宙や世界をどう見ていたのか，示されているものがいくつかある。ここでは，そのうち紀元前1000年前後，テーベのアモン神殿の男性神官ジェド・ホンス・イウフ・アンフという人のために作られたパピルスから，一例を紹介しよう（図10）。

これは今みた「天空女神ヌートの出現」の場面である。下方の地面には地神ゲブが横たわり，中間には空気（大気）の神シューが立っていて，女神ヌートを天空へ押し上げている。その両側では，雄羊の姿をした神がシューの両手を支えている。その左側には太陽の舟と鳥の姿の魂（バ）が，またその左にはスフィンクスが，白い冠や羽毛でできたウチワなどとともに描かれている。左端上方には，礼拝する雄羊とともに，ヒエログリフで，主人公の名と称号が書かれている（【2】矢島 1997:190）。

また，ギリシャ語で記されたエジプト神話もある。すなわちギリシャのプルタルコスによる『モラリア』（倫理論集）という書物の中には，『エジプト神イシスとオシリスの伝説について』という一編が含まれており，これは紀元前22世紀以前に成立していたと推定されるエジプト神話，とくにイシスとオシリスについては最古の文献であるばかりでなく，唯一の信頼できる典拠でもある。

第16話　オシリスとイシスの物語

　大地の神ゲブと天空神ヌートとの間にできた男子がオシリスだった。オシリスは，自分の妹のイシスを妻として，人々に小麦の栽培を中心とする農耕を教え，よい政治をした。そのため，人々に敬われることになった。ところが，弟のセト（プルタルコスは「テュポン」とする）という神はこれに嫉妬して，オシリスを殺そうという陰謀を計画した。

　テュポンはひそかにオシリスの体の寸法を計り，その寸法にぴったりの，美しく，見事に装飾をほどこした箱を造らせると，それを広間の宴席に運び込みました。一同の者がそれを一目見てきれいだと言い，賛嘆措くあたわずという風情でいますと，テュポンはいかにも冗談めかして，どなたでもこの箱の中にお休みになって，お体が箱にぴったり合う方がいらっしゃいましたら，これを進呈いたしましょうと約束しました。そこで人々が代わる代わる試してみましたが，誰もうまく合いませんのでオシリスが箱の中に入って横になりました。すると共謀者どもが駆け寄って乱暴に蓋をかぶせるや，外からボルトを打ち込んで締め，熱く溶かした鉛をその上から注いで河へかついでゆき，その河に運ばせてタニスの河口から海へ流しました。

　死んでしまったオシリスのことを聞いて悲嘆に暮れた妻のイシスは，ただちに夫の死体を探す旅に出た。そのころオシリスの遺体の入った箱は，漂い流れて，フェニキアの古い港町ビュブロスの浜辺に打ち上げられていた。そして，近くに茂っていたヒースの木が，奇跡的に大木に育って，幹の中に箱を覆い隠していた。やがて，ヒースの大木はビュブロスの王の目にとまり，伐採されて宮殿の柱にされた。イシスはなんとか箱の所在を突き止め，呪術によって柱の中の夫の遺骸を奪い返し，エジプトに帰った。

　だが，月の光の下で夜狩りをしていたテュポンがちょうどそこへ来ました。彼はオシリスの遺骸に気がつくと，それを14に切断してばらまきました。それを知るとイシスは，パピルスの舟に乗って沼地を渡って探し回りました。だからパピルスの舟で渡る人は，鰐も襲わないのだと言われています。鰐も女神様ゆえに，そんなことをするのは恐ろしい，あるいは女神様を崇めているのでしょう。

　しかしこのために，エジプト中にオシリスの墓というのがたくさんあることになりました。イシスは，切断された部分を見つけてはそこに葬ったので，という

> ことです。…（中略）…オシリスの体の部分で最後まで見つけることができな
> かったのは，ただ一つ，彼の陰部でした。海中にほうり込まれたとたんに，レピ
> ドトスだのパグロスだのオクシュリュンコスだのいう魚どもがたかって，食べて
> しまったからです。ですからこれらの魚はエジプトではいちばん嫌われているの
> です。イシスはその陰部の似像を造って崇めました。エジプト人は今でもこれを
> 祀るお祭をしております。
>
> 　その後，オシリスとイシスの息子のホルス（隼の姿で表される）が，セト（上記
> のテュポン）を沙漠に追放し，エジプト国王になったとされる。そして，その後
> のエジプト国王は，代々ホルスの血を引く神なる王として敬われた。
>
> 　　　　　　　　　　　　　　　　　　出典：【2】プルタルコス 1996:33-41. 一部省略。

　今の話は，たいへん物語性の高いものである。他にも，古代エジプトの伝承の中には，「二人兄弟」などのように，その後の世界文学にモチーフを提供したものがいろいろある。「二人兄弟」とは，ほぼ完全に残されている唯一の古代エジプト文学作品で，およそ次のような内容をもつ。

　アンプーとバータという兄弟がいた。兄アンプーの妻はバータを誘惑しようとするが拒絶され，その腹いせに，自分が犯されそうになったと夫に告げ口する。兄は弟を殺そうとするが，弟は身の潔白を証明し，逃れることに成功する。バータは人のいない谷に逃れ，胸から心臓（生命のありか）を取りだして，これを杉の木の頂きに隠す。こうして「魂なき肉体」となったバータは穏やかな日々を送り結婚するが，あるとき妻に裏切られ，杉の木を切り倒されて，死んでしまう。しかし予兆によって弟の死を知った兄アンプーは心臓を見つけ出し，弟を蘇生させる。復活したバータは牡牛に変身してかつての妻のもとに赴くが，今やファラオの妻となっていた彼女は，王に頼んで牡牛を殺させる。しかしバータは再びよみがえり，樹に変身する。妻はこの樹も切り倒させる。しかしバータは切り屑となって妻の胎内に入り，皇太子となって生まれてきて，やがて王位につき不実な妻を罰するのである（【1】杉ほか 1978:483-492）。

　ここには，不実な妻，死の予兆，外在魂（外在の心臓），変身と蘇生の連続など，多くの民話にみられるモチーフが多数ふくまれている。

6.3　メソポタミアの『ギルガメシュ叙事詩』

　さて，メソポタミア神話の研究は，エジプトのそれより少し遅れて始まった。

年表 (p. 88) にあるように，アッシリアの首都ニネヴェ（今のイラク北部）にあった図書館跡から，粘土に楔形文字（英 cuneiform，独 Keilschrift，仏 cuneiforme，ラ cuneus「楔」から）のテキストが多数見つかったのは，1842年以後のこと。それで，古代メソポタミアないし古代オリエントについての学問はアッシリア学 (Assyriology) とも呼ばれる。古代メソポタミアの神話は，楔形文字，つまり尖ったペンで柔らかい粘土に書かれた独特の文字で，アッシリア語やシュメル語などで書かれている。

『ギルガメシュ叙事詩』の解読が大変な関心を呼んだ一つの理由は，1872年に大英博物館に勤務していたスミスが，その第十一の粘土板（縦15.24センチ，横13.33センチ，厚さ3.17センチ）に，大洪水のエピソードを見つけたためである。これはヘブライ語聖書の，前に紹介したノアの方舟の話の原型ではないかということで（実際，今はそう考えられている），大いに興味が持たれたのだ。

第17話　『ギルガメシュ叙事詩』にみえる洪水神話

　　賢者ウトナピシュティムが語る洪水の場面。旧約聖書同様，最後に鳥を放って水が退いたか否かを確かめているのに注意。なおベールはバビロニアの単位で，今でいう2時間で進める距離，約10.7キロに相当する。

　　六日，七夜，風が吹き，大洪水と暴風が大地を拭った。七日目になって，暴風と大洪水は戦いを終わらせた。それらは陣痛にのたうつ女性のように自らを打った。大洋は鎮まり，悪風（イムフラ）はおさまり，大洪水は退いた。わたしが嵐を見やると，沈黙が支配していた。そして，全人類は粘土に戻ってしまっていた。草地は屋根のようになっていた。

　　わたしが窓を開けると，光がわが頬に落ちてきた。わたしはひざまずき，座って，泣いた。わが頬を涙が流れ落ちた。わたしが四方世界を，また海の果てを眺めると，12（ベールの距離）に領地が立ち現れた。方舟はニムシュの山に漂着した。その山ニムシュは方舟を摑んで，動かさなかった。一日，二日と，ニムシュの山は方舟を摑んで，動かさなかった。三日，四日と，ニムシュの山は方舟を摑んで，動かさなかった。五日，六日と，ニムシュの山は方舟を摑んで，動かさなかった。

　　七日目になって，わたしは鳩を放った。鳩は飛んでいったが，舞い戻ってきた。休み場所が見あたらずに，引き返して来たのだった。わたしは燕を連れ出し，放った。燕は飛んでいったが，舞い戻ってきた。休み場所が見あたらずに，引き

返して来たのだった。わたしは鳥を連れ出し，放った。鳥は飛んでゆき，水が退いたのを見て，ついばみ，身繕いをし，（尾羽を）高く掲げて，引き返しては来なかった。わたしは（それらの鳥を）四方の風の中に出て行かせ，供犠を献げた。

出典：『ギルガメシュ叙事詩』標準版（アッカド語）第11の書板，127-155行（【5】月本訳 1996:144-145）

　さてこの物語によるとギルガメシュは，紀元前2600年頃にシュメルの都市ウルクの国王として実在した人物だったらしい。ただ，その叙事詩は，いろいろなエピソードを交えて語られている。物語は次のように進む。

　ギルガメシュは三分の二が神，三分の一が人間で，ウルクの王だった。彼にはエンキドゥというライバルがいた。二人が出会い，壮絶な戦いを演じたことは，叙事詩の中にも描かれているし，キシュという所から発掘された円筒印章（cylinder seal）にも描かれている。

　二人ははじめ戦うけれども，お互いの力を認め合って堅い友情を結ぶ。そして二人は，杉の木の森に番人として住む，恐ろしい怪獣フンババ（フワワ）を退治しに行くことにする。「その叫び声は洪水，その口は火，その息は死」と書かれているから，フンババというのは火山の人格化されたものなのかもしれない。とにかく，ギルガメシュとエンキドゥの二人は，このフンババを退治する。

　こうしたギルガメシュに恋をした女神のイシュタルは，彼に求愛する。ところがギルガメシュは，それを断ってしまう。おまけに，天に住むイシュタルが怒って，ギルガメシュを倒すために地上に送った〈天の牛〉（Bull of Heaven）も，エンキドゥと二人で殺してしまう。

　すると天の神々は会議を開き，暴れ者のエンキドゥを病気にして，死なせてしまった。こうなると，ギルガメシュは急に不安になる。自分もエンキドゥと同じように死ぬのではないかと恐くなり，上述の賢者ウトナピシュティム（Utnapishtim）の所めざして旅に出る。そこで不死の秘奥を知ろうとし，一度はそれを得かけるが失敗するのである。

第18話　ギルガメシュによる不死の探求と失敗

　先にみたように，ウトナピシュティムとは洪水を生きのびた賢者である。彼はギルガメシュに永遠の命を与えてくれる草のことを教えた。それは深淵の底にあるという。

ギルガメシュよ，わしは隠された事柄を明かそう。生命の秘密をお前に語ろう。その根が刺藪(とげやぶ)のような草がある。その刺は野薔薇のようにお前の手を刺す。もし，この草を手に入れることができるなら，お前は（不死の）生命を見出そう。
　ギルガメシュはこれを聞いて，溝を開け，重い石を足に縛り付けた。それら（＝石）が彼を深淵(アプスー)に引き込むと，そこにかの草があった。彼はその草を取ると，刺が彼の手を刺した。彼はそれらの重い石を足からはずした。（深淵の）海は彼を岸辺に投げ出した。
　ギルガメシュは彼，舟師ウルシャナビに語った。「ウルシャナビよ，この草は危機（をこえるため）の草だ。それによって，人は生命を得る。わたしはこれを囲いの町ウルクに持ち帰り，老人にそれを食べさせ，試してみよう。その（草の）名は『老いたる人が若返る』。わたしも（それを）食べ，若き時代に戻ろう」。
　20ベール（行って），彼らはパンを割いた。30ベール（行って），夕べの休息をとった。ギルガメシュは冷たい水をたたえる泉を見て，下って行き，水で身をきよめていた。一匹の蛇がその草の香りを嗅いで，音もなく忍び寄り，草を取り去った。戻って行くとき，それは皮を脱ぎ棄てた。
　その日，ギルガメシュは腰を落として，泣いた。頬をつたって涙が流れ落ちた。（ギルガメシュは言った。）「舟師ウルシャナビよ，わが言葉を退けないで欲しい。何のために，舟師ウルシャナビよ，わが腕は疲れきったのか。何のために，わが心臓の血は失せ去るのか。わたしは自分のために，よきことを企てたのではなかったか。〈大地のライオン〉にも，わたしはよきことを行ったのに。…（後略）…」。

出典：『ギルガメシュ叙事詩』標準版（アッカド語）第11の書板，266-296行【5】月本訳 1996:153-156）

　最後の〈大地のライオン〉とは蛇のことである。同様に蛇と人間を対立させ，脱皮する蛇の不死に対する人間の死すべき運命を語る神話は，他の地域からも広く知られる。『ギルガメシュ叙事詩』はその一つの典型例として，読みつがれているのである。

　メソポタミアからは他にも，「イシュタルの冥界下り」を初め，その後イザナキ・イザナミ神話と比較されることとなる物語などが多数伝わっている。また新たな発見や解読も続いている。一例として，ギルガメシュの父にあたるルガルバンダ王の叙事詩が解読・翻訳されたのは1969年になってのことだった。
　それによれば，ルガルバンダはウルク王エンメルカルの八人息子のうちの一人だった。エラムの都市アラッタ遠征に赴いた父王の部隊に従軍するが，途中で瀕死の病を患う。しかし伝説の鳥アンズーの雛を救い，その礼としてアン

ズーから武器・糧食を得，ウルク軍の陣営に無事帰還したという。後に女神ニンスンを妻とし，偉大な王として敬われたと伝えられる。

このように，エジプトやメソポタミアの神話世界は，今後の研究により新たな資料が増え，我々はさらに豊かな内容を知ることができるようになるだろう。

表4　エジプト・メソポタミア神話・伝承の解読と刊行　関連年表

●エジプト関係
▲メソポタミア関係

西暦	出来事
●1798-99	ナポレオンによるエジプト遠征。 ロゼッタストーン（2種の象形文字とギリシャ語で記述）の発見。
●1822.9.27.	シャンポリオンがフランス碑文文芸アカデミーに出席，『表音聖刻文字に関するダシエ氏への手紙』を発表。 この年がヒエログリフ解読の年，真の意味でのエジプト学開始の年とされる。 →以後，発掘・収集が進み，パピルス文書の発見・刊行が相次ぐ。
▲1842	ボッタによるニネヴェの発掘（44年まで）。 メソポタミアの初の本格的調査。1847年にはルーヴル美術館にアッシリア室開設。
●1852	ド・ルージェが，ドービニー夫人がイタリアで購入したパピルス文書（現大英博物館蔵）を解読，「二人兄弟の物語」の重要性に気づき自由訳を発表（*Revue archéologique*, 8: 30 ff.）。
▲1857	ローリンソン，ヒンクス，オッペールの3人が楔形文字の同一テキストを同時に翻訳。 アッシリア語の解読が公式に認められた年とされる。
●1860	「二人兄弟の物語」の刊本出版（S. Birch, *Select Papyri in the Hieratic Character from the Collections of the British Museum*, Part II, London, pls. IX-XIX）。以後翻訳と研究が進む。
▲1872.12.	大英博物館勤務のスミスが，ニネヴェ出土の粘土板中『ギルガメシュ叙事詩』第11の書板に，大洪水のエピソードを発見，聖書考古学協会で報告。翌年，ニネヴェ発掘中に自身で大洪水物語の断片などを発見。
▲1884-91	当時知られていた『ギルガメシュ叙事詩』関係の全テキストが，ハウプトにより公刊された（*Das babylonische Nimrodepos*, Leipzig［第11書板まで］および Die zwölfte Tafel des babylonischen Nimrod-Epos, *Beiträge zur Assyriologie und vergleichenden semitischen Sprachwissenschaft*, 1［1889, 第12書板を収録］）。その後の『ギルガメシュ叙事詩』翻訳の基礎資料となり，広く知られる基となった。
●1882	マスペロが『古代エジプトの民話』（*Les contes populaires de l'Égypte Ancienne*. Paris）を出版。今日知られるエジプトの神話や文学作品の多くは，彼の研究に基づく。

本章の参考文献

【1】エジプト・メソポタミア（オリエント）資料の基礎的邦訳・解説
杉勇ほか（訳）1978『古代オリエント集』（筑摩世界文学大系；1）筑摩書房．（ピラミッド文書の解説とごく一部の抄訳を含む）

【2】エジプト神話の概説・資料
矢島文夫 1997『エジプトの神話：兄弟神のあらそい』（ちくま文庫　世界の神話）筑摩書房．
ハート，ジョージ 1994『エジプトの神話』（丸善ブックス；12）阿野令子（訳）丸善．
イオンズ，ヴェロニカ 1991『エジプト神話』新装版，酒井傳六（訳）青土社．
クリアーノ，ヨアン・ペテル 1994「古代エジプトの異界旅行」桂芳樹（訳），『ユリイカ』26(13)［総特集：死者の書］:224-231. 青土社．
Sauneron, Serge & Jean Yoyotte. 1959. La naissance du monde selon l'Égypte ancienne. In: *La naissance du monde*. (Sources orientales; 1): 17-91. Paris: Seuil.
Sethe, Kurt. 1908-22. *Die altägyptischen Pyramidentexte*, 4 Bde. Leipzig: J. C. Hinrich.（ピラミッド文書の原典）
―――. 1935-62. *Übersetzung und Kommentar zu den altägyptischen Pyramidentexten*, 6 Bde. Glückstadt: J. J. Augustin.（独訳・注釈）
Mercer, Samuel A. C. 1952. *The Pyramid Texts*, 4 Vols. New York: Longmans, Green.（上記の英訳）
Faulkner, Raymond O. 1969. *The Ancient Egyptian Pyramid Texts*. Oxford: Oxford University Press.（現在標準とされるピラミッド文書の英訳）
de Buck, Adriaan. 1935-61. *The Egyptian Coffin Texts*, 7 Vols. Chicago: The University of Chicago Press.（棺柩文書の原典）
Faulkner, Raymond O. 1972-78. *The Ancient Egyptian Coffin Texts*, 3 Vols. Warminster: Aris & Philips.（上記の英訳）
Plutarch's *Moralia* in 16 Vols., Vol. 5: 351C-458E, with an English Translation by Frank Cole Babbit. (The Loeb Classical Library; 306). London: William Heinemann. (pp. 1-191: Isis and Osiris)
プルタルコス 1996『エジプト神イシスとオシリスの伝説について』（岩波文庫）柳沼重剛（訳）岩波書店．
杉勇／尾形禎亮（訳）2016『エジプト神話集成』（ちくま学芸文庫）筑摩書房．

【3】エジプト神話に関する事典・辞典類
Bonnet, Hans. 1952. *Reallexikon der ägyptischen Religionsgeschichte*. Berlin: Walter de Gruyter.
Helck, Wolfgang & Eberhard Otto (Begr.) 1975-92. *Lexikon der Ägyptologie*, 7 Bde. Wiesbaden: Harrassowitz.（エジプト学大事典）
―――. 1999. *Kleines Lexikon der Ägyptologie*, 4., überarbeitete Aufl. Wiesbaden: Harrassowitz.

【4】エジプトの民間伝承
矢島文夫（編）1974『古代エジプトの物語』（現代教養文庫；835）社会思想社．
Bolte, Johannes & Georg Polívka. 1930. *Anmerkungen zu den Kinder- und Hausmärchen der Brüder Grimm*, 4. Bd. Leipzig: Dieterich'sche Verlagsbuchhandlung.（とくに 95-105 頁）
Maspero, Gaston. 1915. *Popular Stories of Ancient Egypt*. Translated by C. H. W. Johns from the 4th French ed. London: H. Grevel.
Erman, Adolf. 1978. *The Ancient Egyptians: A Sourcebook of their Writings*. Translated by Aylward M. Blackman. Gloucester, Mass.: Peter Smith.

【5】メソポタミア（オリエント）神話の概説・資料・辞典類
マッコール，ヘンリエッタ 1994『メソポタミアの神話』（丸善ブックス；6）青木薫（訳）丸善．
グレイ，ジョン 1993『オリエント神話』森雅子（訳）青土社．
中田一郎 2007『メソポタミア文明入門』（岩波ジュニア新書；558）岩波書店．
岡田明子／小林登志子 2008『シュメル神話の世界：粘土板に刻まれた最古のロマン』（中公新書；1977）中央公論新社．
月本昭男 2010『古代メソポタミアの神話と儀礼』岩波書店．
杉勇／尾崎亨（訳）2015『シュメール神話集成』（ちくま学芸文庫）筑摩書房．

矢島文夫（訳）1998『ギルガメシュ叙事詩』（ちくま学芸文庫）筑摩書房.
月本昭男（訳）1996『ギルガメシュ叙事詩』岩波書店.
Dalley, Stephanie. 2000. *Myths from Mesopotamia: Creation, The Flood, Gilgamesh, and Others*. Rev. ed. (Oxford World's Classics). Oxford: Oxford University Press.（主要神話の英訳）
Wilcke, Claus. 1969. *Das Lugalbandaepos*. Wiesbaden: Harrassowitz.（ルガルバンダ叙事詩本文）
ヘンダソン，キャシー（再話）ジェイン・レイ（絵）2006『古代メソポタミアの物語 ルガルバンダ王子の冒険』百々佑利子（訳）岩波書店.（ルガルバンダ叙事詩を子供むけに再話したもの）
Budge, E. A. Wallis. 1925. *The Rise and Progress of Assyriology*. London: Martin Hopkinson.
Meissner, Bruno (Begr.) 1928-. *Reallexikon der Assyriologie und vorderasiatischen Archäologie*, 14 Bde. Berlin: de Gruyter.（アッシリア学大事典。全16巻の予定で既刊14巻）
Breasted, James Henry (founder). 1964-2011. *Chicago Assyrian Dictionary*, 21 Vols. Chicago: Oriental Institute.
von Soden, Wolfram. 1959-81. *Akkadisches Handwörterbuch*, 16 Bde. Wiesbaden: Harrassowitz.（アッカド語大辞典）

【6】文字の解読史など
レイ，ジョン 2008『ヒエログリフ解読史』田口未和（訳）原書房.
ベルクテール，ジャン 1990『古代エジプト探検史』（知の再発見双書；2）吉村作治（監修）大阪：創元社.
加藤一朗 1962『象形文字入門』（中公新書；5）中央公論社.
近藤二郎 2004『ヒエログリフを愉しむ：古代エジプト聖刻文字の世界』（集英社新書；254D）集英社.
酒井傳六 1980『エジプト学夜話』青土社.
杉勇 1968『楔形文字入門』（中公新書；171）中央公論社.
矢島文夫 1980『解読：古代文字への挑戦』（朝日選書；168）朝日新聞社.

第7章
南海の魅惑
―― オセアニア

マオリの男性
(クックの航海に随行した
パーキンソンの絵にもとづく)

7.1 民族学の対象としての「先住民族」

　前章まで扱ってきたインドやエジプト，メソポタミアなどの研究については，それぞれを専門とする学問分野がある。すなわちインド学（Indology），エジプト学（Egyptology），アッシリア学（Assyriology）だ。また後の章で取り上げていく中でも，日本と中国についてはそれぞれ日本学（Japanology），中国学（Sinology）という学問分野が存在する。このように，古くから「文明」（civilization），つまり文字文化に基礎を置いた「高文化」（Hochkultur）が栄えた地域に関しては，それぞれを対象とする独立の学問分野がある。

　それに対し，本章以降で扱うオセアニアや東南アジア，アフリカ，北ユーラシアといった地域には，文字をもたない多くの民族が暮らしてきた。そうした諸民族を，英語ではかつて「未開民族（primitive peoples）」，ドイツ語では「自然民族（Naturvölker）」と呼んできたが，今ではもう少し中立的に「無文字民族」あるいは「先住民族」「ファースト・ピープルズ」などと称する。こうした人々とその文化を対象にしてきた学問分野が，民族学（ethnology, Völkerkunde）である。

7.2 オセアニアとオーストロネシア語族

　さて本章の「南海」とは，ドイツ語で Südsee, 英語で South Seas と呼ばれてきた地域だ。「南洋」というと，太平洋戦争の時に日本軍が用いた特殊な用語でもあるので，ここでは「南海」とする。いわゆるオセアニアにあたる地域であり，南国の楽園というイメージが古くから存在したこともあって，ヨーロッパ人に憧れをかきたててきた。

　オセアニアについては，三つの地域に区分することができる。すなわちポリネシア（ギリシャ語で多数の島々），メラネシア（同じく黒い島々），そしてミクロネ

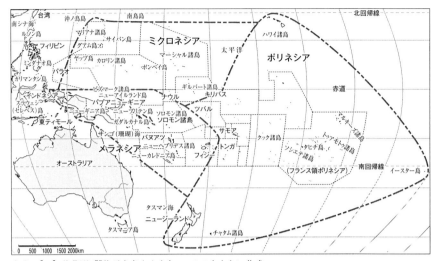

出典:【3】後藤明『「物言う魚」たち』pp. 6-7 をもとに作成
図11　オセアニアの三区分

シア(小さい島々)で,これらの他,オーストラリアもオセアニアに含めることがある(図11)。

　ここは,オーストラリアとニューギニアの大部分を除くと,オーストロネシア語族(「印欧語族」などと同様,同系統の言語を共有する人々)が居住する地域であり,太平洋の島々に広がっていった,世界で唯一と言ってもよい,主に海を生活の舞台とするようになった人々の言語だ。

　そもそもこのオーストロネシア(Austronesia)という語は,ラテン語で南風をあらわす auster とギリシャ語で「島」をあらわす nesos を合わせたもので,南の島を意味する。オーストロネシア語族の人々は,もとは東南アジア大陸部から中国南部にかけて住んでいたと考えられる。そして彼らは,今から6000年ほど前,東南アジア島嶼部へ移り,そこから島づたいに移動して,太平洋まで広がった。この時,家畜として豚・犬・ニワトリを連れていったと考えられている。

　こうして彼らは,東はモアイで有名なイースター島(ラパヌイ)やハワイまで,南はニュージーランドまで行った。ニュージーランドに着いたのはマオリ族だが,これはかなり遅く,紀元後1000年前後とされている。そして,ポリネシアの言語・文化には著しい共通性がみられる。

　またオーストロネシア語族分布図に見られるように(図12),アフリカの東

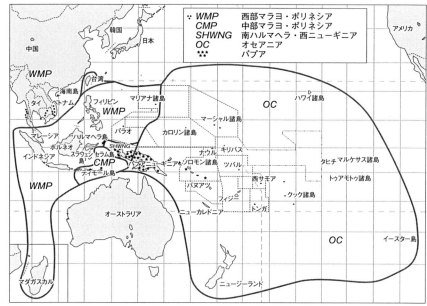

出典：Tryon, Darrell T.(ed.), *Comparative Austronesian Dictionary*, Part 1. Berlin: de Gruyter, 1995.
図12　オーストロネシア語族の分布

　マダガスカル島にも、オーストロネシア語族の人々が住んでいる。彼らの言語はインドネシアのボルネオ島に住むマアンヤン（Ma'anyan）という人々の言語とよく似ていることがわかった。ただ本章にはインドネシアとマダガスカルは含めず、東南アジア（第11章）で扱う。
　ただし、東南アジアからオセアニアの人々が拡散したとは言っても、アメリカ大陸側からも何らかの文化の流れはあったと考えられている。この説の代表者は、インカの神コンティキ・ヴィラコチャの名前の前半「コンティキ」という名前の筏を造り、新大陸からポリネシアへの航海実験をしたノルウェーの探検家トール・ヘイエルダールだ。第二次大戦後間もない1947年、バルサ材のコンティキ号で仲間5人とともにペルーを出発、101日後、海流に乗って約7000キロ離れたトゥアモトゥ諸島の島に着いた。
　その後、ヘイエルダール説は学界で無視されたり、根拠のない批判にさらされたりもしたが、彼は生涯、ロマンを追い続けるだけでなく、学問的にも独学とはいえ深い学識を持っていた。

7.3 タブーとマナ

　さてオセアニアの研究は，探検から始まった。古くはポルトガル人のマゼランによる大航海が1519年から行われ，この時に「穏やかな海」(pacific ocean)と呼んだのが「太平洋」の語源だ。しかしマゼラン自身は，フィリピンまで来て先住民に殺されてしまった。

　この後，多くの探検家たちが太平洋を航海し，様々な島々を発見しては，地名にその名前を残していったが，そのうちで特に有名なのは，イギリスの探検家クックの三度にわたる航海旅行である。その3回目の航海時，彼はハワイを含むポリネシアの島々で，タブーという語を記録している。この語はクックの航海記の何箇所か（そのうちのいくつかは，クックの死後，後継者であるキングによって書きつづけられた部分）に出てくる（たとえばトンガについて【4】増田訳 2004-05 V: 241-244）。

　そこでは王（首長）などに平民が挨拶として触った後は，後者の手はタブー・レマとなり，しばらくその手を使ってはいけないということになったという。なおクックは，ソシエテ諸島の住民で通訳兼ガイドだったオマイという人物をイギリスに連れ帰り，舞踏会で著名人に紹介したところ，オマイを題材にした演劇が書かれ，大ヒットするなどもした（【4】タイユミット 1993:103）。

　いずれにせよ「タブー」という語は「禁止されているもの」という意味としてヨーロッパに入り，"taboo"ないし"tabu"などと表記されて，18世紀末から19世紀前半に，またたく間に広まった。そして学問だけでなく，一般にも使われるようになった（【4】シュタイナー 1970）。ポリネシアでは今でも，立入禁止の場所に"Tabu"と表示するなど，実用されている語でもある（ソシエテ諸島ボラボラ島の例は【7】Ehrhart 1993:130）。

　「タブー」にくわえ，「マナ」という語も宗教学の基本用語になっている。これは宣教師コドリントンにより次のように報告された。

> 　メラネシア人の心は，超自然力ないし影響力で，ほぼ普遍的に「マナ」と呼ばれるものへの信仰に占められている。これは，人間の普通の力を超え，自然の通常のプロセスの外部にある，あらゆるものに効力を発動させるものである。それは生活環境に存在し，人や物にくっつき，その作用にしか帰することのできぬ結果によって現れる。誰かがそれを得たら，彼は

それを用い指示できるが，その力はある時とつぜん発動するかもしれない。それの存在は証拠により確かめられる。

　ある人がたまたま一つの石に出くわし，それが彼の想像力をとらえたとする。その形が独特だとか，何かに似ているとか，確かに普通の石ではないとすると，その中にマナがあるに違いないのだ。かくて彼は自問自答し，証拠にかける。それを，実がある程度似た木の根元に置くか，畑に植え付けをする際，それを地面に埋める。木の実りがよかったり，畑が豊作だったりすれば，彼は正しいということで，その石はマナなのだ，つまり中に力を有しているのである。その力を持っているため，それはマナを別の石へ運ぶ乗物である。

　同様に，特定形式の言葉，一般に歌の形の言葉には，特定の目的への力がある。それで呪文はマナと呼ばれる。しかしこの力は，それ自体非人格的ではあるが，常にそれを行なう人物と結びついている。精霊はみなこれを持ち，幽霊も一般に持ち，人間は何人かが持っている。もしある石に超自然力があることが分かったら，それはある精霊がそれと結合しているためだ。ある死者の骨がマナを持つとすれば，それは幽霊が骨とともにいるためだ。人間も精霊や幽霊と近い関係を持つと彼自身マナを持ち，自分の望み通りにそれを操りうる。呪文が強力なのは，言葉の形で表現される精霊や幽霊の名が，それらの行使する力をそれにもたらすからだ。

　かくして，顕著な成功はすべて，ある人がマナを持っていることの証拠である。彼の影響力は，彼がそれを持つということを印象づけた人々の心如何にかかっている。彼はそれにより首長にもなる。よって人の力は，その性格が政治的であれ社会的であれ，彼のマナである。

　この語は，すべての力と影響力の性格を超自然的なものとみる土着の観念に従って用いられる。もし，ある人が喧嘩が強ければ，その勝ちをもたらしたのは彼本来の腕力や目ざとさや機転ではなく，彼は誰か死んだ戦士の精霊のマナを得て強力になったに違いなく，それを頭に巻いた石のお守りか，ベルトに付けた葉っぱの房飾りに入れているか，ないしは言葉の形で側に置いて超自然的加勢を得ているのだ。もし，ある人の豚がよく殖え，その畑がよく実るなら，それは豚やヤムイモのためのマナがたっぷり入った石を持っているからだ。もちろんヤムイモは植えれば自然に生長するし，そのことはよく知られているが，マナが働かなければ大きくは実らない。

カヌーはマナが乗せられなければ速くは動けないし，網は魚をたくさん捕れないし，矢は致命傷を負わすことができないのである（【7】Codrington 1891:118-120）。

このように，今や宗教学の基本用語や，一般名詞にもなっているマナやタブーといった言葉にも，当然もともとのコンテクストがある。そして，それを忘れてマナとは超自然力だ，といったように過度に一般化してしまうと，本来メラネシア・ポリネシア諸社会で有していたコンテクストが忘れられ，概念としても，それこそその力を失ってしまいかねない。次章以降で言及するが，北米からはトーテム，北ユーラシアからはシャマン，アフリカからはフェティッシュといった現地語が報告され，学術用語として採り入れられてきた。そうした本来の事情を忘れてはなるまい。

7.4 オセアニアへの宣教と神話記録

先にあげたコドリントンもそうだが，オセアニアではキリスト教の宣教活動が活発に展開された。早くはロンドン宣教協会のエリスらが著名である。彼の記録にはタヒチ島のパンの実の起源神話なども含まれる。およそ次のような話だ。

ある王の治世，人々はまだ赤土を食べていたが，赤土を食べられない体の弱い男の子がいた。その父親は子供をかわいそうに思い，死んで息子の食料になるとその妻に告げた。死んでからその場所にできる実を自分だと思え，と言って彼は死んだ。言われたとおり，彼の胃からはパンの実ができ，島民はそれを食べるようになった。さらにココヤシは頭部から，クリは腎臓から，ヤムイモは脚から，同様に生じたという（【7】Ellis 1831-33 I:68-70）。

7.5 マオリの天地分離神話

探検家や宣教師のほか，植民地行政官の活動も見逃せない。ニュージーランドのマオリの場合はその典型例だ。マオリという民族は，主に焼畑農耕を営んできた人々で，非常に細かい入墨や，鼻をこすりつけるホンギと呼ばれる独特の挨拶（実はかつては世界に広く見られた）などが有名である。最近ではアートや先住民運動でも知られる。

大英帝国がニュージーランドを統治していた19世紀，その総督として派遣

されたジョージ・グレイという軍人がいた。彼が現地に着いてみると、マオリの人たちは白人たちに対して色々と不満を抱いており、反乱を企てている首長（chief）も中にはいることが分かってきた。

そこでグレイは、それを力で押さえ付けようとせず、自分から歩み寄った。当時は辞書も文法書すらなかったマオリ語を、マオリ人の首長たちから習って、マスターした。しかもマオリの人たちは、何か訴えを述べる時に、神話を引き合いに出してくることも多かったため、神話を知らないと彼らの心の叫びを本当に理解することはできないとグレイは考え、何人もの首長たちから神話を聞き、それを記録して出版した。

その成果はまず、1854年に出た。中身はすべてマオリ語で書かれたマオリ神話集である。そして翌年、内容を英語に翻訳して出版した。この序文は非常に感動的で、グレイという人の正義感と苦労が偲ばれる。さて本書の冒頭に掲げられたのが、マオリの天地分離の神話である。

第19話　天父ランギと地母パパの分離

　ニュージーランドのマオリの人々は、男性である天空ランギと女性である大地パパは夫婦で、初めくっついていたと言う。それがどうやって引き離されたのかというのが、この物語の主題だ。日本神話でも、イザナキとイザナミという原初夫婦は引き離されたし、ギリシャの天空ウラノスと大地ガイアの分離など、似た話は世界各地にある。

　始祖はたった一組の夫婦だった。彼らは我らの上にある広い天と、我らの下にある大地から出てきたのだ。我ら種族の言い伝えによれば、ランギとパパ、つまり天と地は、初めに万物が発した源だった。そのころ暗闇が天地の上を覆っていて、二人とも離れたくないので、まだ抱き合っていた。生まれた子供らは、闇と光を分けてはとずっと考えていた。生き物が増えたのに、光がさすことはなく、ずっと暗いままだったからだ。ゆえに、我らの古い宗教には、こんな格言がある。「時が最初に分かたれて、十に、百に、千に至っても」つまり非常な長期間、「闇があった」というのだ。そしてこうした時の区切りは生き物と見なされ、それぞれポと名づけられた。そして話によれば、明るい光のさす世界はまだなく、存在した生き物たちには闇しかなかったという。

　とうとう、天地がもうけた子供たちは闇が続くのに飽き飽きし、話し合った。「ランギとパパをどうしたらいいか決めよう。殺すのがいいか、それとも引き離

すのがいいのか」。すると，天地の子らのうちで一番乱暴者のトゥ・マタウエンガが言った，「殺してしまえばよかろう」。

次に，森林とそこに棲む者たち，また木から造られた全ての物の父であるタネ・マフタが言うには，「いや，それはいけない。二人を引き離し，天は我らのはるか上に，地は我らの足の下にするがよかろう。天は我らから遠く，しかし地は我らが産みの母なのだから近くにとどめよう」。

…（中略）…

とうとう計画がまとまると，見よ，人の作物の父たる神ロンゴ・マ・タネが立ち上がり，天地を引き離しにかかった。頑張ったが，引き離すことはできなかった。見よ，次に魚類と爬虫類の父の神たるタンガロアが立ち上がり，天地を引き離しにかかった。やはり頑張ったが，引き離すことはできなかった。見よ，次は栽培せずとも生える人の食物の父たる神，ハウミア・ティキティキが立ち上がって頑張るが，うまく行かない。見よ，続いて残酷な人類の父たる神トゥ・マタウエンガが立ち上がって頑張るけれど，彼もまた甲斐なく終わる。そして最後に，森と鳥と虫の父神タネ・マフタがゆっくり身を起こし，両親につかみかかる。ところが腕と手で引き離そうとしてもだめだ。見よ，彼は休んだ後，今度は頭をしっかり母なる大地に植えつけ，足を父なる天へと挙げて，背中と脚に力を込める。かくてランギとパパは引き離され，悲痛な叫びと唸り声を挙げて，「お前たちがこうして父母を殺さんとするは何ゆえか？　お前たちが我らを殺そうなどと，両親を引き離そうなどという恐ろしい罪を犯すのは何ゆえか？」しかしタネ・マフタは休まない。彼らの金切り声も叫び声も気にしない。はるか，はるか下へと彼は大地を押し下げた。はるか，はるか上へと，彼は天空を押し上げた。

この後，兄弟喧嘩が始まり，嵐の神タウヒリに勝ったのは，人間の祖先トゥという神だった。

今に至るまで，広い天空はずっと妻の大地から離されたままだ。しかし彼ら相互の愛は続いている。彼女の恋慕の柔らかく温かい溜息は，今でも鬱蒼たる山々と渓谷から彼のもとへ昇り，それを人は霧と呼んでいる。そして広い天空が，長い夜，愛妻からの別離を嘆くとき，繁き涙を彼女の胸に落とすが，人はこれを見て，露の滴と呼んでいる。

出典：【5】Grey 1854:3-9, 1855:1-15。一部省略。

絵のように美しいこの神話には，天と地が分離する以前の，天地が抱き合っていて混沌としていたカオスの状態に，秩序が設定された，ということが語られている。暗黒で，人間が暮らす空間がなかった所に秩序ができ，子供の世代はそう

> いう中で生活できるようになったわけだ。
> 　そしてまた面白いのは，人間の祖先だけが，天と地を殺そうという過激なことを言ったとされていることである。その後もこのトゥ・マタウエンガという人間の祖先は，森の神のタネが自分の意見を聞かなかったというので，戦った。人間が本質的に自然に対立する宿命を背負った存在だということも，この神話は暗示しているのかもしれない。

　このように，それまで知られていたギリシャやエジプトなどの神話に，さらに比較項目が増え，比較神話学という学問が始まるための重要なきっかけを，オセアニアの神話が与えたのである。

7.6　ハワイのクムリポ

　ハワイの創世神話クムリポも，この時代に報告された。そしてやはりこれにも，現地語と英語・ドイツ語の訳があり，日本語での部分訳も出されている。もともとハワイ王国のカメハメハ系統が絶えた後，七代目の王カラーカウア王が，宮廷の図書館にこれの原稿を持っていた。バスティアーンというドイツの民族学者がこれを借りて研究し，ドイツ語の部分訳をつけて1881年に出版した。のち，ハワイの研究者マーサ・ベクウィズが英訳を出し，詳細な注もつけている。なおクムは根，リポは底の意味で男性原理，ポーエレという暗闇が女性原理である（【6】Bastian 1881:70）。
　後藤明による部分訳は，次のように始まる（改行箇所などを変更した）。

> 大地が熱くなったとき，天がまわっていたとき，太陽が暗くなったとき，
> 月が輝くように，スバルが昇るとき，柔らかい泥，それは大地の源だ。暗闇を作る闇の源だ。夜を作る夜の源だ。
>
> 濃い闇，深い闇。太陽の闇，夜の闇。何もない，ただ夜だけ。夜は生み出した，
> 夜の中に生まれたのはクムリポ，男。
> 夜の中に生まれたのはポーエレ，女。
>
> 生まれたのは珊瑚のポリプ，そして珊瑚の群が現れた。
> 生まれたのは地面に穴を掘り，土を積みあげる虫が現れた。

生まれたのはその子供，地虫が現れた。

生まれたのはヒトデ，その子供の小ヒトデが現れた。

生まれたのはナマコ，その子供の小ナマコが現れた。…（以下略）…

【3】後藤 2002: 210-211）

そしてバスティアーンはこの神話を，日本神話の冒頭の神代のくだりと比較している。当時，ようやく日本神話が欧米にも知られるようになっていたためである。

7.7 オセアニア神話の世界

こうして19世紀に始まったオセアニア神話研究だが，その後の成果もふまえて概要を記せば，おおよそ次のようにまとめられよう。

オセアニアは，東南アジアから人類の移動の波がいくつも押し寄せてきた地域で，各地に特色ある神話が発達した。大まかに言って，ポリネシアとミクロネシアでは宇宙起源神話がみられるが，メラネシアとオーストラリアでは不振である。オセアニアに広く分布するオーストロネシア語族の間には，兄弟争いの説話がさまざまな形で伝わっている。

オーストラリアのいわゆるアボリジニーによれば，「夢の時代」つまり太古に神的存在が活動した。東南部のブンジルとかバイアメ，虹蛇から出てきたというキンバリー地方のウォンジナなどが知られている。オーストラリア中部のアランダ族では，トーテム的祖先が地上を放浪したが，その跡が聖地となり，そこには通過儀礼（イニシエーション）を受けた男だけが行くことを許されたのであった。

メラネシアには，キリボブ゠マヌブ型と呼ばれる兄弟同士が争う説話が広く分布している。兄弟の一方が柱穴に入れられ，つぶされそうになるモチーフなどがこれにともなう。バンクス諸島ではカトというトリックスターが活躍する。また，食人鬼の伝承も広くみられる。ニューギニア東北部のワンパル族では，妊婦が洞窟で出産している間に留守番していた子供たちを食べた食人鬼は，焼け石によって殺されてしまった。

第20話　メラネシアの天女伝承

これは天に属すると言われ鳥のように羽のあった女たちの話です。彼女らは地上に降りてきて海で水浴びしました。そして水浴びする時には羽を脱ぎました。

カト（Qat）は外出中、偶然彼女らを見かけました。そして彼は一対の羽を取り上げて村に帰り、自分の家の主柱の足下に埋めました。それから彼は戻って彼女らを見ていました。彼女らは水浴びを終えると羽を取りに行き、飛んで天に帰りました。しかしカトが羽を盗んだので、一人は飛ぶことができず泣いていました。そこでカトは彼女の所に行き、知らん顔をして「どうして泣いてるの」とききました。彼女は「羽を取られたの」と言いました。彼は女を連れ帰り結婚しました。

　カトの母は彼女を仕事に連れて行きました。ヤムイモの葉が彼女に触れると、もう誰かが掘り尽くしてしまったかのようになり、バナナの葉が彼女に触れると、一枚の葉っぱが触れただけなのに、バナナはみんな一斉に熟してしまいました。けれどもカトの母はこれを見て叱りつけました。カトが叱ったんじゃありません、彼は鳥射ちに行ったんですから。

　カトの母は彼女を叱ると、村に戻りました。天女は家の柱のそばに座って泣きました。彼女が泣くと涙が地面に落ちて、深い穴を作りました。そして涙は落ちて彼女の羽にぶつかったので、彼女は土を掻き分けて羽を見つけ、再び天に戻りました。

　カトが鳥射ちから家に戻ると女がいないので母を叱りました。それから彼は豚をみんな殺し、たくさんの矢に矢尻をつけて家のてっぺんに登り、天に向かって矢を放ちました。その矢が落ちて来ないのを見て、彼はまた射て最初の矢に射当てました。そして彼は何度も射て、射るたびに射当て、たくさんの矢は地上に届きました。するとどうです、バンヤンの根が矢から続いているではありませんか。

　カトは豚肉を入れた籠を手に持ち、妻を探しに天に昇りました。すると彼は鍬で掘っている人を見ました。それから彼は妻を見つけて連れ帰りました。それから彼は鍬で掘っている人に「バンヤン樹の根を見たらそのままにしておいて」と言いました。けれども、二人がバンヤン樹の根をつたって降りて行きまだ地面に届かないうちに、その人はその根を叩き切ってしまいました。カトは落ちて死に、女は飛んで天に戻りました。おしまい。

出典：【7】Codrington 1891：397-398。

メラネシアのバンクス諸島からコドリントンが報告したこの話は、日本でもおなじみの「羽衣伝説」と非常によく似ており、多くの学者が比較研究してきた。似た内容をもつ「白鳥処女説話」は世界大の分布をもつ。

参考：山田仁史 2016「羽衣伝承にみるミンゾク学と文学の接点」野田研一／奥野克巳（編）『鳥と人間をめぐる思考：環境文学と人類学の対話』：271-292、勉誠出版．

　ミクロネシアも、メラネシアと同じく文化的に多様な地域である。マリアナ諸島では世界巨人プンタンの身体から天地や日月が生じたとされ、マーシャル

諸島ではロアが原初海洋から暗礁・砂州・植物・鳥を出現させ，ギルバート諸島では創造神ナレアウが天を押し上げた。こうした宇宙起源神話は，ポリネシアのものとよく似ている。カロリン諸島に広くみられるのは，オロファトないしオリファトの説話である。彼は天空神ルゲイラング（ルケラング）の息子とされ，人類に火を与えたり人の死ぬべき運命を定めたりと文化英雄（人間に文化要素をもたらす神話上の英雄）としても活躍するが，悪知恵あるトリックスターとして人気があり，しばしば兄と争う。

第21話　裕福なオンドリと貧乏なオンドリ

　次は民族学者（もとは医者）のクレーマーが，ミクロネシアのパラオ島から集め，未刊だったのをハンブルッフが出版したもの。パラオ島のバイ（アバイ）と呼ばれる集会所（男子が寝泊まりし，島の言い伝えや，大人として生きていくのに必要な知識などを先輩たちから聞いて育った所）の中のストーリーボード（後に画家の土方久功が指導してお土産化した）にも描かれている（【7】Richartz-Bausch 1981:7, 16）。ここには仲良く暮らすべし，という教訓が込められていよう。

　ゴイクルの近くにロイス・ラ・ベセク山があり，そこに昔，一羽のオンドリが住んでいた。彼はとても貧乏だった。しかしある日，別のオンドリの鳴声を聞いて，力いっぱい返事をした。もう一方のオンドリは裕福だった。彼は人間の頭を持っていて，卵からお金を孵(かえ)すことができたのだ。彼は霊山ゲラオドに住んでいた。こちらもゴイクルから遠くはなく，彼はそんなにもうまくお金を作れたので，その山に途方もない富をもたらした。
　さてゲラオドのオンドリは，その鳴声にいつも返事されるのが，まったく気にくわなかった。彼はそれに怒り，返事の主を探し出し，とっちめてやろうと決めた。そこで彼は仕度をし，召使いたちにおいしい料理を作らせ，旅に必要なすべてをととのえさせた。すべてととのうと，彼らは出発した。オンドリが先頭に立ち，自ら長い棒を担いで，前には鼈甲皿を，後ろにはお金の入った大きな籠を提げた。彼らは長いこと歩き回り，とうとうロイス・ラ・ベセクにやって来た。そこで彼らは，貧乏なオンドリの鳴声を聞いた。「さあ，また奴が鳴いた」とゲラオドのオンドリが言った。そして相手を見つけると，腹を立てて叫んだ，「お前はなんでまたいつもそう鳴くんだ，俺を怒らせたいのか？」「違うんだ」と相手は言った，「そんなつもりじゃない，逆に，僕は君の同情を乞い求めていたんだ。僕はただの貧乏なオンドリさ。見てごらん，僕の所には何も生えていなくて，い

つも腹を空かしていなきゃならないんだよ」。すると裕福なオンドリは悪い考えを忘れて貧しい相手を許し、持っていたお金を全部あげ、召使いたちが担いで来たおいしい料理もあげた。それから彼はゲラオドへ帰った。そして二羽とも元気で、死ぬまで幸せに暮らしたとさ。

出典：【3】Hambruch 1916:156-157

表5　オセアニア神話　関連年表

◎は重要な神話資料の刊行を示す。

西暦	出来事
1768-80	クック（英・探検家）の航海（第1回 1768-71、第2回 72-75、第3回 76-80）、「タブー」の語の「発見」。
◎1829	エリス（英・宣教師）による、ソシエテ諸島（タヒチなど）・ハワイ諸島を中心とする記述（*Polynesian Researches, during a Residence of Nearly Eight Years in the Society and Sandwich Islands*, 2 Vols., London: Fisher, Son & Jackson）出版。第2版は全4巻で 1831 年刊。
◎1854	グレイ（英・ニュージーランド総督）記録の原語によるマオリ神話集『祖先たちの功業』（*Ko Nga Mahinga a nga Tupuna Maori*, London: George Willis）出版。 翌年、その英訳（*Polynesian Mythology and Ancient Traditional History of the New Zealand Race*, London: Murray）刊行。
1871	タイラー（英・人類学者）『未開文化』初版刊行。 グレイなどを引用、当時知られていた世界諸民族の神話・宗教を比較。
1872	ヴァイツ（独・民族学者）の死後、その『自然民族の人類学』（1859-72）の第6巻、『南海の諸民族』第3部をゲルラント（独・地理学者）が完成、エリスが記録したタヒチの神話などを収める。当時のオセアニアに関する主要な資料集成。
◎1876	ジル（英・宣教師）がクック諸島マンガイア島の神話・歌謡集（*Myths and Songs from the South Pacific*, London: Henry S. King & Co.）を出版、M・ミュラーが序文を書く。
1876	タスマニア島（オーストラリアの南）で、「人狩り」などのためアボリジニが絶滅。
◎1881	バスティアーン（独・民族学者）が『ポリネシア人の聖なる伝説』（*Die heilige Sage der Polynesier. Kosmogonie und Theogonie*, Leipzig: F. A. Brockhaus）を出版。この書はニュージーランドとハワイの神話を紹介。後者ではハワイ訪問中、カラーカウア王から入手した創世神話クムリポの手稿の一部を翻訳、日本神話などと比較している。
◎1891	コドリントン（英・宣教師）がメラネシアに関する包括的著作（*The Melanesians: Studies in their Anthropology and Folklore*, London: The Clarendon Press）出版。これに先立ち、1877年7月7日付の手紙でM・ミュラーに知らせた「マナ」は、後者の講演（Mana, a Melanesian name for the Infinite, 1878）で大きく取り上げられた。

ポリネシアには，ハワイキという伝説上の故郷からの移住を伝える話が多く伝わる。ポリネシアの中部・西部にはタンガロアという創世神が宇宙を造ったという神話が多く，南部・北部・東部ポリネシアでは，系図型ないし進化型といわれる，さまざまな事物が順々に現れ，だんだんと形をととのえたという神話が広くみられる。両者が共存している地域もあり，その場合，前者は司祭階級の神話，後者は民衆起源の神話，と解釈されることもある。文化英雄にしてトリックスターのマウイは，ポリネシアで人気の高い登場人物だ。ニュージーランドのマオリ族では，彼は海中から島を釣り上げたり，太陽の進行を遅くしたりした。同じくマオリの神話で有名なのは，先述の天地分離を語るものである。かつて父なる天ランギと母なる大地パパは抱擁しあっていたのでこの世は暗黒だった。そこで子のタネが両親を引き離したが，天地は互いを思い続け，妻の溜息は霧となって天に昇り，夫の涙は夜露として地をぬらすのである。

　ポリネシア人の間には，強力な物とかすぐれた人には神的な力が宿るという観念があった。その力はマナと呼ばれ，その濫用をふせぐためにはタブーを守らねばならなかった。マナ概念はメラネシアからも知られている。

　西欧文明との出会いは，オセアニアの宗教や神話を大きく揺り動かしてきた。19世紀末以降，メラネシア各地で起きたカーゴ・カルト運動は，そうした衝撃への一つの対応であり，ラジオや自動車といった工業製品を満載した積荷（カーゴ）がやって来て自分たちを救済するという預言者の言葉を人々は信じたのだった。聖書の影響を受けて変容した神話も少なくないのである。

本章の参考文献
【1】オセアニアという地域とオーストロネシア語族
後藤明 2003『海を渡ったモンゴロイド：太平洋と日本への道』（講談社選書メチエ；264）講談社.
Bellwood, Peter. 1991. The Austronesian Dispersal and the Origin of Languages. *Scientific American*, 265(1): 70-75.
Bellwood, Peter et al. (eds.) 1995. *The Austronesians: Historical and Comparative Perspectives*. Canberra: Department of Anthropology, The Australian National University.
Bellwood, Peter. 1997. *Prehistory of the Indo-Malaysian Archipelago*, Rev. ed. Honolulu: University of Hawai'i Press.
Taylor, C. R. H. 1965. *A Pacific Bibliography*, 2nd ed. Oxford: The Clarendon Press.（太平洋諸民族に関する文献の詳細な書誌）
【2】ヘイエルダールとその著作
ヘイエルダール，トール 1976『ファツ・ヒバ：楽園を求めて』上下（現代教養文庫）山田晃（訳）社会思想社.
―――― 1992『アク・アク：孤島イースター島の秘密』（現代教養文庫）山田晃（訳）社会思想社.
Heyerdahl, Thor. 1952. *American Indians in the Pacific: The Theory behind the Kon-Tiki Expedition*. London: George Allen & Unwin.

ヤコービー，アルノルド 1976『キャプテン コン・ティキ：ヘイエルダールの大冒険』上下（現代教養文庫）木村忠雄（訳）社会思想社．

【3】オセアニア神話の概説

後藤明 1997『ハワイ・南太平洋の神話：海と太陽，そして虹のメッセージ』（中公新書；1378）中央公論新社．

―― 1999『「物言う魚」たち：鰻・蛇の南島神話』小学館．

―― 2002『南島の神話』（中公文庫）中央公論新社．

ポイニャント，ロズリン 1993『オセアニア神話』豊田由貴夫（訳）青土社．

パノフ，ミシェル 1998「オセアニアの神話」パノフ／大林太良ほか『無文字民族の神話』新装版：7-56. 大林太良／宇野公一郎（訳）白水社．

ギャール，ジャン／モニーク・バリーニ 2001「オセアニアの神話・宗教」ボンヌフォワ，イヴ（編）『世界神話大事典』：1307-1330. 大修館書店．

大林太良 2005「オセアニアの神話」大林太良／伊藤清司／吉田敦彦／松村一男（編）『世界神話事典』（角川選書；375）：426-434. 角川書店．

Dixon, Roland B. 1916. *Oceanic.* (The Mythology of All Races; Vol. 9). Boston: Marshall Jones.

Kirtley, Bacil Flemming. 1980. *A Motif-Index of Polynesian, Melanesian, and Micronesian Narratives.* (Folklore of the World). New York: Arno Press.（1955年に提出された博士論文の書籍化。オセアニア神話のモチーフ索引）

Hambruch, Paul. 1916. *Südseemärchen.* Jena: Eugen Diederichs.

Nevermann, Hans, Ernest A. Worms & Helmut Petri. 1968. *Die Religionen der Südsee und Australiens.* (Die Religionen der Menschheit; Bd. 5,2). Stuttgart: W. Kohlhammer.

Craig, Robert D. 2004. *Handbook of Polynesian Mythology.* Santa Barbara: ABC-CLIO.

【4】「タブー」「マナ」概念およびオセアニア探検史・研究史・植民史

タイユミット，エティエンヌ 1993『太平洋探検史：幻の大陸を求めて』（知の再発見双書；33）増田義郎（監修）大阪：創元社．

石川栄吉 1984『南太平洋物語：キャプテン・クックは何を見たか』力富書房．

―― 2006『クック時代のポリネシア：民族学的研究』（国立民族学博物館調査報告；59）吹田：国立民族学博物館．

松岡静雄 1941『太平洋民族誌』岩波書店．

増田義郎（訳）2004-05『クック 太平洋探検』全6巻（岩波文庫）岩波書店．

シュタイナー，フランツ 1970『タブー』（せりか叢書；7）井上兼行（訳）せりか書房．

Te Rangi Hiroa (Peter H. Buck). 1945. *An Introduction to Polynesian Anthropology.* (Bernice P. Bishop Museum Bulletin; 187). Honolulu.

McEvedy, Colin. 1998. *The Penguin Historical Atlas of the Pacific.* New York: Penguin.

Samson, Jane. 2001. Ethnology and Theology: Nineteenth-Century Mission Dilemmas in the South Pacific. *In*: Stanley, Brian (ed.), *Christian Missions and the Enlightenment.* (Studies in the History of Christian Missions): 99-122. Richmond: Curzon Press.

Hillard, David. 2007. Oceania. *In*: Bonk, Jonathan J. (ed.), *Encyclopedia of Mission and Missionaries.* (Routledge Encyclopedia of Religion and Society): 299-305. New York: Routledge.

Trompf, G. W. (ed.) 2008. *Melanesian Religion and Christianity.* (Melanesian Mission Studies; 4). Goroka: Melanesian Institute.

Zocca, Franco & Jack Urame. 2008. *Sorcery, Witchcraft, and Christianity in Melanesia.* (Melanesian Mission Studies; 5). Goroka: Melanesian Institute.

Corbey, Raymond. 2010. *Headhunters from the Swamps: The Marind Anim of New Guinea as Seen by the Missionaries of the Sacred Heart, 1905-1925.* Leiden: KITLV Press.

Mückler, Hermann. 2010. *Mission in Ozeanien.* (Kulturgeschichte Ozeaniens; 2). Wien: Facultas Verlags- und Buchhandels.

――. 2014. *Missionare in der Südsee. Pioniere, Forscher, Märtyrer. Ein biographisches Nachschlagewerk.* (Quellen und Forschungen zur Südsee / Reihe B: Forschungen; 6). Wiesbaden: Harrassowitz.

【5】ニュージーランド(マオリ)の神話・伝説・昔話
Grey, George. 1854. *Ko Nga Mahinga a nga Tupuna Maori*. London: George Willis.
―――. 1855. *Polynesian Mythology and Ancient Traditional History of the New Zealand Race*. London: Murray.
Jakubassa, Erika. 1998. *Märchen aus Neuseeland*. (Die Märchen der Weltliteratur). Augsburg: Weltbild Verlag.
【6】ハワイの神話・伝説・昔話
Bastian, Adolf. 1881. *Die Heilige Sage der Polynesier. Kosmogonie und Theogonie*. Leipzig: F. A. Brockhaus.
Beckwith, Martha. 1951. *The Kumulipo: A Hawaiian Creation Chant*. Honolulu: The University of Hawaii Press.
Charlot, John. 2014. *A Kumulipo of Hawai'i: Comments on Lines 1 to 615 of the Origin Chant*. (Collectanea Instituti Anthropos; Vol. 47). Sankt Augustin: Academia Verlag.
Hartinger-Irek, Gabriele & Roland Irek. 1997. *Märchen aus Hawaii*. (Die Märchen der Weltliteratur). München: Diederichs.
【7】オセアニアの主な民族誌・参考書ほか
Ellis, William. 1831-33. *Polynesian Researches*, 2nd ed., 4 Vols. London: Fisher, Son, & Jackson.
Codrington, Robert Henry. 1891.*The Melanesians: Studies in their Anthropology and Folklore*. London: Clarendon.
Ehrhart, Sabine. 1993. *Die Südsee. Inselwelten im Südpazifik*. (DuMont Kultur- und Landschaftsführer). Köln: DuMont Buchverlag.
Krämer, Augustin. 1902-03. *Die Samoa-Inseln*, 2 Bde. Stuttgart: E. Schweizerbartsche Verlagsbuchhandlung (E. Nägele).
Richarts-Bausch, Barbara. 1981. *Palau. Ein Bericht*. Berlin: Staatliche Museen Preußischer Kulturbesitz.
土方久功 1990-93『土方久功著作集』全 8 巻、三一書房。(ミクロネシアの神話・民話を採集した画家の著作集)

第8章
翻訳された日本・琉球・アイヌの神話

アイヌの衣服アットゥシ

8.1 日本神話の成立と継承

　ふつう日本神話と呼ばれているのは，古代律令制度のもと，国家の基礎としての物語を必要とした日本が，さまざまな氏族や地域の言い伝えを総合して編纂したものである。とりわけ，『古事記』（712年〈和銅5〉）と『日本書紀』（720年〈養老4〉）に系統的に神話が記録されたことは，世界的にみても大変まれな出来事だった。ギリシャ神話や中国神話のように，さまざまな書物に神話の断片が散在している場合の方が多いからである。

　こうして早期に文字記録として神話が固定されたことは，ある意味では幸運なことだったとも言えるが，口頭伝承の柔軟性を失ってしまったと見ることもできる。そのため，古典神話に含まれていなくとも，近現代になって採集された昔話や伝説の中には，古い時代までさかのぼるものがあった可能性も，考えなければならない。

　さて，しばしば「記紀神話」と総称される日本神話だが，奈良・平安朝において重視されたのは『日本書紀』の方であり，貴族の間ではしばしば講読会が開かれていた。『古事記』の存在も知られてはいたが，せいぜい『日本書紀』を読むための参考書，という程度の位置づけだったらしい。やがて中世になり，吉田神道が『先代旧事本紀』（後述）・『古事記』・『日本書紀』を重視するようになっても，趨勢が大きく変わったとは言えなかった。

　実際，『日本書紀』の最古の写本は平安時代のものが複数現存しているのに対し，『古事記』のそれは1371年（応安4）から72年にかけて書写された真福寺本と呼ばれるものである。なお，記紀以外にも独自の伝承を含む資料は存在する。たとえば『万葉集』（8世紀末）巻13には「天橋も長くもがも，高山も高くもがも，月読の持てる復若水いとり来て，君に献りて，をち得しむもの」（3245）という歌が出ている。つまり「天への通い路にあるという橋も，いくら

でも長くあってくれればよい。高い山も，いくらでも高くあってくれればよい。そうすれば，それによって月の所に達して，お月様の持っている若がえりの水を取って来て，思うお方にさしあげて，年を若がえらそうものを」(折口信夫訳) というのだ (【1】折口 1975-76 下：137)。ここには，月の中に若返りの水がある，という神話的観念が表現されている。他に，各地の伝承を集成した『風土記』(713年〈和銅6〉詔)，朝廷の神事に奉仕していた斎部家の伝承を記した『古語拾遺』(807年〈大同2〉) にも独自の神話が含まれている。なお上述した『先代旧事本紀』(平安初期) は物部家関係者がまとめたものらしく，記紀と『古語拾遺』の内容を再構成した書物である。

　近世に入ると印刷術が発達し，1644年 (寛永21) になって『古事記』の最初の版本が出た。これによって，そこに含まれた伝承の「古代性」が徐々に注目を集めるようになり，とりわけ国学者たちはこれこそが日本人固有の心性を含む古典として，研究を推進した。そのクライマックスが，1798年 (寛政10) に完成した本居宣長の『古事記伝』である。その後，日本神話は幕末に至ると尊皇攘夷の一翼を担い，近現代には国家神道の主柱とされるようになった。そうした束縛を離れて，日本国内で自由に研究できるようになったのは，第二次大戦後のことである。

8.2　ジャパノロジーの成立まで

　さて，こうした日本の神話や宗教についての情報は，最初いつごろ，どのように欧米に伝えられたのだろうか。まず挙げられるのは，16世紀のイエズス会宣教師による報告である。

　この時代，日本にやって来たイエズス会宣教師たちは，伝道先からローマの総長に，四ヶ月に一度，後には一年に一度以上，現地の事情について公的な報告をすることになっていた。その他にイエズス会士はヨーロッパの同僚宛に現地のことについて多数の私信を出した。日本に滞在したイエズス会宣教師の場合，書簡は本人が母語で書き署名したもの，それを同僚が写したもの，ポルトガル語に翻訳したもの，の合計三通の書簡が，それぞれ別の船でインドのゴアまで運ばれた。このようにしたのは，難破する船が多かったからだという。ほぼ半数の船は難破して海に沈んだのである。

　そしてゴアからさらにリスボンに送られ，ここでスペイン語訳，ラテン語訳，イタリア語訳などが作られ，ローマの総長，イエズス会の学院，修道院に送ら

れて，興味深いものは修道院で食事のときに食堂で朗読されたりもしたらしい（【5】Schurhammer 1923 邦訳解説：236-237）。

こうした書簡や公的文書の中には，面白い資料がいろいろある。たとえば，ポルトガル人ガスパル・ヴィレラによる書簡は貴重だ。1563年（永禄6）4月27日付で，大阪の堺からヨーロッパの同僚たち宛に出されたものであり，当時日本人に知られていた「宇宙起源神話」が記されている。ここでの日本創世についての語りはすべて『日本書紀』に基づいており，ヤナミム（イザナキ）やヤナングイ（イザナミ）といった神々の名も見えている（【5】Schurhammer 1923：27-28, 邦訳：24-25）。

次に日本情報をヨーロッパに伝えたのは，エンゲルベルト・ケンペルである。彼はドイツの医師・博物学者で，1690年（元禄3）から92年，日本に滞在した。その著『日本の歴史と記述』は，はじめ1727年（享保12）に英語で，それから半世紀後になってようやくドイツ語で出た。ケンペルは，三箇所において日本の創世神話および神々に言及している。それらは，第一巻七章「日本の神話的伝説による日本人の起源」，第二巻一章「日本の年代記に日本の支配者として記されている神々，神人（しんじん），天皇の名」，そして第三巻一章「日本における諸宗教，とくに神道について」である。彼の記述もやはり，主として『日本書紀』に基づいている。

次に挙げねばならないのは，長崎の出島で多くの弟子を育てたフィリップ・フランツ・シーボルトだ。その包括的なモノグラフ『日本』の第一分冊（1832年〈天保3〉刊）において彼は，「世界の創造についての神話」を要約的に記述した。その際，最重要の資料の一つとなったのは，弟子の美馬順三（みまじゅんぞう）が，基本的に『日本書紀』に基づきつつ提出した，オランダ語の論文『日本国の最古の歴史，神話，および最初のミカドの生涯』だった。この手稿論文は，シーボルトおよびその助手たちによって手が加えられ，最終的に『日本』に収められることとなったのである。

その二年後，もう一つ関係する重要な情報源が出た。しかしこちらは，事情がいくぶん込み入っている。イサーク・ティチングは長崎のオランダ東インド会社支部で商館長を三度務めたが（1779-80〈安永8・9〉，81-83および84年〈天明4〉），『日本王代一覧』をオランダ語に訳していた。この著作は，最初の天皇神武から16世紀に至る日本の歴史書で，1652年（承応1）に儒学者・林鵞峯（はやしがほう）により書かれたものである。ティチングの死後，この訳稿は遺稿として残されたが，

ドイツ人言語学者・東洋学者のハインリヒ・ユリウス・クラプロートがそれを編集して，1834年（天保5）に出版した。その長い題名は『日本王代一覧，あるいは日本の天皇の年代記。ユリウス・クラプロートによる補注と，日本の神話的歴史の概要についての序文つき』であった。

この本はしかし，ティチング訳を純粋にそのまま出したのではなく，基礎から新たに書かれたものだった。序文でクラプロートは訳文のレベルが低いことを批判し，自分は林の原文を参照しつつ新たに始めねばならなかったと告白している。さらに，副題からすでに分かるように，本書には日本神話の要約が付されていた。これはクラプロートが『日本書紀』および『大日本史』（徳川光圀）の一部をもとに作ったものであるが，シーボルトからは激しい批判を浴びた。

19世紀後半になると，日本神話の知識は急速にヨーロッパに広まってゆく。それを象徴する出来事は，英国の民族学者エドワード・バーネット・タイラーが1876年（明治9）3月28日ロンドンで，「日本神話について」（1877年公刊）という画期的な論文を読んだことである。これは日本神話が学術的に取り扱われた最初とされている。この論考で，タイラーは日本神話を土着の要素，仏教的要素，中国の要素に分けたが，その資料は三つであった。第一に『古事記』の冒頭部分を，日本の自由民権運動家で当時ロンドンにいた馬場辰猪がタイラーのために翻訳したもの。第二にシーボルトの『日本』，そして第三がクラプロートの序文である。

他の例を，ドイツの民族学者アードルフ・バスティアーンに見出すことができる。彼の著書『ポリネシア人の聖なる伝説』（1881年）で，バスティアーンは日本神話とポリネシア神話を比較した。そしてハワイの創世詩『クムリポ』と日本の創世神話の比較において，彼もまたクラプロートの記述を利用した。やがて20世紀初頭になり，日本神話のより正確な翻訳がすでに出てからも，ドイツの民族学者レオ・フロベニウスはまだシーボルトを典拠として引用している。それは『太陽神の時代』（1904年）という比較神話学の古典の一つにおいてである。なおフロベニウスにおいては，ブラウンスの本（後述）も日本の伝承の重要な資料となった。

8.3 ジャパノロジストによる研究と翻訳

19世紀後半には，三人の英国人日本学者が，さらなる日本神話研究に大きな役割をはたした。そのうち最初の人は外交官アーネスト・サトウで，日本滞

在の最初の数年はアレクサンダー・シーボルト（大シーボルトの長男）の同僚だった。すぐに日本語を習得した彼は、日本の古代史ことに神道や神話を研究し、後輩たちの基礎を築いた。次にバジル・ホール・チェンバレンは英国の言語学者で、1886年から1890年まで東京大学で言語学を教授した。日本人に日本語文法を教えた人物と言ってよい。そして実に、『古事記』を初めて西洋の言語に、正確に翻訳したのはチェンバレンの功績だった。この英訳は1882年に出た。

それに続いて1896年（明治29）、同じく英語への『日本書紀』訳が、外交官・日本学者ウィリアム・ジョージ・アストンにより出された。これには非常に興味深い、比較神話学的な脚注が多数付されている。その序文で彼はチェンバレン、サトウ、フローレンツ（後述）などには言及しているが、シーボルトやクラプロートへの言及はない。日本神話の言語的側面の発展は、当時すでに、より古い要約の類を乗り越えていたのである。

しかし、ドイツ人学者もこの発展に貢献した。カール・フローレンツは東京大学のちにハンブルク大学の教授を務めたが、1901年（明治34）に『日本書紀』、『古事記』およびその他の古典史料の部分訳をドイツ語で出した。1919年（大正8）には、彼は日本神話にとって最重要な記紀のドイツ語訳を出版している。

重要さにおいて劣らないのは、ドイツ人地質学者のダーヴィド・アウグスト・ブラウンスである。彼は1879年（明治12）から1881年、東京大学で教えた。彼は日本の話し言葉にある程度通じていたので、余暇に日本の昔話収集を行なった。その関心は日本人の民族性にあり、それを昔話から探ろうと試みたのである。また彼は、当時開始期にあった比較神話学にも関心を有していた。1885年、その著『日本の昔話と伝説』が出版され、168の日本の伝承がドイツ語で紹介された。そして実際、多くのヨーロッパの学者たちが、日本神話・昔話を他の地域のものと比較する際、このブラウンスの本を引用した。フロベニウスについては前述したので、他にいくつか例を挙げておこう。

まずフリードリヒ・W・K・ミュラーはドイツの東洋学者で、海幸・山幸、あるいは失われた釣針の神話伝承を、初めてインドネシア・スラウェシ（セレベス）島の似た話と比較した（第11章を参照）。その際彼は、チェンバレンの『古事記』とならびブラウンスの本を用いている。あまり知られていない、独学・在野で活躍したドイツ人学者、エドゥアルト・シュトゥッケンは1896年（明治29）から1907年にかけ、全5巻の『天体神話』を出版した。この比較神話研究において、彼はいわゆる「呪的逃走」モチーフ（第9章を参照）を調べ、

日本の類話も含めているが，その際やはりチェンバレンとブラウンスを主たる典拠として引いている。

　ブラウンスは，ドイツ語圏の外でも受容された。たとえば英国の人類学者アンドルー・ラングはその，今日まで親しまれている 12 巻の『色の童話集』(1889-1910 年) で，ブラウンスの集成から複数の日本昔話を採っている。

　ここから分かるのは，シーボルトやクラプロートの古い著作は，19 世紀後半にはしだいに，より新しく，より正確な日本神話の翻訳により置き換えられていったということである。さらに，日本昔話にもしだいに注意が向けられるようになっていったのである。

第 22 話　『古事記』にみられる作物起源神話

　また食物を大気都比売神に乞ひたまふ。尓して大気都比売，鼻・口と尻より，種々の味物を取り出だして，種々作り具へて進る時に，速須佐之男命，其の態を立ち伺ひて，穢汚して奉進ると為ひ，其の大宜津比売神を殺したまふ。故殺さえし神の身に生れる物は，頭に蚕生り，二つの目に稲種生り，二つの耳に粟生り，鼻に小豆生り，陰に麦生り，尻に大豆生る。故是に神産巣日御祖命，茲を取らしめて，種と成したまふ。

（また天上界を追われた須佐之男命は下界へ下って，大気都比売神に食べ物をお求めになった。そこで大気持都比売は，鼻・口と尻よりいろいろな美味のものを取り出して，幾種類もに調理して差し上げた時に，速須佐之男命はそのふるまいを密かに覗き見して，穢して進上すると思って，大宜津比売神を殺してしまわれた。すると殺された神の身体から物が生じた。頭には蚕が生じ，二つの目には稲の種が生じ，二つの耳には粟が生じ，鼻には小豆が生じ，陰部には麦が生じ，尻には大豆が生じた。そこで神産巣日御祖命がこれらをお取らせになって種となさった。）

出典：『古事記』（【1】中村訳注 2009:45，274-275）

　これは，殺された女神の身体の各部から様々な作物が発生した，という「死体化生型」と呼ばれるタイプの神話で，『日本書紀』にも類例がある。同様の神話は環太平洋から広く知られており（図 13），東インドネシア・セラム島のウェマーレ族から報告された物語のヒロインの名をとって「ハイヌヴェレ型」とも呼ばれている。

参考：Yamada, Hitoshi. 2014. Forager Prototype or High-Culture Influence for Hainuwele Myths? *In*: Shinoda, Chiwaki (éd.), *Route de la soie dans la mythologie*: 461-477. Chiba: Librairie Rakuro.

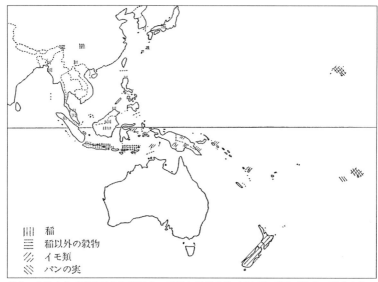

出典：大林太良「南島稲作起源伝承の系譜」渡部忠世／生田滋（編）『南島の稲作文化：与那国島を中心に』：160-190．法政大学出版局，1984年．

図13　死体化生型分布図

8.4　琉球の神話

　さて，琉球すなわち南西諸島にも独特な神話世界が広がっている。それらは主に，琉球王朝時代の17・18世紀にまとめられた『琉球神道記』（1605年〈慶長10〉），『おもろさうし』（1623年〈元和9〉），『中山世鑑』（1650年〈慶安3〉），『琉球国由来記』（1713年〈正徳3〉），『中山世譜』（1725年〈享保10〉），『球陽』・『遺老説伝』（1746年〈延享3〉）といったいわゆる「琉球王朝神話」と，近代になって口伝えの状態から記録された「民間神話」に分けられる（【16】山下 2003）。

　こうした琉球の神話・伝承の研究を本格的に始めたのは，伊波普猷という沖縄出身の学者である。彼は東京帝大に入ったものの，みずからの出身地にコンプレックスを抱き，一時はかなり深刻な「神経衰弱」に陥ったようだが，やがて柳田国男などの理解も得て，沖縄研究に邁進した。その記念碑的な著作が，ほぼ一世紀前に出た『古琉球』（1911年〈明治44〉）だ。この中には琉球神話の研究も含まれているが，テーマは多岐にわたっていて，彼は「沖縄学の父」とも呼ばれている。

　また，同じ柳田の郷土研究グループにいた人物として，ニコライ・ネフス

キーにもふれておきたい。彼はロシア人で言語学・民俗学を専攻し，アイヌや沖縄の神話・民話資料を原語表記とともに記録した。これらは今でもその重要性を失っていない。彼は日本人と変わらぬほど流暢に美しい日本語を話し，書き，日本人女性と結婚して子供も生まれたが，1929年（昭和4）ロシアに戻った。しかしスターリン体制下，反動的知識人として日本のスパイという無実の罪を着せられて，1937年（昭和12）45歳で銃殺されたという哀しい後日談もある。

第23話　琉球の「火の起源神話」

　次の話はいわゆる「民間神話」に属するもので，多良間島から現地の言葉で報告され，標準日本語訳とともに出版されている。発端は「マズムヌとぅ，人間（にんぎん）とぅ，友達うしー交わりー遊びーぬ時代ぬどぅあたりてぃ」というのだが，以下には日本語訳を掲げ，必要に応じて括弧に入れる形で現地語を示したい。

　おばけ（マズムヌ）と人間が友だちになり，話し合いをして遊んでいた時代があったそうです。そこで，人間の所へ，おばけが来る時は，ほら，火もないからお茶をわかすこともできない。食べ物もないはずね。それで，なまものばかりの生活だったらしいね。人間たちが，そのおばけの家へ行った時は，お茶も出され，また，いろいろな食物をやわらかく，ほら，焼いたらそうなるでしょう。そういうごちそうを，おばけは出していたので，人間は「おかしいな，どんなにして，お茶というのも出し，肉やいろいろなものをやわらかくして，ごちそうを出し，いつも茶請けをさせているんだろう。不思議なことだ。これは何か，やり方や道具があるにちがいない」と人間は考えてばかりいたらしい。

　ある日，人間はおばけが起きて，お茶をわかしたり，何も煮てない早い時間に，おばけの家へ行って，長い時間座っていて，人間の方から「どうして，今日はお茶もなく，やわらかいごちそうも出さないの」と言うと，「君たちが見ている間は，そのような料理も作れないし，お茶も沸かせないよ。しかし，君たちが来てしまってからは出さねばね」。人間は，バッタ（ガタ）と一緒におばけの家へ来ていたらしいので，おばけは「私の言うとおり，目を強く，何も見えないようにしばっておきなさい」と言ったので，人間は正直に，目をタオルで縛って全く見えなくし（目やしゃずにーまるきー，むりふしゃがりすー），バッタは，あの上にあるのを，私たちは目だと思っているが，あれでなく，その下にあるのが目だから，パチパチしているのさ。おばけも人間も，バッタが高い目を隠しているのに，も

う本当の目は隠されていると信じてしまったさ。バッタは本当の目で，おばけが火種を使っているのを，見てしまったさ。「ほほう，ああいうものか」と見ていて，帰って研究をしてね，火種というのは，おばけからバッタが習い，バッタから人間は習ったという話です。

出典：多良間村役場 1981『多良間村の民話』沖縄県多良間村：多良間村役場，175-176 頁。

つまり，昆虫が火の起こし方を盗み知って人間に教えたという伝承であるが，この類話は興味深い分布を示している。つまり，日本の南西諸島から東南アジア大陸部・島嶼部にかけて点々と知られているのである。たとえば中央セレベスのトラジャ族ではタムブーヤという昆虫が，目隠しをされながらも，「肩の下にあるもう一対の目」で，神々の火打石による発火法を盗み知った。同島の他のトラジャ族では，この昆虫はダリと呼ばれる一種のアブらしく，またシャムのタイ族にも，アブは天帝をあざむき，羽のつけ根にある目で火起こしの方法を知り，持ち帰ったという神話が知られている。昆虫の身体構造に対する先人の観察眼に驚かされる。

参考：Frazer, James George. 1930. *Myths of the Origin of Fire*. London: Macmillan. （フレイザー『火の起原の神話』ちくま学芸文庫，青江舜二郎訳，筑摩書房，2009 年）

8.5 アイヌの神話

琉球とともに独特な神話を有するアイヌ民族の口承文芸は，次の三ジャンルに分けられている。第一に，神謡（日高西部・胆振地方でカムイユカラ，その他多くの地方でオイナ）で，メノコユカラ，マッユカラ「女のユカラ」などと呼ぶ地方もあり，基本的に女性が語る。メロディをつけてうたわれる。主人公は様々なカムイたちである（サケ，フクロウ，オオカミなど）。第二は散文説話（日高・胆振地方でウエペケレ，旭川・十勝・釧路地方などでトゥイタク）で，カムイの散文説話，人間の散文説話，和人の散文説話，パナンペ・ペナンペ譚に四分類される。第三は英雄叙事詩（日高から西でユカラ，道東でサコロペ，樺太でハウキ）で，韻文で語られる（節をつけてメロディに乗せて歌われる）。主人公たちは一応人間だが，空を飛び宙を駆ける「超人」で，半人半神とされることもある（[18] 中川 1997）。

こうしたアイヌの口承文芸の本格的な記録・研究が始められたのは明治以降である。その先鞭をつけたのはヨーロッパの学者たちで，特筆すべきはイギリス人宣教師ジョン・バチェラーだった。彼は北海道の沙流地方を中心に，アイヌの言語・民俗に関するさまざまな資料を集めて公表した。たとえば「アイ

ヌ・フォークロアの実例」と題される論文（1888-92年）は，アイヌ語の文章を原文対訳（英訳）形式で発表した最も古い時期に属するものであり，英雄叙事詩・散文説話・神謡の実例がいくつも紹介されている。しかし中川裕（【18】1997：243）の評価によると「彼の著述の難点は，それが誰から聞いた話なのかを，きちんと書いておいてくれなかった点である。これは時代のせいではなく，彼がやはり本質的に学者ではなかったということにつきるだろう」。

そして比較研究という観点から見ると，『古事記』の英訳者でもあったチェンバレンはまた，アイヌ神話の比較研究にも功績があった。1887年（明治20），彼は日本とアイヌの言語，神話，地名の比較研究を発表し，「2つの神話体系の比較は，両言語間に存在するよりもさらにわずかしか関係がないことを呈示するように見える」と結論した。彼は両民族の神話は，日本神話は人間に関心があり，アイヌ神話は動物に関心が強いというように一般的傾向が著しく異なるにもかかわらず，いくつかのネガティヴな点における一致があるとして，洪水神話や世界終末論のないことを挙げている。大林（【4】1972：253-254）が述べたように，「日本の古典神話とアイヌ神話との組織的な比較としては，その後，このチェンバレンの試みに代るものが未だに現われていない——嘆かわしいことであるが——ことも，彼の研究が研究史上，いかに重要な位置を占めるものであるかを示している」。

さて，こうした先駆的な研究はあったが，アイヌ自身によって口頭伝承の研究がなされるようになったのは，大正時代に入るころからだった。その際に大きかったのは，やはり柳田国男の民俗学からの影響である。柳田が目指したのは，日本人がもとから持っていた信仰とか習俗を記録し，明らかにすることだった。これには，グリムに始まるヨーロッパの民俗学からの影響が強くある（第4章を参照）。

そして柳田の周囲にいた研究者たちが，こうした研究を始めていった。アイヌについて言及しておきたいのは，知里幸恵（ちりゆきえ）という女性である。彼女は北海道のアイヌの家庭に生まれ，15歳の時（1918年〈大正7〉），東京からアイヌ語の研究に北海道を訪れてきた岩手出身の言語学者・金田一京助（きんだいち）と出会った。金田一は当時，柳田国男の影響下でアイヌの研究を進めていた。知里幸恵は，自分たちアイヌの文化や言語の研究が立派に世の中のためになるのだと知り，それからノートにアイヌ語で記録を始めた。そして『アイヌ神謡集』をまとめたが，これが出版される直前，心臓麻痺のため19歳で死去した。

第24話 『アイヌ神謡集』所収「梟の神が自ら歌った謡コンクワ」から

　その（川ガラスの若者の）談判の大むねは，人間（アイヌ）の世界に饑饉があって人間たちは今にも餓死しようとしている。どういう訳かと見ると天国に鹿を司る神様と魚を司る神様とが相談をして鹿も出さず魚も出さぬことにしたからであったので，神様たちからどんなに言われても知らぬ顔をしているので人間たちは猟に山へ行っても鹿も無い，魚漁に川へ行っても魚も無い。私（梟の神）はそれを見て腹が立ったので鹿の神，魚の神へ使者をたてたのである。それから幾日もたって空の方に微かな音がきこえていたが誰かがはいって来た。見ると川ガラスの若者，今は前よりも美しさを増し勇ましい気品をそなえて返し談判を述べはじめた。天国の鹿の神や魚の神が今日まで鹿を出さず魚を出さなかった理由は，人間たちが鹿を捕る時に木で鹿の頭をたたき，皮を剥ぐと鹿の頭をそのまま山の木原に捨ておき，魚をとると腐れ木で魚の頭をたたいて殺すので，鹿どもは，裸で泣きながら鹿の神の許へ帰り，魚どもは腐れ木をくわえて魚の神の許へ帰る。鹿の神，魚の神は怒って相談をし，鹿を出さず魚を出さなかったのであった。がこののち人間たちが鹿でも魚でもていねいに取扱うという事なら鹿も出す魚も出すであろう，と鹿の神と魚の神が言ったという事を詳しく申し立てた。私はそれを聞いてから川ガラスの若者に讃辞を呈して，見ると本当に人間たちは鹿や魚を粗末に取扱ったのであった。それから，以後は，決してそんな事をしない様に人間たちに，眠りの時，夢の中に教えてやったら，人間たちも悪かったという事に気が付き，それからは幣の様に魚をとる道具を美しく作りそれで魚をとる。鹿をとったときは，鹿の頭もきれいに飾って祭る，それで魚たちは，よろこんで美しい御幣（ごへい）をくわえて魚の神のもとに行き，鹿たちはよろこんで新しく月代（さかやき）をして鹿の神のもとに立ち帰る。それを鹿の神や魚の神はよろこんで沢山，魚を出し，沢山，鹿を出した。人間たちは，今はもうなんの困る事もひもじい事もなく暮している，私はそれを見て安心をした。

出典：知里幸恵『アイヌ神謡集』（【20】知里編訳 1978:99-105）

　この話には，魚（主に鮭）や鹿にはそれらを司る神（主）がいるという観念，そして人間が正しいやり方でそれらを獲らないと，この主が怒ってしまう，という狩猟採集民に広く見られる「動物の主」観が表現されている。

参考：Yamada, Hitoshi. 2013. The "Master of Animals" Concept of the Ainu. *Cosmos: The Journal of the Traditional Cosmology Society*, 29: 127-140.

8.6 日本神話の比較研究

こうしたさまざまな先人の努力の上に立って，日本神話の比較研究は進められてきた。最近の傾向の一つとして，古代に成立した日本神話が中世にどう変容をとげたのか，といういわゆる「中世神話」の研究があげられる。たとえばイザナキとイザナミの結婚から最初に産まれた不具の子ヒルコは，中世になるとエビス神として祀られるようになってゆくのである。

さらにまた，日本神話の各国語訳も進められており，たとえば『古事記』1300周年の2012年に出されたドイツのクラウス・アントーニによるそれは，詳細をきわめた注釈も含め，非常に高い水準を示している。

本章の参考文献
【1】日本神話の主なテキスト・注釈書・現代語訳
青木和夫／石母田正／小林芳規／佐伯有清（校注）1982『古事記』（日本思想大系；1）岩波書店．
倉野憲司／武田祐吉（校注）1958『古事記　祝詞』（日本古典文学大系；1）岩波書店．
西宮一民（校注）1979『古事記』（新潮日本古典集成）新潮社．
山口佳紀／神野志隆光（校注・訳）1997『古事記』（新編日本古典文学全集；1）小学館．
中村啓信（訳注）2009『新版 古事記』（角川ソフィア文庫）角川書店．
本居宣長（撰）倉野憲司（校訂）1940-44『古事記伝』全4巻（岩波文庫）岩波書店．
西郷信綱 2005-06『古事記注釈』全8巻（ちくま学芸文庫）筑摩書房．
坂本太郎／家永三郎／井上光貞／大野晋（校注）1965-67『日本書紀』上下（日本古典文学大系；67・68）岩波書店．（岩波文庫版は全5巻，1994-95年）
小島憲之／直木孝次郎／西宮一民／蔵中進／毛利正守（校注・訳）1994-98『日本書紀』全3巻（新日本古典文学全集；2-4）小学館．
秋本吉郎（校注）1958『風土記』（日本古典文学大系；2）岩波書店．
植垣節也（校注・訳）1997『風土記』（新編日本古典文学全集；5）小学館．
中村啓信（監修・訳注）2015『風土記』上下（角川ソフィア文庫）KADOKAWA．
吉野裕（訳）2000『風土記』（平凡社ライブラリー；328）平凡社．
折口信夫 1975-76『口訳万葉集』上下（中公文庫 折口信夫全集；4・5）中央公論社．
澤瀉久孝 1957-77『万葉集注釈』全22巻，中央公論社．
西宮一民（校注）1985『古語拾遺』（岩波文庫）岩波書店．
青木紀元（監修）中村幸弘／遠藤和夫（著）2004『『古語拾遺』を読む』右文書院．
鎌田純一 1960『先代旧事本紀の研究　校本の部』吉川弘文館．
―――― 1962『先代旧事本紀の研究　研究の部』吉川弘文館．
【2】日本神話・伝説・昔話の主な翻訳・紹介
Chamberlain, Basil Hall. 1882. *"Kojiki" or "Records of Ancient Matters."* (Transactions of the Asiatic Society of Japan; Supplement to Vol. 10). Yokohama: Lane, Crawford.（参考：チェイムバリン，バゼル・ホール『和・漢・英三文対録　古事記神代巻』上・下，世界文庫，世界文庫刊行会，1928年。原書復刊は1981年 Tokyo: Tuttle Publishing）
Philippi, Donald L. 1968. *Kojiki*. Tokyo: University of Tokyo Press.
Heldt, Gustav. 2014. *The Kojiki: An Account of Ancient Matters*. New York: Columbia University Press.
Antoni, Klaus. 2012. *Kojiki. Aufzeichnung alter Gegebenheiten*. Berlin: Verlag der Weltreligionen im Insel Ver-

lag.
Aston, William George. 1896. *Nihongi: Chronicles of Japan from the Earliest Times to A. D. 697*. (Transactions and Proceedings of the Japan Society; Supplement 1). London: Kegan Paul, Trench, Trübner. (1972年 Tokyo: Tuttle Publishing 復刊。『日本書紀』の英訳)
Florenz, Karl. 1901. *Japanische Mythologie. Nihongi, "Zeitalter der Götter"*. (Supplement der Mittheilungen der Deutschen Gesellschaft für Natur- und Völkerkunde Ostasiens). Tokyo: Hobunsha. (『日本書紀』神代紀の独訳に、付録として『古事記』『先代旧事本紀』『風土記』の一部を抄訳したもの)
―――. 1919. *Die historischen Quellen der Shinto-Religion*. (Quellen der Religions-Geschichte; Bd. 7). Göttingen: Vandenhoeck & Ruprecht. (『古事記』『日本書紀』『古語拾遺』の独訳)
Brauns, David August. 1885. *Japanische Märchen und Sagen*. Leipzig: Verlag von Wilhelm Friedrich.
Ikeda, Hiroko. 1971. *A Type and Motif Index of Japanese Folk-Literature*. (FF Communications; No. 209 = Vol. 89,1). Helsinki: Suomalainen Tiedeakatemia.

【3】日本神話・伝説・昔話の概説・資料集成・事典
大林太良 1990『日本神話の起源』(徳間文庫) 徳間書店. (初版は1961年, 角川新書)
松村武雄 1954-58『日本神話の研究』全4巻, 培風館.
荒木博之／野村純一／福田晃／宮田登／渡辺昭五 (編) 1982-90『日本伝説大系』全16巻, みずうみ書房.
関敬吾ほか (編) 1978-80『日本昔話大成』全12巻, 角川書店.
稲田浩二／小沢俊夫 (編) 1977-98『日本昔話通観』全31巻, 京都：同朋舎.
大林太良／吉田敦彦 (監修) 1997『日本神話事典』大和書房.
稲田浩二／大島建彦／川端豊彦／福田晃／三原幸久 (編) 1977『日本昔話事典』弘文堂.

【4】日本神話の研究史
大林太良 1972「一九世紀ヨーロッパ学者の日本神話研究」『一橋論叢』68(3):248-264.
―――　1973『日本神話の起源』(角川選書；63) 角川書店.(「神話学における日本」「日本神話の研究史」を含む)
山田仁史 2012「環太平洋の日本神話：一三〇年の研究史」丸山顕徳 (編)『古事記：環太平洋の日本神話』(アジア遊学；158):6-24. 勉誠出版.

【5】イエズス会宣教師による日本神話・宗教研究
松田毅一／ヨリッセン 1983『フロイスの日本覚書：日本とヨーロッパの風習の違い』(中公新書；707) 中央公論社.
Schurhammer, Georg. 1923. *Shin-tō: Der Weg der Götter in Japan*. Bonn: Kurt Schroeder. (シュールハンマー, ゲオルク『イエズス会宣教師が見た日本の神々』安田一郎訳, 青土社, 2007年)

【6】近世・近代ヨーロッパにおける日本情報
富田仁 (編) 1992『事典 外国人の見た日本』日外アソシエーツ.
新堀通也 (編) 1986『知日家の誕生』東信堂.
中埜芳之 2005『ドイツ人がみた日本：ドイツ人の日本観形成に関する史的研究』三修社.
法政大学国際日本学研究所 (編) 2006『ドイツ語圏における日本研究の現状』法政大学日本学研究センター.
松井洋子 2010『ケンペルとシーボルト：「鎖国」日本を語った異国人たち』(日本史リブレット；62) 山川出版社.
楠家重敏 1997『日本アジア協会の研究：ジャパノロジーことはじめ』日本図書刊行会.
―――　1998『イギリス人ジャパノロジストの肖像：サトウ, アストン, チェンバレン』日本図書刊行会.

【7】ケンペルとその著作
クライナー, ヨーゼフ (編) 1996『ケンペルのみた日本』(NHKブックス；762) 日本放送出版協会.
ボダルト=ベイリー, ベアトリス・M 2009『ケンペル：礼節の国に来たりて』(ミネルヴァ日本評伝選) 京都：ミネルヴァ書房.
Kaempfer, Engelbert. 1777-79. *Geschichte und Beschreibung von Japan*, 2 Bde. Lemgo: Verlag der Meyerschen Buchhandlung. (1964年 Stuttgart: F. A. Brockhaus 復刊. 邦訳はケンペル, エンゲルベルト『日本誌：日本の歴史と紀行』改訂増補新版, 全7巻, 古典叢書1-7, 今井正編訳, 霞ヶ関出版, 2001年)

【8】シーボルトとその著作およびその周辺

クライナー, ヨーゼフ（編）1998『黄昏のトクガワ・ジャパン： シーボルト父子の見た日本』（NHKブックス；842）日本放送出版協会.
日独文化協会（編）1938『シーボルト研究』岩波書店.
岩生成一／緒方富雄／大久保利謙／斎藤信／箭内健次（監修）1977『シーボルト「日本」の研究と解説』講談社.
石山禎一 1997『シーボルトの日本研究』吉川弘文館.
石山禎一／沓沢宣賢／宮坂正英／向井晃（編）2003『新・シーボルト研究』全2巻, 八坂書房.
国立歴史民俗博物館（監修）2016『よみがえれ！ シーボルトの日本博物館』京都：青幻舎.
宮崎克則 2004「シーボルト『NIPPON』の書誌学的研究：『NIPPON』の透かしと配本状況」『九州大学総合研究博物館研究報告』2：1-32.
―――― 2005「復元：シーボルト『NIPPON』の配本」『九州大学総合研究博物館研究報告』3：23-105.
石山禎一／宮崎克則 2012「シーボルトの生涯とその業績関係年表Ⅱ（1833-1855年）」『西南学院大学国際文化論集』26(2)：195-408.
Siebold, Philipp Franz. 1832-51. *Nippon. Archiv zur Beschreibung von Japan.* Leyden: Bei dem Verfasser. (1975年, 全6巻にて Tokyo: Kodansha より復刊. 邦訳はシーボルト『日本』全9巻, 中井晶夫ほか訳, 雄松堂書店, 1977-79年)
Mima, Zunzoo. 1936. *Oudeste Geschiedenis, Mythologie, van het Japansche Rijk en Levensbeschrijving van den ersten Mikado.*（施福多先生文献聚影；第2冊）シーボルト文献研究室.（翻刻・抄訳はシーボルト文献研究室『施福多先生文献聚影 解説』：29-41, 42-50, シーボルト文献研究室, 1936年）
【9】ティチングの著作とクラプロートおよびその典拠
Titsingh, Isaac. 1834. *Nipon o daï itsi ran, ou annales des empereurs du Japon.* Accompagné de notes, et précédé d'un aperçu de l'histoire mythologique du Japon, par Julius Klaproth. Paris: Printed for the Oriental Translation Fund of Great Britain and Ireland.
Screech, Timon. 2006. *Secret Memoirs of the Shoguns: Isaac Titsingh and Japan, 1779-1822.* London: Routledge.
高田時雄 1996「クラプロート」高田時雄（編）『東洋学の系譜 欧米篇』：23-35. 大修館書店.
Walravens, Hartmut. 1999. *Julius Klaproth (1783-1835). Leben und Werk.* (Orientalistik Bibliographien und Dokumentationen; Bd. 3). Wiesbaden: Harrassowitz Verlag.
――――. 1999. *Julius Klaproth (1783-1835). Briefe und Dokumente.* (Orientalistik Bibliographien und Dokumentationen; Bd. 4). Wiesbaden: Harrassowitz Verlag.
――――. 2002. *Julius Klaproth (1783-1835). Briefwechsel mit Gelehrten.* (Orientalistik Bibliographien und Dokumentationen; Bd. 18). Wiesbaden: Harrassowitz Verlag.
――――. 2006. Julius Klaproth: His Life and Works with Special Emphasis on Japan. *Japonica Humboldtiana*, 10: 177-191.
徳川光圀（修）徳川綱条（校）徳川治保（重校）1928-29『大日本史』全17冊, 大日本雄弁会.（神話関連は第9冊所収の巻244「志第一」に含まれる）
【10】初期における日本神話の比較研究
Tylor, Edward Burnett. 1877. Remarks on Japanese mythology. *Journal of the Anthropological Institute of Great Britain and Ireland*, 6: 55-60.
Müller, Friedrich W. K. 1893. Eine Mythe der Kêi-Insulaner und Verwandtes. *Zeitschrift für Ethnologie*, 25: 533-537.
Stucken, Eduard. 1896-1907. *Astralmythen. Religionsgeschichtliche Untersuchungen*, 5 Teile. Leipzig: Verlag von Eduard Pfeiffer.
Frobenius, Leo. 1904. *Das Zeitalter des Sonnengottes.* Berlin: Georg Reimer.
【11】サトウとその神道論
アレン, バーナード・メリディス 1999『アーネスト・サトウ伝』（東洋文庫；648）庄田元男（訳）平凡社.
横浜開港資料館（編）2001『図説アーネスト・サトウ：幕末維新のイギリス外交官』横浜：有隣堂.
ラックストン, イアン・C 2003『アーネスト・サトウの生涯：その日記と手紙より』（東西交流叢書；10）長岡

祥三/関口英男（訳）雄松堂.
サトウ, アーネスト 2006『アーネスト・サトウ 神道論』（東洋文庫；756）庄田元男（編訳）平凡社.
Satow, Ernest Mason. 1878. The Mythology and Religious Worship of the Ancient Japanese. *The Westminster Review*, 54: 27-57. (サトウ, アーネスト「古代日本の神話と宗教の祭祀」庄田元男編訳『アーネスト・サトウ 神道論』東洋文庫 756:167-229, 平凡社, 2006 年)

【12】アストンとその主著
楠家重敏 2005『W・G・アストン：日本と朝鮮を結ぶ学者外交官』（東西交流叢書；11）雄松堂.
Aston, William George. 1905. *Shinto, the Way of the Gods*. London: Longmans Green, 1905.（邦訳はアストン『神道』新装版, 安田一郎訳, 青土社, 1991 年）

【13】チェンバレンとその神話関連主著
楠家重敏 1986『ネズミはまだ生きている：チェンバレンの伝記』（東西交流叢書；2）雄松堂.
太田雄三 1990『B・H・チェンバレン：日欧間の往復運動に生きた世界人』（シリーズ民間日本学者；24）リブロポート.
山口栄鉄 1976『王堂チェンバレン：その琉球研究の記録』那覇：琉球文化社.
平川祐弘 1987『破られた友情：ハーンとチェンバレンの日本理解』新潮社.
Chamberlain, Basil Hall. 1887. *The Language, Mythology, and Geographical Nomenclature of Japan viewed in the Light of Aino Studies*. (Memoirs of the Literature College, Imperial University of Japan; No. 1). Tokyo: The Imperial University.
―――. 1888. *Aino Folk-Tales*. (Folk-Lore Society, Publications; No. 22). London: The Folk-Lore Society.
―――. 1891. *Things Japanese, being Notes on Various Subjects connected with Japan*. 2nd ed., revised and enlarged. London: Kegan Paul, Trench, Trübner & Co. （チェンバレン『日本事物誌』全 2 冊, 東洋文庫 131・147, 高梨健吉訳, 平凡社, 1969 年）
―――. 1895. *Essay in Aid of a Grammar and Dictionary of the Luchuan Language*. (Transactions of the Asiatic society of Japan, Supplement to Vol. 23). Yokohama: Kelly & Walsh. （邦訳は『琉球語の文法と辞典：日琉語比較の試み』山口栄鉄編訳・解説, 那覇：琉球新報社, 2005 年）

【14】フローレンツとその主著
佐藤マサ子 1995『カール・フローレンツの日本研究』東京：春秋社.
Florenz, Karl. 1903-06. *Geschichte der japanischen Literatur*. (Die Literaturen des Ostens in Einzeldarstellungen; 10. Bd.). Leipzig: C. F. Amelangs Verlag.（邦訳は『日本文学史』土方定一/篠田太郎訳, 楽浪書院, 1936 年）

【15】柳田民俗学の成立におけるヨーロッパからの，および琉球・アイヌ研究への影響
野村純一/三浦佑之/宮田登/吉川祐子（編）1998『柳田国男事典』勉誠出版.
高木昌史（編）2006『柳田国男とヨーロッパ：口承文芸の東西』三交社.
外間守善/藤本英夫 1978『伊波普猷・金田一京助』（日本民俗文化大系；12）講談社.

【16】琉球の神話とその資料
大林太良 1972「琉球神話と周囲諸民族神話との比較」日本民族学会（編）『沖縄の民族学的研究：民俗社会と世界像』：303-419. 民族学振興会.
比嘉春潮 1958「沖縄」大間知篤三/岡正雄/桜田勝徳/関敬吾/最上孝敬（編）『地方別調査研究』（日本民俗学大系；13）：4-15. 平凡社.
山下欣一 2003『南島民間神話の研究』第一書房.

【17】伊波普猷とその主著
金城正篤/高良倉吉 1972『伊波普猷：沖縄史像とその思想』（人と歴史シリーズ；39）清水書院.
伊波普猷 2000『古琉球』（岩波文庫）外間守善（校訂）岩波書店.
―――― 1973『をなり神の島』全 2 巻（東洋文庫；227・232）平凡社.

【18】アイヌの神話・伝承
中川裕 1997『アイヌの物語世界』（平凡社ライブラリー；932）平凡社.
荻原眞子 1996『北方諸民族の世界観：アイヌとアムール・サハリン地域の神話・伝承』草風館.
大林太良 1991『北方の民族と文化』山川出版社.

―――― 1997『北の人 文化と宗教』（Academic Series NEW ASIA; 24）第一書房.
Dettmer, Hans A. 1994. Die Mythologie der Ainu. *In*: Schmalzriedt, Egidius & Hans Wilhelm Haussig (Hrsg.), *Götter und Mythen Ostasiens*. (Wörterbuch der Mythologie; Bd. 6): 178-210. Stuttgart: Klett-Cotta.
【19】バチェラーとそのアイヌ研究
バチラー，ジョン 2008『我が記憶をたどりて：ジョン・バチラー自叙伝』（北方新書；9）村崎恭子（校訂）札幌：北海道出版企画センター.
Batchelor, John. 1888-92. Specimens of Ainu Folk-lore. *Transactions of the Asiatic Society of Japan*, 16: 111-150, 18: 25-86, 20: 216-227.
―――― . 1901. *The Ainu and Their Folk-Lore*. London: The Religious Tract Society.（バチェラー，ジョン『アイヌの伝承と民俗』安田一郎訳，青土社，1995年）
―――― . 1927. *Ainu Life and Lore: Echoes of a Departing Race*. Tokyo: Kyobunkwan.（バチェラー，ジョン『アイヌの暮らしと伝承：よみがえる木霊』小松哲郎訳，札幌：北海道出版企画センター，1999年）
【20】知里幸恵と彼女を取り巻く人々
藤本英夫 2002『知里幸恵：十七歳のウエペケレ』草風館.
知里幸恵（編訳）1978『アイヌ神謡集』（岩波文庫）岩波書店.
切替英雄 2003『アイヌ神謡集辞典』大学書林.
北道邦彦 2003『注解アイヌ神謡集』札幌：北海道出版企画センター.
片山龍峯 2003『「アイヌ神謡集」を読みとく』改訂版，草風館.
中本ムツ子（うた）2003『「アイヌ神謡集」をうたう』改訂版，武蔵野：片山言語文化研究所.（CD 3枚）
北海道文学館（編）2003『知里幸恵「アイヌ神謡集」への道』東京書籍.
知里森舎（編）2004『知里幸恵書誌』登別：知里森舎.
藤本英夫 1994『知里真志保の生涯：アイヌ学復権の闘い』草風館.
北海道大学大学院文学研究科北方研究教育センター（編）2010『知里真志保：人と学問』札幌：北海道大学出版会.
知里真志保書誌刊行会（編）2003『知里真志保書誌』札幌：サッポロ堂書店.
【21】アイヌ神話のその他の基本資料およびアイヌ語の現状
金田一京助 1992-93『金田一京助全集』全15巻，三省堂.
久保寺逸彦 1977『アイヌ叙事詩 神謡・聖伝の研究』岩波書店.
佐藤知己 2009「アイヌの人々とアイヌ語の今」『月刊言語』38(7):16-23.
【22】ネフスキーとその主著
加藤九祚 2011『完本 天の蛇：ニコライ・ネフスキーの生涯』河出書房新社.
生田美智子（編）2003『資料が語るネフスキー』箕面：大阪外国語大学.
ネフスキー，ニコライ 1971『月と不死』（東洋文庫；185）平凡社.
―――― 1991『アイヌ・フォークロア』エリ・グロムコフスカヤ（編）魚井一由（訳）札幌：北海道出版企画センター.
―――― 1998『宮古のフォークロア』リヂア・グロムコフスカヤ（編）狩俣繁久／渡久山由紀子／高江洲頼子／玉城政美／濱川真砂／支倉隆子（訳）砂子屋書房.
【23】いわゆる中世神話
山本ひろ子 1998『中世神話』（岩波新書 新赤版；593）岩波書店.
斎藤英喜 2006『読み替えられた日本神話』（講談社現代新書；1871）講談社.
伊藤聡（編）2011『中世神話と神祇・神道世界』（中世文学と隣接諸学；3）竹林舎.

第9章
新大陸との再会
―― マヤ・アステカ・インカ

(『ポポル・ヴフ』挿画より)

　第3章で見たように，ヨーロッパの知識人は15世紀末から17世紀初めにかけ，すでに新大陸アメリカと「出会い」，その地の神話についてもある程度の知識を有していた。しかし，とりわけ中南米に栄えた文明世界の神話に触れ，本格的な研究を始めたのは19世紀後半になってからである。その「再会」はどんなものだったのか。まずメソアメリカとアンデス地域の文明と神話について概観した後，具体的な様相をさぐってみよう。

9.1　メソアメリカの神話

　ユカタン半島を含むメキシコのほぼ東半分，およびグアテマラ，ベリーズを中心とするメソアメリカには，紀元前からスペインにより征服されるまで，オルメカ，マヤ，テオティワカン，トルテカ，アステカといった特徴ある諸文明が栄えたが，生活様式や神話，世界観などには共通する要素も少なくない。

　そのうちマヤの神話は，マヤ諸語の一つであるキチェ語により，スペインによる征服後まもない時期に書かれた『ポポル・ヴフ（ウーフ）』を通して，かなり詳細に知ることができる。

　『ポポル・ヴフ』は四つの部分から成る。第一部ではまず宇宙と人類の形成が語られた後，双生児と巨人との闘いが描かれる。第二部はこの双生児の父と叔父にあたる兄弟が，地下の神々に敗れるところから始まり，双子による報復が述べられる。このドラマチックな描写は，この書をマヤの『古事記』と呼ばせるにふさわしい一大叙事詩となっている。第三部は第一部をうけて祖先たちの誕生と太陽の出現，作物や火の起源を述べ，おしまいの第四部は首長たちの系譜や戦争をあつかっている。

　創世神の役割を果たすのはテペウとグクマッツという神だが，グクマッツは羽根をつけた蛇の姿をしていたとされ，マヤのククルカン神やアステカのケツァルコアトル神に相当する。はじめ，万物は水の下にあり，その水の上をテ

ペウとグクマッツが飛びまわっていた。彼らは「大地よ」と言った。すると即座に大地ができあがった。山谷が水中から出現し、グクマッツは喜んで「天の心」である三体のカクルハーに賛辞を述べた。

　人類は、初め泥土から造られた。しかしそれは柔らかくてすぐ崩れてしまい、口をきくことはできたが知能が足りず、水の中に入れると溶けてしまう。そこで創造主たちはこの最初の人間を壊してしまった。第二の人類は一対の男女で、木から造られた。彼らは殖えていったが、魂や知恵が欠けていた。「天の心」は洪水で彼らを滅ぼし、猿に変えてしまった。三番目の人類は、トウモロコシから造られたが、それは四人の男たちと、その妻となる四人の女たちだった。こうしてはじめて完全な人間ができあがったのである。ここでは破壊というモチーフは希薄になっているが、世界が何度も創造と破壊を繰り返され、現世もまた滅びるという観念は、マヤ人にもアステカにもみられ、メソアメリカに広く知られるものである。

第25話　『ポポル・ヴフ（ウーフ）』の冒頭場面

　ここには、すべてが静かに垂れ下がり、すべてが動くこともなく平穏にうちしずみ、空がただうつろにひろがっていた模様が語られる。
　これはその最初の話、最初の物語である。人間はまだ一人もいなかった。獣も、鳥も、魚も、蟹もいなかった。木も、石も、洞穴も、谷間も、草や森もなく、ただ空だけがあった。地の表もさだかに見わけられなかった。ただ静かな海と限りなくひろがる空だけがあった。寄り集まって物音をたてるようなものは何もなかった。空には動くものも、ゆれるものも、また騒ぎたてるものもなかった。立っているものは何もなかった。ただ水が淀み、海が安らかに静まりかえっていた。生を享（う）けたものは何もなかった。暗闇のなか、夜のなかに、ただ不動と静寂があるのみであった。

　こうした太古の世界の中、創造主（ツァコル）と形成主（ビトル）であるテペウとグクマッツだけが緑と青藍の羽根につつまれて、水のなかに光り輝いていた。彼らは偉大な知恵者で哲人の資質を具えていた。両者は暗闇のなか、夜のなかで語りあい、話しあった。「暁とともに人間が現れ出なければならない」と明らかになると、樹木と葦草の創造と育成、生命の誕生、人間の創造について、取決めがなされた。こうして暗闇のなか、夜のなかで、「天の心」は手筈をととのえた。天の心とは、カクルハー・フラカン、チピ・カクルハー、ラサ・カクルハーとよれる三体である。

> 次にテペウとグクマッツが集まり来たって，生命と光について語りあい，どうしたら明るくなり，朝が来るだろうか，だれが食べものや糧(かて)を造り出すだろうかについて語りあった。
> 「かくあれ！」「空間は満たされよ！」「この水よ，去れ！」「大地よ，現われ出て，固まれ！」「明るくなれ！」「天と地に黎明よ，来たれ！」と叫び，さらに，「人類が生まれ出てくるまで，われらのこの創成には栄光も偉大さもないだろう」と，二人は言った。
> やがて大地が，彼らによって造られた。
> 「大地！」と，二人が叫ぶと，大地はたちまちのうちに出来上がった。大地の形成は，実際，こんなふうにおこなわれたのである。
>
> 出典:『ポポル・ヴフ』(【3】レシーノス原訳 2016:86-88)。一部省略し，改行箇所を一部改変。
>
> ここに見えるテペウとグクマッツはアロムとクァホロムとも称され，それぞれ大いなる母と父と言われる。全体として，聖書の創世神話からの影響がみられるという指摘もある。

さてナワトル語を話すアステカ人は，もともとアストランという土地に住んでいたという伝説を持つ，メキシコ北方の狩猟採集民だった。彼らは14世紀末，現在のメキシコ市に進出し，湖の中の無人島上にテノチティトランという首都を築いて，それまでメキシコ中央高地を占めていたトルテカ人を征服，しだいに周囲に勢力を広げていった。移動の途中で神からメシーカという民族名を与えられ，これが現在のメキシコという国名のもとになっている。

アステカ人はトルテカ人を洗練された文明人とみなし，その文化を採り入れることに努めた。彼らは，被征服民の神々を崇拝さえしたのである。アステカの神々(パンテオン)の中で最も有名なケツァルコアトルも，そうしたトルテカ起源の神だとされる。「羽をつけた蛇」という意味を持つこの神は，創造神にして農業と文化の保護者，風の神でもある。彼にはテスカトリポカ(「喫煙する鏡」)という大敵がおり，こちらは破壊と戦争を好む夜の神である。ある伝承によれば，テスカトリポカは最初の世界における最初の太陽であった。しかしケツァルコアトルによって天から叩き落とされ，世の中は真っ暗になったことがある。

ある時，テスカトリポカの奸計により追われたケツァルコアトルは，「一の葦」の年に戻ると言い残し，東の海に船出したという。アステカの暦は20日から成る月が18と，残る5日で一年が構成され，それぞれの年には52の異なる名がつけられていた。このため52年たつと最初の年名に戻り，世界は更新

される。それが「一の葦」の年であった。1519年，スペインのエルナン・コルテス率いる遠征隊がテノチティトランに現れたが，この時アステカ帝国最後の王モンテスマは，ケツァルコアトルが帰還したと思った，という説がある。この年はちょうど「一の葦」の年にあたる上，ケツァルコアトルは色白で髭をはやした姿と想像されていたからである。こうして征服者(コンキスタドール)は受け容れられ，帝国は滅んだ。

第26話　アステカの世界巨人神話

　以下は宣教師アンドレス・デ・オルモスが書いた『メキシコの歴史』に見える世界巨人神話。原典のスペイン語版は失われ，現存するのはフランス語訳のみである。

　ツァルコアトル（ケツァルコアトル）とテスカトリポカの二神は大地の女神アトラルテウトリ（トラルテクトリ）を天界から下界へ連れてきた。トラルテクトリはあらゆる関節に目と口を持ち，それで野獣のように咬み殺していた。さて二神が下界に来る前に，すでにそこには水があったが，誰がそれを創造したのかは分からない。その女神はこの水上を動いているのだった。二神はそれを見て互いに言い合った，「大地を創らねばなるまい」。そう言いながら二神は大蛇に変身し，その一頭は右手・左足に，もう一頭は左手・右足に女神を摑み，ねじり上げて真二つに引き裂いた。そして両肩の方の半身から大地を創り，もう片方の半身は天へ持ち去った。この所業に他の神々は大いに立腹した。それで二神が大地の女神になした損害を償うため，あらゆる神々が慰めに降りて来て，人間の生に必要なすべての食物を，彼女から生じさせるよう命じた。そのため，彼女の髪からは木と花と草を，その肌からは細かな草々や小さい花々を，両眼からは井泉や小洞穴を，口からは川や大洞窟を，鼻からは渓岳を，両肩からは山々を造った。そしてこの女神はときどき夜になると泣いて人間の心臓を求め，それを与えられるまでは静まろうとしなかった。そして人間の血を注がれないかぎり実りをもたらそうともしなかったのである。

出典：『メキシコの歴史』（【2】de Jonghe éd. 1905:28-29)。ドイツ語訳および注釈も参照（【1】Krickeberg 1991:8-9, 284-285)。日本語での大まかな紹介もある（【1】タウベ 1996:61-62, Miller & Taube 1993 訳:241)。

　大地女神の身体のさまざまな部分から天地・山岳・河川・草木などいろいろな物が創造された，という神話。「世界巨人」神話（第5章を参照）の一種だが，こ

> れが豊穣のための人身供犠の起源神話ともなっているところが興味深い。

9.2 メソアメリカの神話資料

　こうしたメソアメリカの神話は，およそ三種類の資料から知ることができる。それらは（1）スペイン人征服以前の考古学的資料，（2）征服以前から書かれ征服後もしばらく書き続けられた絵文書（コデックス），そして（3）征服以後の文献資料である（【1】八杉 2012）。

　このうち第三群の資料としては，アステカの故老や多くの現地民から聞き書きをし，ナワトル語とスペイン語の両方でまとめられた，フランシスコ会士サアグンの『ヌエバ・エスパーニャ綜覧』やマヤの知識人によりキチェ語で書かれた『ポポル・ヴフ』などが最も重要である。しかしこれらは，第二群の資料とともに長らく陽の目を見ることはなかった。スペイン当局や宣教師たちが現地民の反乱を恐れ，あるいは異教撲滅の意図から焼いたり隠したりしたからである。たとえばサアグンの著作は1579年に発禁とされ，再発見されたのはようやく1779年のことであり，スペイン語訳が出たのは1829から30年にかけてであった。

　『ポポル・ヴフ』はさらに数奇な運命をたどった。キチェ族がスペイン人に征服されたのは1524年。その後スペイン語の読み書きを教わったキチェ人が，アルファベットを用いてキチェ語で『ポポル・ヴフ』を記したのは1554〜58年頃と見られる。ところが，その存在が世に知られたのは1702年頃で，グアテマラに赴任していたドミニコ会のヒメネス神父が偶然これを見つけて筆写し，スペイン語訳を付けたのが始まりである。原本は再び行方不明となり，ヒメネス神父の写本も長いこと世間に出ることはなかったが，1855年にグアテマラを訪れたフランス人ブラッスール・ド・ブールブール神父がこれを再発見し，キチェ語の原文とフランス語訳の対訳版を1861年に出版した。この版はすぐに話題となり，長いこと読み継がれるようになった。

　しかし『ポポル・ヴフ』の紆余曲折は続く。ヒメネス神父による写本もまた，その後所在が分からなくなり，グアテマラの駐スペイン大使をしていたレシーノスが，シカゴのニューベリー図書館で再発見したのは1941年のことだった。広く普及したのは彼によるスペイン語訳であり，日本語に訳されているのはその重訳である。今なおグアテマラに暮らすキチェ族の言葉には，『ポポル・ヴ

フ』に通じる要素が含まれているが、いまだキチェ語からの直接の邦訳はない。今後の世代に期待したい。

さて、第二群および第一群の資料の研究は19世紀後半から盛んになった。「古アメリカ学の父」と呼ばれるドイツのゼーラー、その後アメリカでは博学だった考古学者のウィリーなどが研究の基礎を築いた。ウィリーの弟子として、マヤ研究の概説を多く出しているマイケル・コウ、その弟子でメソアメリカ神話のすぐれた入門・概説書を出したカール・タウベなどがいる。マヤ文字の解読も20世紀に大きく進められたが、まだまだ今後にまつものは多い段階である。

9.3 インカ帝国とその神話資料

15世紀末、ペルーを中心としエクアドルからチリにおよぶアンデス地帯に建設されたインカ帝国は、1533年フランシスコ・ピサロの率いるスペイン人によって滅ぼされるまでの間、太陽の神殿祭祀を中心とする国家宗教とインカ人の言語ケチュア語により、諸民族をインカ国民としてまとめ上げることに努めた。この過程で、アステカの場合と同じく、各地の伝統が融合されたり修正されたりした。

インカの創造神であり、文化英雄でもあるビラコチャ（またはコン・チキ・ビラコチャ）も、もとはクスコ地域で古くから信仰されていた神のようである。彼はチチカカ湖の底から現れ、太陽と月、星たちを創りだし、それらの軌道を定めた。それからたくさんの彫像を創ってそれらに生気を吹き込み、人間を創造した。教えに従わない人間を石にしたり、火の雨で懲罰もした。その後、ビラコチャは海岸におもむき、外套を舟のかわりに海にうかべて西方に去ったと言われている。ビラコチャはさまざまな点で、メキシコのケツァルコアトルに似ている。ビラコチャは髭をはやした色白の老人として想像されていたため、1532年にスペイン人が上陸した時、インカの人々は彼らをビラコチャとまちがえたといわれ、今でも白人はビラコチャと呼ばれることがある。

太陽神インティは帝国の祖先とされ、神殿において司祭と太陽処女（アクリャ）と呼ばれる女性たちによって祀られていた。帝国内の各地から集められたアクリャたちは、ママクーナと呼ばれる女性の監督のもとで、太陽の妻として食物や衣服やチチャと呼ばれるトウモロコシ酒を造った。インカの皇帝や貴族と結婚する者もいたが、場合によっては犠牲として殺されることもあった。太陽のほかには、雷神イヤパと月神ママキーヤが重要な神格として信仰された。ママ

キーヤは女神であり，太陽の妻である。

　インカ社会は農耕に基礎をおいていたので，作物や大地の神々の方が，民衆にとっては親しみ深いものだった。地母神パチャママやトウモロコシの母サラママがよく知られている。これらの神々にはトウモロコシ酒が捧げられたほか，農耕儀礼においてはリャマを屠殺してその血をトウモロコシ畑にまき散らし，参加者の顔に塗ることも行なわれた。

　こうした地母神の信仰とともに，スペインによる征服後も強固に残ったものとして，ワカの観念が挙げられる。ワカというのは，神秘的な力をもつ物，その表象物，神聖な場所などを意味する，非常に広い概念である。泉や石，丘，洞窟，木の根，採石場，防塞，橋，宮殿，牢獄，家屋，集会場，古戦場，石による境界，庭園などの中にもワカとされるものがある。旅人が路傍に石を重ねることで作られるアパチェタと呼ばれる石積もワカと見なされる。クスコとその周辺には何百ないし何千ものワカがあったという記録もある。

　こうしたワカと並んで，屋敷神ともいうべきものがコノパであった。コノパは家族の守護神であって，成員を病気から守ったり，作物の豊作をもたらしてくれると信じられていた。その神体は変わった形とか色をした石，リャマとかトウモロコシをかたどった彫像や鋳像であり，壁のくぼみに祭られて代々受け継がれた。

　このように，インカの神格・宗教の中には，一般民衆の信じる神々や超自然的力の長い伝統と，皇帝・貴族や司祭たちの定めた国家的神格とが共存していた。それは地方的な信仰や儀礼を源流にもつ小伝統と，公的に体系化された大伝統と呼ぶこともできる。そして，帝国の消滅後も根強く残ることになったのは，主として前者の側であった。

　さて，こうしたインカ神話の資料もメソアメリカと似たように分類できそうだが，一つ大きな違いとして，インカには文字がなく，メソアメリカの第二群にあたる絵文字文書や碑文などがない，ということがある。アステカのサアグンにあたるのは，ペルーではサルミエント・デ・ガンボアだとも言われる（【1】Krickeberg 1991:270）。彼が1572年に書いた『インカ史』は，現存するうち最早期に書かれた，最も詳しい神話記述の一つである。他に，スペイン人兵士シエサ・デ・レオンの『ペルー記』，ベタンソスの『インカ帝国史総説』などが，神話も含めインカ帝国の往時を記した資料として貴重なものだ。

　ほかにペルー中央高地のワロチリ地方に住む諸民族の神話について，17世

紀初めにケチュア語で書かれた『ワロチリ文書』というきわめて重要な文献がある。しかしこれがマドリッドで再発見されたのは1930年代，ボン大学に古アメリカ学を開設したトリムボルンによってである。

そしてアンデスでも考古資料が増加したのは19世紀後半以降のことであり，ペルー考古学の父と呼ばれるマックス・ウーレや，その後はメソアメリカでも活躍したウィリーの果たした役割が大きかった。また短期間だがウィリーのもとで受講した東京大学の泉靖一が，1958年にアンデス調査団を組織して以降，日本人によるアンデス研究も着実な成果をあげている（【9】西野／鶴見編 2015:20）。

9.4　ネイティヴ・アメリカンのロマンと調査

1776年アメリカ合衆国が独立宣言を出した頃から，ヨーロッパからの移民も増え，また本格的な学術調査も進められて，南北ネイティヴ・アメリカンの信仰生活も明らかになってゆく。たとえばイギリス人の毛皮商人，ジョン・ロングは1791年に出版した著書において，五大湖周辺に住むオジブワ族の語として「トータム」を初めて報告し，これがトーテミズムの語源となった。

そして19世紀に入ると，アメリカ大陸の詳しい情報が出版されてゆく。まず1832年から34年にかけ，ドイツの都市コブレンツ近くの貴族，マクシミリアン・ツー・ヴィートが北米探検を行い，その記録を随行したスイス人画家ボートマーによる詳細な図版付きで出版した。その刊行と同じ1839年には，アメリカの地理学者・地質学者・民族学者のスクールクラフトが，オジブワ族などの神話を本として出した。しかし内容には著者による再構成などが見られる。これに触発された詩人ロングフェローは，ロマン主義や『カレワラ』などの影響も受けつつ『ハイアワサの歌』という叙事詩を出し，大きな反響をまきおこした。

しかし真に科学的な神話調査がなされるには，19世紀末を待たねばならなかった。1895年に出た，アメリカ人類学の父フランツ・ボアズによる『アメリカ北太平洋岸のインディアン諸伝説』がその記念碑的著作であり，こののち原語と英訳による精密な神話集が続々と発表されてゆく。南アメリカでもエーレンライヒ，プロイス，コッホ＝グリューンベルクといった民族学者たちが神話の忠実なテキストを刊行し，その後の研究の基礎を築いた。

これらの成果は，二つの意味で画期的なものだった。第一に，神話を原語と翻訳で精確に記述するという方法論の出現であり，第二に，環太平洋にひろく

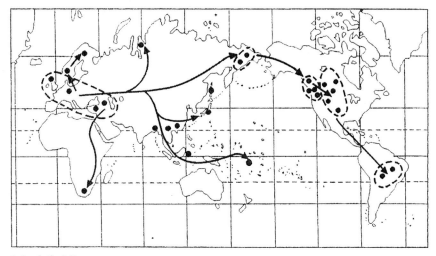

出典：【13】大林 1990：93
図14 呪的逃走説話の分布図と推定伝播経路

伝わる神話の比較研究へ，道が開かれたことである。とりわけ，日本の「三枚のお札」に通じる「呪的逃走（マジック・フライト）」説話は，多くの研究者の注目を集めてきたのである（図14）。

> **第27話 ブラジル・カラヤ族の呪的逃走説話**
>
> 　ピラルク魚たちがある村の男たちを殺し，彼らの姿に化けて，夫と勘違いした女たちの所へ行った。ある女が，偽ものの夫から虱とりを求められたが，彼の裸体に魚の針や鱗を見つけ，化け物のしわざだと分かった。彼女は姉妹とともに逃げ，その途中で灰，炭，塩を後ろへ投げたところ，霧，雲，火と川ができたので，追っ手は（いつも煙草を吸っている者と考えられているが）むなしく引き返さねばならなかった。
>
> 出典：エーレンライヒ『南米先住民の神話と伝説』(【11】 Ehrenreich 1905：87)。原文は同著『ブラジル民族学への寄与』(【11】 Ehrenreich 1891：43-44)。

　民族学者エーレンライヒが1888年の調査でカラヤ族の古老から現地語で聞き取り，ドイツ語訳のみを発表したもの。原文はやや長く，内容も錯綜しているので，ここではエーレンライヒ自身による要約を訳出した。

本章の参考文献（メソアメリカ・アンデス高文化以外の南北アメリカ大陸神話については第 3 章）

【1】メソアメリカ神話・宗教に関する入門書・概説・事典類

八杉佳穂 2012「メソアメリカの神話」大林太良／伊藤清司／吉田敦彦／松村一男（編）『世界神話事典　世界の神々の誕生』（角川ソフィア文庫）：189-198, 227. 角川学芸出版.

タウベ, カール 1996『アステカ・マヤの神話』（丸善ブックス；44）藤田美砂子（訳）丸善.

Miller, Mary & Karl Taube. 1993. *An Illustrated Dictionary of the Gods and Symbols of Ancient Mexico and the Maya.* London: Thames & Hudson.（邦訳はミラー, メアリ／カール・タウベ『図説 マヤ・アステカ神話宗教事典』増田義郎監修, 武井摩利訳, 東洋書林, 2000 年. メソアメリカ神話の基本文献・基礎史料を丁寧に解説）

Krickeberg, Walter. 1991. *Märchen der Azteken und Inkaperuaner, Maya und Muisca.* (Die Märchen der Weltliteratur). München: Diederichs.（初版は 1928 年. 部分訳は小沢俊夫編『アメリカ大陸』II, 世界の民話 12, 関楠生訳, ぎょうせい, 1977 所収）

Bierhorst, John. 2002. *The Mythology of Mexico and Central America*, with a new Afterword. Oxford: Oxford University Press.（主要神話モチーフの分布図と行き届いた文献リストがよい）

Alexander, Hartley Burr. 1920. *Latin-American.* (The Mythology of All Races; Vol. 11). Boston: Marshall Jones.（中南米の神話を文化領域ごとに概説. 古いがよくまとまっている）

【2】メソアメリカ神話の主要史料

サアグン 1992『神々とのたたかい』I（アンソロジー新世界の挑戦；9）篠原愛人／染田秀藤（訳）岩波書店.（アステカ神話・宗教の基本史料『ヌエバ・エスパーニャ総覧』［いわゆるフィレンツェ文書］の抄訳を収める）

ドゥラン 1995『神々とのたたかい』II（アンソロジー新世界の挑戦；10）青木康征（訳）岩波書店.（『ヌエバ・エスパーニャ誌』抄訳）

de Jonghe, Édouard (éd.) 1905. Histoyre du Mechique. Manuscrit français inédit du XVIe siècle. *Journal de la Société des Américanistes*, N.S., 2: 1-41.（『メキシコの歴史』の翻刻と注釈）

ル・クレジオ（原訳）1981『マヤ神話　チラム・バラムの予言』望月芳郎（訳）新潮社.（マヤの予言書をフランス語から重訳したもの）

ル・クレジオ（原訳）1987『チチメカ神話　ミチョアカン報告書』望月芳郎（訳）新潮社.（メキシコ西部ミチョアカン地方の伝説的歴史記述をフランス語から重訳したもの）

【3】『ポポル・ヴフ（ウーフ）』の諸版・翻訳

Brasseur de Bourbourg, Charles Étienne. 1861. *Popol vuh. Le livre sacré et les mythes de l'antiquité américaine, avec les livres héroïques et historiques des Quichés.* Paris: Arthus Bertrand.（キチェ語とフランス語の対訳）

Recinos, Adrián. 1947. *Popol Vuh: las antiguas historias del Quiché.* México: Fondo de Cultura Económica.（キチェ語からのスペイン語訳. 林屋永吉による邦訳はこれに基づく重訳）

Tedlock, Dennis. 1985. *Popol Vuh: The Definitive Edition of the Mayan Book of the Dawn of Life and the Glories of Gods and Kings.* New York: Simon and Schuster.（キチェ語からの英訳. 今もよく利用されている）

Cordan, Wolfgang. 1990. *Popol Vuh. Das Buch des Rates. Mythos und Geschichte der Maya*, 6. Aufl. (Diederichs' gelbe Reihe; 18). München: Diederichs.（キチェ語からのドイツ語訳）

レシーノス, A（原訳）D・リベラ（挿画）2016『マヤ神話 ポポル・ヴフ』3 版（中公文庫）林屋永吉（訳）中央公論新社.（初版は 1961 年中央公論社刊. レシーノスによるスペイン語訳からの重訳）

Christenson, Allen J. 2007. *Popol Vuh: The Sacred Book of the Maya.* Norman: University of Oklahoma Press.（初版は 2003 年刊. キチェ語からの英訳）

―――. 2008. *Popol Vuh: Literal Poetic Version.* Norman: University of Oklahoma Press.（初版は 2004 年刊. キチェ語原文と英語への逐語訳）

Rohark Bartusch, Jens S. 2010. *Poopol Wuuj. Das heilige Buch des Rates der K'icheé-Maya von Guatemala*, 3. Aufl. Magdeburg: docupoint Verlag.（初版は 2007 年刊. キチェ語原文とドイツ語訳）

【4】ゼーラーの著作集

Seler, Eduard. 1960-67. *Gesammelte Abhandlungen zur Amerikanischen Sprach- und Altertumskunde*, 6 Bde. Graz: Akademische Druck- u. Verlagsanstalt.

【5】メソアメリカ文明の概説・図録など
八杉佳穂（編）2004『マヤ学を学ぶ人のために』京都：世界思想社．
コウ，マイケル・D 2003『マヤ文字解読』増田義郎（監修）武井摩利／徳江佐和子（訳）大阪：創元社．（非常に人間くさく書かれたマヤ文字解読史）
青山和夫 2007『古代メソアメリカ文明：マヤ・テオティワカン・アステカ』（講談社選書メチエ；393）講談社．
―― 2012『マヤ文明：密林に栄えた石器文化』（岩波新書）岩波書店．
京都文化博物館学芸課（編）2010『古代メキシコ・オルメカ文明展：マヤへの道』京都：「古代メキシコ・オルメカ文明展――マヤへの道」実行委員会．

【6】インカの神話に関する概説・事典
アートン，ゲイリー 2002『インカの神話』（丸善ブックス；98）佐々木千恵（訳）丸善．
Steele, Paul R. 2004. *Handbook of Inca Mythology*. Santa Barbara: ABC-CLIO.
Trimborn, Hermann. 1961. Die Religionen der Völkerschaften des südlichen Mittelamerika und des nördlichen und mittleren Andenraumes. In: Krickeberg, Walter, Hermann Trimborn, Werner Müller & Otto Zerries, *Die Religionen des alten Amerika*. (Die Religionen der Menschheit; Bd. 7): 91-170. Stuttgart: W. Kohlhammer Verlag.

【7】インカ神話の主要な史料
シエサ・デ・レオン 2006『インカ帝国史』（岩波文庫）増田義郎（訳）岩波書店．（『ペルー記』第2部）
―― 2007『インカ帝国地誌』（岩波文庫）増田義郎（訳）岩波書店．（『ペルー記』第1部）
Sarmiento de Gamboa, Pedro de. 2007. *The History of the Incas*. Austin: University of Texas Press.（サルミエント・デ・ガンボア『インカ史』の英訳）
Betanzos, Juan de. 1996. *Narrative of the Incas*. Austin: University of Texas Press.（ベタンソス『インカ帝国史総説』の英訳）
Trimborn, Hermann. 1939. *Dämonen und Zauber im Inkareich*. Leipzig: Koehler.（『ワロチリ文書』のケチュア語原文とドイツ語訳）
Salomon, Frank & George L. Urioste. 1991. *Huarochirí Manuscript: A Testament of Ancient and Colonial Andean Religion*. Austin: The University of Texas Press.（『ワロチリ文書』のケチュア語原文と英訳）

【8】その他，初期の中米神話文献，ウーレの主著，およびウィリーの今日的評価
Bancroft, Hubert Howe. 1874-76. *The Native Races of the Pacific States of North America*, 5 Vols. New York: D. Appleton.（著者は歴史家・民族学者。第3巻 *Myths and Languages* ［1875］は中米神話の貴重な資料を提供）
Bastian, Adolf. 1878-89. *Die Culturländer des Alten America*, 3 Bde. Berlin: Weidmannsche Buchhandlung.（中南米文明圏の神話資料としてよく読まれた）
Uhle, Max. 1903. *Pachacamac: Report of the William Pepper M.D., Ll.D. Peruvian Expedition of 1896*. Philadelphia: Department of Archaeology of the University of Pennsylvania.
Fash, William L. & Jeremy A. Sabloff (eds.) 2007. *Gordon R. Willey and American Archaeology: Contemporary Perspectives*. Norman: University of Oklahoma Press.

【9】インカおよびアンデス文明の概説など
島田泉／篠田謙一（編）2012『インカ帝国：研究のフロンティア』（国立科学博物館叢書；12）秦野：東海大学出版会．（とくにフランク・サロモン「テキストを通して見るインカ：一次史料」を参照）
西野嘉章／鶴見英成（編）2015『黄金郷を彷徨う：アンデス考古学の半世紀』東京大学出版会．（とくに日本人研究者の貢献に光をあてている）
網野徹哉 2008『インカとスペイン 帝国の交錯』（興亡の世界史；12）講談社．

【10】北米の初期民族学研究史と「再会」にかかわる主要文献
Hallowell, A. Irving. 1960. Introduction: The Beginnings of Anthropology in America. In: de Laguna, Frederica (ed.), *American Anthropology, 1888-1920: Papers from the American Anthropologist*: 1-99. Lincoln: University of Nebraska Press.
Thompson, Sith. 1946. *The Folktale*. New York: Holt, Rinehart and Winston.（邦訳はトンプソン，スティス『民間説話：世界の昔話とその分類』荒木博之／石原綏代訳，八坂書房，2013。297-299頁［邦訳269-270頁］

に北米民間伝承研究史を略述）

Long, John. 1791. *Voyages and Travels of an Indian Interpreter and Trader*. London: Robson.

Maximilian Prinz zu Wied. o. J. *Reise in das innere Nordamerika*, 2 Bde. München: Lothar Borowsky.（初版は1839-41年）

―――. 2001. *Reise in das innere Nord-America*. Illustriert von Karl Bodmer. Köln: Taschen.

Schoolcraft, Henry Rowe. 1839. *Algic Researches*, 2 Vols. New York: Harper & Brothers.

Longfellow, Henry Wadsworth. 2004. *The Song of Hiawatha*. Boston: David R. Godine.（初出は1855年。邦訳はロングフェロー，H・W『ハイアワサの歌』三宅一郎訳，作品社，1993年）

Boas, Franz. 1895. *Indianische Sagen von der Nord-Pacifischen Küste Amerikas*. Berlin: A. Asher & Co.

【11】南米の初期民族学研究史と「再会」にかかわる主要文献

Kraus, Michael. 2004. *Bildungsbürger im Urwald. Die deutsche ethnologische Amazonienforschung (1884-1929)*. Marburg: Curupira.

Ehrenreich, Paul. 1891. *Beiträge zur Völkerkunde Brasiliens*. Berlin: Verlag von W. Spemann.

―――. 1905. *Die Mythen und Legenden der Südamerikanischen Urvölker und ihre Beziehungen zu denen Nordamerikas und der alten Welt*. Berlin: Asher & Co.

―――. 1910. *Die allgemeine Mythologie und ihre ethnologischen Grundlagen*. Leipzig: J. C. Hinrich.

Preuss, Konrad Theodor. 1921. *Religion und Mythologie der Uitoto*. Göttingen: Vandenhoeck & Ruprecht.

Koch-Grünberg, Theodor. 1916. *Mythen und Legenden der Tauripang- und Arekuna-Indianer*. (Vom Roroima zum Orinoco, 2. Bd.) Berlin: Dietrich Reimer.

―――. 1920. *Indianermärchen aus Südamerika*. Jena: Diederichs.

【12】環太平洋の神話比較研究史

山田仁史 2003「環太平洋における神話の共通性：研究史の素描」篠田知和基（編）『神話・象徴・文学』Ⅲ：165-182. 名古屋：楽浪書院.

【13】「呪的逃走」説話の主な比較研究

Stucken, Eduard. 1896-1907. *Astralmythen. Religionsgeschichtliche Untersuchungen*, 5 Teile. Leipzig: Verlag von Eduard Pfeiffer.（第5巻606-607頁に，当時知られていた類話の分布図を掲載）

Kroeber, Alfred Louis. 1923. *Anthropology*. New York: Harcourt, Brace and Company.（201頁に類話の分布と伝播の推定図を掲載）

Aarne, Antti. 1930. *Die magische Flucht. Eine Märchenstudie*. (FF Communications; 92). Helsinki: Suomalainen Tiedeakatemia.

大林太良 1990『日本神話の起源』（徳間文庫）徳間書店.（初版は1961年，角川新書）

第10章
フェティッシュとシャマン
──アフリカと北ユーラシア

サーミのシャマン
(Schefferus 著の
挿画にもとづく)

　ヨーロッパにとって，地理的にみて南と東に接するアフリカと北ユーラシア。これら両地域の情報は，17世紀ころから少しずつ入ってきていた (p.147年表)。しかし本格的な調査研究が始まったのは，やはり19世紀とみなしてよい。本章ではその動向と，そこに見られる神話・宗教世界に迫ってみよう。

10.1 「フェティッシュ」論とアフリカ探検史

　「フェティッシュ」という語を聞いたことがあるだろうか。いわゆる「フェチ」の語源であり，これは16世紀後半のアフリカにさかのぼる。すなわち，西アフリカで交易に従事したポルトガル人水夫たちは，現地の人々が大小の自然物や人工物を崇拝するのを見た。そして本国ポルトガルの民間信仰で聖者の遺物や呪符・護符などをフェイティソ (feitiço) と言うのを連想し，この語をあてて呼んだ。その訛った形フェティッソ (fetisso) が初めてヨーロッパに紹介されたのは1602年のことだった。

　これが本格的に知られるようになったのは，フランスの思想家シャルル・ド・ブロスが1760年に出した『フェティシュ諸神の崇拝』という書物によってである。ここでド・ブロスは，宗教の起源をこのフェティシズムに求め，次のように述べた。

> 　アフリカの西海岸の黒人やエジプトの隣国であるヌビアにいたる内陸の黒人たちは，ヨーロッパ人が「フェティシュ」と呼ぶある特定の崇拝物を礼拝の対象としている。このフェティシュという用語は，ポルトガル語のFetisso，つまり魔力をもった，魔法がかった，神的なもの，神託を下すものという言葉に基づいて，セネガルと貿易をするヨーロッパ商人たちが作り出した用語である。これら神的なフェティシュは，各民族や各個人がそれぞれ選び，神官たちに儀式で聖別してもらう任意の物的対象にほかな

らない。なにかしらの樹木であったり、山であったり、海であったり、一片の材木、獅子の尾っぽ、小石、貝殻、塩、魚、植物、花、それに牝牛、牝山羊、象、羊といったある種の動物であって、つまりは想像しうる同種のものすべてである。そのどれもが黒人にとってことごとく神であり、聖なるものであり、また護符である。黒人はそれを几帳面に敬意をもって崇拝し、祈りを捧げ、生け贄を供し、できるものなら行列で持ち歩き、あるいは大いなる崇敬をこめて身につけたりもする。また重要な場面ではいつもそれに伺いを立てる（【2】ド・ブロス 2008:11）。

こうしたフェティッシュは、ド・ブロスによれば本来の宗教以前のもので、本来の宗教の出発点である偶像崇拝（Idolâtrie）が存在するよりも古い。宗教でないフェティシズムと宗教の一形態である偶像崇拝との相違は決定的で、たとえば前者においては崇拝者が自らの手で可視の神体すなわちフェティッシュを自然物の中から選びとる。そこではフェティッシュそれ自体が神である。

それに対し、偶像崇拝では、偶像の背後に存在する神的な人物を、代理あるいは象徴的に象ったのが偶像である。またフェティシズムでは、フェティッシュは、信徒の要求に応えられなければ虐待されたりうち捨てられたりするが、偶像崇拝では神霊は信徒に対して絶対である。こうして、宗教の発達する前の段階として、ド・ブロスはフェティシズムを描いたのだった（【2】ド・ブロス 2008 解題:174）。

後になると、この語は宗教学においてというよりは、19世紀末頃から、倒錯した性的嗜好を表す語として、精神分析の中で使われるようになり、1990年代頃から日本で盛んに使われることになった「フェチ」の語も、その系譜を引いているのである。

さてアフリカ大陸は、北アフリカの、地中海地域に含まれるカルタゴやチュニジア、エジプト、マグレブの辺りと、サハラ以南のアフリカ、つまり黒アフリカ（Black Africa, Schwarzafrika, Afrique Noire）とに分けられる。

そして、ヨーロッパ人によるアフリカ奥地の探検が18世紀末から盛んになった背景には、ナイル川、つまりヨーロッパ人にとって、文明の故郷とも言うべき、あのエジプトの豊かな繁栄をもたらしたナイル川の水源がどこにあるのか、という好奇心があった。これは結局、19世紀半ばになって、ヴィクトリア湖が水源だということが分かってようやく解決した。

もちろん，これだけではない。フランス語で五つのCにあたるものが，アフリカ探検の動機になった，とされる。それらは好奇心（curiosité），文明化（civilisation），キリスト教化（christianisation），商業（commerce），植民地化（colonisation）である（【2】ユゴン 1993:36）。そうした中，文明化・キリスト教化されるべき対象，無知蒙昧の人々，としてアフリカ人を見る視線があったことは想像に難くないが，おそらく探検家の中でも有名なリヴィングストンなどは，そうした偏見から比較的自由だった。

　では，アフリカの神話・伝承はどのように記録されていったのか。これについては，夭折した言語学者と，一人の宣教師がとりわけ注目に値する。

　まずはドイツ人言語学者のブレークで，南アフリカの英領ケープ植民地総督だったグレイの設立した図書館に勤務した。マオリの神話を原語で記録・出版した，ニュージーランド総督のジョージ・グレイである。彼はニュージーランドの後，南アフリカへ移っていたのだ。この図書館にいたブレークは，あいにく肺病のため，自らフィールドワークに行くことはできなかったので，グレイやその他の宣教師が集めた資料，および囚人をインフォーマントとして，現地語（ホッテントット［コイ］やブッシュマン［サン］といった人々の言語）の研究を進めた。その結果，彼は本格的なアフリカ（言語）学の創始者とされている。

　ブレークが最初に出版したのは，1864年刊行の『南アフリカの狐物語』だった。本来『狐物語』というのは，中世12世紀以降のヨーロッパで非常に愛好された，擬人化された狐が主人公となり，たくみな（悪）知恵によって狼をだまして妻を寝取ったり，性欲と食欲のあからさまな解放が1つの特徴となっている物語群である。

　こうした擬人化された動物，それもちょっと弱い動物（ジャッカルやウサギ，カメなど）が悪知恵を働かせ，強く大きな動物（ライオンなど）をやっつけたり，自分の食欲や性欲を満足させたりする，という，今の言葉で言えばトリックスターの話が，ホッテントット族のもとにたくさんある，ということを報告したのである。あいにくブレークは48歳で亡くなったが，その妻の妹が彼の資料をまとめ，1911年に『ブッシュマン民話の実例』を出版した。これは原語と英訳を併記した，ブッシュマン口頭伝承の基本資料となっている。

　もう一人，宣教師のキャラウェイはズールー族の伝承を集め，原語と英訳を併記して1866年に出版した。これはマックス・ミュラーにより，ブレークと並び称賛されている。また大事なことに，キャラウェイは聖書のズールー語訳

も行なった。宣教師の場合，一方通行ではなく，一方に現地資料の欧米語訳という仕事があれば，逆に聖書の現地語訳ということがなされた場合が多い。これは後述するシュミットについても言えることだ。

10.2 アフリカ神話の概要

サハラ砂漠以南のいわゆる「黒いアフリカ」を，伝統的生業と居住地域にもとづいていくつかの地域に分けるのは，簡単ではない。それでもごく大ざっぱに言えば，ピグミーとかブッシュマンと呼ばれる狩猟採集民社会を除くと，コンゴ盆地を中心とする西部・中部アフリカのバントゥ系ないしニジェール＝コルドファン系の定住農耕民社会を取り巻く形で，東部アフリカの牧牛民・手鍬農耕民社会，そしてサヘル（スーダン）の定住農耕民・遊牧民社会が広がっており，こうした異なる生業形態を持つ人々の間のせめぎ合いから，数多くの王国が形成されてきたと考えられる。

アフリカの神聖王（宗教的カリスマをそなえた王）たちは，しばしば神と同一視されたり，天の至高神の子孫と考えられたりした。そして彼らの生命力は王国の運命や盛衰と直接に結びついているため，病気や老衰で死ぬことは許されず，後継者により殺害されねばならない所もあった。「王殺し」と呼ばれる慣習だ。

至高神の観念はアフリカ全域から報告されているが，しばしば太陽や天ないし始祖と区別しがたいほどに結びついている。たとえばアフリカ西南部に広くみられるのはニャムビないしザムビという神だ。アンゴラのンザムビは偉大な，目に見えない神で，すべてを創り上げた神だと言われ，ヘレロ族のンジャムビ・カルンガは天に住む神である。東部アフリカには，ムルングと呼ばれる至高神がよく知られている。ニャンジャ族の神話では，ムルング神の「人は死ななくてよい」というメッセージをカメレオンが人類に伝える前に，狡猾なトカゲが反対のことを言ったので，人間は死ぬようになったという（【1】Abrahamsson 1951:22）。

動物がトリックスターとして現れるような伝承は，アフリカ各地から伝えられている。その中でことに多いのはウサギ，クモ，ハイエナ，カメなどについての話だ。たとえばブッシュマンの物語には，いたずらの天才であるウサギがしばしば登場する。悪知恵にたけたウサギが自分たちにかわって，悪魔の使いであるライオンをやっつけるさまが，身振り手振りや動物たちの鳴き声をまじえながら情感ゆたかに語られる。動物に親しみ，細かな習性を知りつくした

狩猟民ならではの伝承世界である。

他方で，数多くの神々が活躍する万神殿（パンテオン）が発達したのは西アフリカである。たとえばヨルバ族では，至高神のオロルンと原初海洋のオロクンから生まれたオバタラとオドゥドゥアという天父・地母が乾いた大地アガンジュと湿った大地イェマジャを生み，息子オルンガンとの近親相姦から十六の神々（オリシャと総称される）が出現したという。

マリのドゴン族の神話にも天父地母の観念が現れる。つまり至高神アンマは大地を創ってそれを妻とした。しかし白蟻の巣から造られた大地の陰核が神の男根に反抗したので，アンマはこの障害物を取り除いた。ここには女子割礼の起源が説明されている。オゴテメリという偉大な狩人が，フランス人民族学者マルセル・グリオールに対して語ったドゴン族の神話世界の豊かさは，高度に発達した世界観を示している（【1】グリオール 1981）。

ドゴン族の居住するサヘルと呼ばれる地域は，古くからイスラームの影響を強く受けてきた。またアフリカ全土にわたってキリスト教の布教が行なわれ，アフリカ人の神観念や宗教・神話は変容をとげてきた。こうした外来の刺激に対して，アフリカ人が土着の文化・宗教により対抗した場合もある。たとえばアフリカのムスリム社会に広がっている，憑依をともなう病気治療のザール（ボリ）儀礼は，イスラーム化により女性の宗教的地位が低下したことへの反動として起こったという説がある。また，アフリカ人独自の組織によるキリスト教独立教会も数多い。他方では，新大陸・カリブ海地域に連れ去られた奴隷たちの子孫がアフリカの伝統的宗教を復興・再生しようとする動きもある。アフロ・アメリカン・カルトと呼ばれ，ハイチのヴードゥー，キューバのサンテリアなどがそうした例である。

10.3 江口一久の西アフリカ民間説話研究

ところで，日本を代表するアフリカ民話の研究者として，江口一久があげられる。彼は 1960 年代後半，20 歳代のころから西アフリカ，カメルーン北部のマルワという都市を中心にフィールドに入り，現地のフルベ語をマスターして，民話のレコーディングと，そのテープ起こし，そしてそれをフルベ語のまま活字にして，英訳または日本語訳をつけて出版する，という仕事をこつこつと続けた。

その成果は英語で4冊，日本語で6冊出版されており，日本語版だけで全

1361話にのぼる。気が遠くなるような大仕事だ。日本語版の第1巻はバーバ・ザンドゥという男性の語りだけを集めたものだが，そのはしがきを読むと，江口の人柄が伝わってくるし，アフリカの民間説話というのがどういうものか，よくわかる。

　　わたしは，1969年以来，今日にいたるまで，北部カメルーンのフルベ族のあいだで，昔話をあつめつづけている。たのしみながらあつめてきた昔話の数は，たいへんなものになる。わたしは，さまざまな昔話の語り手にであった。たいていの語り手は，よくはなせても，5，60話くらいのものである。ところが，本書におさめられている昔話をかたったバーバ・ザンドゥさんは，たった1人で，死ぬまでに，約500話くらいの昔話をかたった。このような例は，アフリカひろしといえども，あまりない。
　　その理由は，いくつかかんがえられる。その一つは，そのような語り手が絶対的にすくないこと。もう一つは，たとえ語り手がいても，そのような人になかなかであえないこと。さらにつけくわえるならば，そのような人から，たくさんの話をきいても，発表できないでいる場合もあろう。ありがたいことに，今回，バーバ・ザンドゥさんの話の一部が発表できるようになってたいへんよろこんでいる。
　　バーバ・ザンドゥさんは，職業的な語り部であった。語り部というのは，一言でいえば，話をして，食をえる人のことである。語り部は，言語能力や記憶能力にたけており，祭や，お祝い事などのときには，かかせない存在である。バーバ・ザンドゥさんの語りの能力のすごさは，本書をみてもらえばわかるとおもう。
　　…（中略）…
　　さいわいにも，わたしは，ふとしたきっかけから，1971年に，マルア郊外の市で，バーバ・ザンドゥさんにであってから，かれと親交をもつようになった。そしてその翌年から，バーバ・ザンドゥさんに，昔話をすこしずつかたってもらった。バーバ・ザンドゥさんは，たいへん心のやさしい人で，話にくるときには，まだちいさかったわたしの娘たちにも，落花生やサツマイモなどのお土産をもってくるのだった。娘たちも，バーバ・ザンドゥさんがすきだった。バーバ・ザンドゥさんとの交わりは，1976年におわってしまう。というのは，つぎの年，マルアにいくと，なくなっ

てしまっていたからだ（【1】江口 1996-2003 I）。

第28話　細足とおちょぼ口と太鼓腹

バーバ・ザンドゥの語った膨大な話（江口著の日本語版のうち，最初の3巻は全て彼の語り）に含まれる1話。なおバーバ・ザンドゥはムスリム（イスラーム教徒）なので，「平安，なんじらにあらんことを。なんじらに，平安とアッラーの慈悲と祝福がありますように」と唱えてから話に入っている。

細足とおちょぼ口と太鼓腹の3人の話に耳をかたむけよう。
3人は，はなしあい，旅にでかけた。3人は，でかけていった。3人は，野原のなかをあるいた。3人は，腹がへってきた。3人は，たべられる実のある木をみつけた。
さて，おちょぼ口と太鼓腹が，細足に，「木にのぼれ。木の実をとっておくれ。木の実をたべよう」という。細足は，「わたしがのぼったら，足がおれる」といった。太鼓腹と細足が，「それでは，おちょぼ口よ。のぼって，木の実をとっておくれ。木の実をたべよう」という。おちょぼ口が，「わたしがのぼって，木の実をとれば，わたしの口がさける」といった。おちょぼ口と細足が，「それでは，太鼓腹よ。のぼって，木の実をとっておくれ。木の実をたべよう」という。太鼓腹が，「よろしい」といって，木にのぼり，木の実をとろうとするとき，木の枝が，太鼓腹の腹をさいた。太鼓腹は，木からおちて，死んでしまった。
さて，おちょぼ口が，「村の人がやってくるように，大声をあげよう」といって，大声をあげているうちに，口がさけて，死んでしまった。
さて，細足が，はしって，村の人たちにしらせようといった。細足がはしっているうちに，足がおれて，死んでしまった。
お話は，おしまい。

出典：【1】江口 1996-2003 Ⅲ：608-609

これはナンセンス話の一種であり，少々残酷な印象も与えるが，話を聞く人々はこういう非現実的なブラック・ユーモアを面白がってきたのではないだろうか。面白いことに，この話はこの地域によく知られていると見えて，たくさんの話者の語りに出てくる。英語版の四冊すべてに出ているし，日本語の第四巻でも，四人の話者がこれを語っている。
また語り手によって，語り始めの句や語り納めの句が違うのも興味深い。ある

話では「ちいさなお話，ちいさなお話。ちいさなモロコシの節，ちいさなモロコシの節。ケナフ〔繊維でロープなどを作る，麻の一種〕の棘をもったカーネンブ族の頭のまんなかにある切り株，バサッ」という語り始めの句が，これから昔話が始まる，という合図となる。別の話では，語り始めの句に加えて，語り納めの句もある。「お話は，おしまい。ウサギの蒸し焼きができた」。さらに「ニワトリの糞の蒸し焼きができた」というのもある。どうもこの「蒸し焼きができた」というのも語り納めの常套句らしい。

　日本でも，「むかしむかし，あったずもな」，「とっぴんぱらりの，ぷう」，「えんつこもっつこ，さけた」といった語り始め・語り納めの句がある。世界的に，昔話というのは語られている間，別の時間を構成しており，それに入っていくよ，これで終わりだよ，という合図をこうして伝える場合が多いのである。

　なお，今のような似た話がある地域にたくさんある，とわかってくると，その地域の話型索引（タイプ・インデックス）を作成する基礎となる。江口はそうしたフルベ族民話の話型索引作成を考えていたようだが，惜しくも実現前に他界した。

10.4 「シャマン」の「発見」

　今みてきたアフリカは，ヨーロッパの南に位置する。ここから東に位置するシベリアに目を移してみよう。シャマニズム（シャーマニズム）という言葉を聞いたことがあるだろうか。もとは「シャマン」（シャーマン）という語から来ている。シベリアの東部，エウェンキと呼ばれる民族の間で，病気を治したり占いをしたりしてきた人をこう呼んだのが，学術用語になり日本語にも入った。

　シャマニズムの本場は北・中央ユーラシアである。初めてシャマンという語が記録されたのは17世紀末で，ピョートル大帝の命令で中国に赴いたオランダ人イスブラント・イデスの旅行記（1698年初版）に見えている。恐らくクラスノヤルスクからイルクーツクに至る途中のどこか（イデスは Illinskoi という地名を出している）で，彼はツングース（エウェンキ）人のシャマン（Schaman）に接し，彼らのことを「悪魔に仕える者」（duiveldienaar）などと呼んだのである。

　さらに18世紀になると，さまざまな旅行記の挿絵にシャマンたちが描かれ，それらがエカテリーナ2世（在位1762～96）の宮廷で大センセーションを巻き起こした。

　「シャマン」の語こそ使われていないが，1673年に出た北欧のサーミ（ラッ

サーミ (ラップ)	アジア・ エスキモー	ニヴヒ (ギリヤーク)	カチン (ハカス)	チベット	モンゴル

出典：【4】ホッパール 1998

図15　シャマンの太鼓の例

プ）人についての著書『ラポニア』（1674年英訳）には，彼らの間の「呪術的儀礼」（magicall ceremonies）について詳しく述べられている。それによると，儀礼で非常に重要な目的は病人を治すことだった。太鼓を叩いているうちに呪術師の霊魂（soul）は体をぬけだし，「忘我状態」（extasie）に陥ってしまう。その後，その霊魂が戻ってくるまでの間，彼はばったりと倒れて死んだようになっている。そして覚醒すると，病気の原因を言い，怒っている神に供犠（sacrifice）をするように，などとアドバイスしたという。

このように，シベリアも含む北・中央ユーラシアのシャマニズムでは一般に太鼓が使われることが多かった（図15）。そして，その後19世紀後半頃からシャマンやシャマニズムの研究が進み，今では「忘我状態」（広義のエクスタシー ecstasyまたはトランス trance）に入ることが，シャマンの一つの特徴とされている。その具体的なやり方は，「脱魂」（狭義のエクスタシー）と「憑依」（ポゼッション possession）に分類されており，今のサーミ人のシャマンは脱魂型である。

10.5　北ユーラシア民族学・民俗学の展開

ところで第4章でみたように，ゲルマン・ケルトの神話・伝説が文字で記録されたのは中世のことだが，それらが「再発見」されたのは，近代になってからだった。つまり，1756年に北欧神話『エッダ』のフランス語訳が出版されて以降，「国民」ないし「民族」意識の高まりとともに，ゲルマンやケルト（特に前者）の神話・伝説がナショナル・アイデンティティの拠り所として称揚されていったのである。これはさらに，フォークロア資料の採集活動にもつながっていく。

すなわち，ドイツ人の固有信仰をあきらかにしようとしたグリム兄弟により，

『子供と家庭の童話集』(1812-15年)，『ドイツ伝説集』(1816-18年)，『ドイツ神話学』(兄ヤーコプによる。1835年) が続々と刊行されると，周辺諸国に多大な影響を与えたのである。こうしてフィンランドでは医師リョンロット（原語に近い発音はロンルート）が叙事詩『カレワラ』を編纂し（1835年），ロシアではアファナーシエフが『ロシア民話集』をまとめた（1855-63年）。またドイツ各地でも民俗誌・郷土誌の刊行が進められた。これらと並んで，やはり19世紀から20世紀にかけて北半球各地では，多くの民族誌がまとめられた。帝政ロシア領内では，さまざまな分野を専門とし，異なる出身国の学者・探検家が各地で調査・研究を展開し，その成果をいろいろな言語，とりわけドイツ語で発表したのである。

さてフィンランドの国民的叙事詩『カレワラ』について小泉保は，「世界の創世神話の中でも，もっとも美しい場面描写によって……開幕する」と絶賛する。

第29話 『カレワラ』冒頭

まっすぐ飛ぶ鳥，鴨が来た。羽ばたいて飛んだ，巣がける所を探しながら，住むべき土地を考えながら。

東へ飛び，西へ飛び，北西へ飛び，南へと。そんな所は見当たらなかった，裏の粗末な場所でさえ，そこにその巣を作って，住処とするような。

舞い上がり，飛びかすめ，考え，思いをめぐらした。「我が家を風に作ろうか，我が住まいを波の上に？ 風が家をくつがえし，波が住処を運び去ろう」。

そこでその時水の母――大気の乙女イルマタル――，水の母なる大気の処女は，海の中より膝を上げた，肩先を波から出した，鴨のために巣の場所として，心地よい住む土地として。

その小鴨，優美な鳥は，飛びかすめ，舞いめぐり，水の母の膝を見つけた，青みがかった海原で。草の生えた丘と思った，活き活きとした芝生かと。

舞い上がり，飛びかすめ，膝の上へと降りてきた。そこへ自分の巣を作り，金色の卵を産んだ。6つの黄金の卵を，7つめに鉄の卵を。

こうして，鴨は大気の乙女の膝頭に卵を産み，これを温めた。膝が熱くなってきたので彼女が体を揺さぶると，卵は海中に転落し，その中身が天地と太陽や星に変化した。

卵は水の中に転げ込み，海の波間に落ち込んだ。卵は砕けて破片になり，壊れてかけらとなった。
　卵は泥にまみれなかった。断片は水に混じらなかった。破片はより良いものに変わり，かけらは美しいものとなった。
　卵の下の部分は下にある大地となり，卵の上の部分は上にある大空となった。黄身の上のほうは太陽となって輝き，白身の上のほうは，月となって照らした。
　卵の中のまだらなもの，それは星となって大空へ，卵の中の黒いもの，それは天空の雲となった。

出典:【6】リョンロット 1999:13-15.

　これは日本神話の『日本書紀』にみられる卵生神話とよく似ている。とは言え，卵生神話は日本だけでなくギリシャや中国からも知られている。

　そもそも『カレワラ』は，長らく民間に伝えられてきた歌謡である。19世紀初めにリョンロットがカレリア地方各地を巡り歩いて収集し，編集したものだ。そのため，彼の意図によって脚色された部分が少なくない。たとえば今の「大気の乙女イルマタル」というのは，実は民間では偉大な呪術師とされていた部分だった。それをリョンロットが，キリスト教の聖母マリアを意識してこのように変更したことが分かっている（【6】小泉 1999:21-22）。

　もとは1809年，フィンランドがロシア帝国に編入されたことを契機に民族意識が高まり，民族独特の伝承が，固有の文化として認識されるようになった。こうした背景の中で『カレワラ』は編集された。そして，フィンランドを最終的に1917年のロシア帝国からの独立に導くのに多大な刺激を与えたとされる。フィンランドの作曲家，特にジャン・シベリウスなどは，『カレワラ』に影響を受けた音楽を多数作曲している。

　このように，ある民族の神話，あるいは民族固有の文化を探ろうとする民俗学のような学問は，外圧に抵抗する一つの支柱としての役目を果たすこともしばしばある。たとえばドイツのグリムや民俗学，日本の柳田国男の民俗学なども，前者はナポレオン，後者は欧米列強やロシアなどからの外圧を受けつつ，民族固有の文化を求めた運動だったと言えるのである。

　ついでながら，フィンランド人と同じ言語系統に属するエストニア人のもとでも，国民的叙事詩を求める機運がその後高まり，1857年から61年にかけ，ドイツ系エストニア人クロイツヴァルトによって編纂された『カレヴィポエグ』が，その役目を果たすこととなった。

10.6 北・中央ユーラシア伝承の研究

　こうした国民的叙事詩の編纂と並び，北・中央ユーラシアの神話や民間伝承の研究や記録も行なわれた。それらのうち比較的早い時期に翻訳されたのは，1839年にドイツ語訳が出たモンゴルの英雄叙事詩『ゲセル・ハーン物語』である。これを訳したのは，オランダ生まれの宣教師シュミットで，1836年にモンゴル語の原文をすでに出版した上でのことだった。そして先述したキャラウェイ同様，彼の場合も聖書のモンゴル語訳・チベット語訳を進めていた。そしてシュミットは，モンゴル学・チベット学の基礎を築いた人とされているのである。

　『ゲセル・ハーン物語』がいつ成立したのかはよくわかっていないが，口伝えで愛好され，18世紀には今の形ができあがっていたらしい。そこでは架空の英雄ゲセル・ハーンの活躍が描かれる。19世紀後半になり，日本神話が英訳され広く知られるようになると，この『ゲセル・ハーン物語』の一場面が（第30話），スサノオによりオオクニヌシ（アシハラシコオ）がテストされる場面と比較されるようにもなった。

第30話　『ゲセル・ハーン物語』の一場面

　王はただちに衛兵に命じて，ゲセルを蛇牢に投ぜしめた。

　ゲセルは蛇牢に放り込まれても少しも慌てず，雌の黒鳥の乳汁を全ての蛇に少しずつ振り掛けた。すると蛇共が皆たちまちのうちに毒死してしまった。彼は一匹の太い蛇を選んで枕代わりにし，細い蛇共を並べて敷布団代わりにして，平然と寝てしまった。翌朝，ゲセルは起きると，声高らかに歌った。

「この国の王，わしを蛇牢に入れ，蛇に殺させようとしたけれど，どっこい，皆，わしに殺されて，おかげでこっちは楽ちんだ」

　蛇牢の番人が王のもとへ飛んで行って，報告した。

「あいつは死んでおりません。蛇を皆殺しにして，寝ころんで歌っております」

　それならばと，グム王はゲセルを蟻牢に投ぜしめた。今度は彼は雄の黒鳥の鼻血を蟻共に振り掛けて，そいつらを皆毒殺してしまった。次にゲセルを虱牢に投ずると，彼は虱の筋を虱共に振り掛けて，そいつらを皆殺しにしてしまった。次にゲセルを毒蜂牢に投ずると，彼は金の虻を放って，毒蜂共を皆咬み殺させてしまった。（後略）

出典：【5】若松（訳）1993:70-71

表6　アフリカと北ユーラシアの宗教・神話に関する調査・研究の進展　関連年表
●はアフリカ，■は北ユーラシア

西暦	出来事
●1602	デ・マレース（蘭・探検家）の *Beschrijvinge en de historische verhael van het Gout Koninckrijck van Gunea* において，「フェティッシュ」（ポルトガル語 feitiço 起源の語 fetisso）が初めて北方ヨーロッパに紹介される。
■1673	シェフェルス（法学・修辞学者）によるラップランドの百科全書的地誌 *Lapponia* 出版。ラップ（サーミ）族の「呪術師」について詳述。
■1698	オランダ出身の外交官イスブラント・イデスにより，その著 *Driejaarige Reize naar China* 中において，ツングースのシャマンにつき報告される。「シャマン」の初出。
●1705	前年刊行されたボスマン（蘭・商人）の著書の英訳 *A New and Accurate Description of the Coast of Guinea* に，フェティッシュも含めた西アフリカの詳細な記録。
●1760	ド・ブロス（仏・思想家）著『フェティシュ諸神の崇拝 *Du culte des dieux fétiches*』刊行。「フェティシズム」（呪物崇拝）を宗教の起源と見なす。
■1835	フィンランドの国民的叙事詩『カレワラ』出版。41 年スウェーデン語訳，45 年仏訳，52 年独訳。
■1839	宣教師シュミット（オランダ生まれ）により，モンゴルの英雄叙事詩『ゲセル・ハーン物語』が独訳される。これに先だって 1836 年にはモンゴル語原文が刊行されていた。またシュミットは，聖書をモンゴル語・チベット語などに翻訳した他，これら諸言語の研究を進め，モンゴル学・チベット学の基礎を築いた。
■1855-63	ロシアでアファナーシエフが『ロシア民話集』をまとめた。
■1857	フィンランド人言語学者・民族学者カストレーン著『アルタイ系諸民族についての民族学的講義録　附・サモイエド族の民話とタタール族の英雄伝説 *Ethnologische Vorlesungen über die altaischen Völker nebst samojedischen Märchen und tatarischen Heldensagen*』出版。彼は 1841 年に『カレワラ』のスウェーデン語訳を出し，41-44 年には『カレワラ』編者リョンロットと共に，ロシア北部のフィノ・ウゴル系諸民族を調査してもいた。*Vorlesungen über die finnische Mythologie*, 1853 も重要な著作。
■1857-61	クロイツヴァルトにより，エストニアの国民的叙事詩『カレヴィポエグ』編纂・出版。
●1858	英・探検家リヴィングストンがアフリカ探検の記録 *Missionary Travels and Researches in South Africa*, New York を出版。彼は「偏見から比較的自由だった探検家」と評価されている。
●1864	ドイツ人言語学者ブレークが，南アフリカの英領ケープ植民地総督だったグレイ（ニュージーランド総督も務めた）の設立した図書館に収められた資料から，『南アフリカの狐物語——ホッテントット族の寓話と民話 *Reynard the fox in South Africa, or Hottentot fables and tales*』を出版。トリックスター譚を多く含む。ブレーク死後，その妻の妹ロイド（Lucy C. Lloyd）編により『ブッシュマン民話の実例 *Specimens of Bushmen Folklore*』（1911）が刊行された。これは原語と英訳を併記しており，ブッシュマン口頭伝承の基本的資料。ブレークは本格的アフリカ学の創始者とされる。
●1866	イギリス人宣教師キャラウェイが，南アフリカのズールー族における民間伝承を収集し，原語と英訳を併記して，『ズールー族のお伽話・伝承・歴史 *Nursery tales, traditions and histories of the Zulus*』を刊行。マックス・ミュラーにより，ブレークと並び称賛される。キャラウェイは聖書のズールー語訳も行った。また *The Religious System of the Amazulu*, 1870 もズールーの創世神話や神観念などについての重要な著作。

また北ユーラシアに関しても，夭折の言語学者の存在があった。それはフィンランド人カストレーンである。『カレワラ』をスウェーデン語に訳し，またその編者リョンロットとともに調査をしたこともある彼は，自分たちフィン人の祖先たちの信仰や生活に，大変興味を抱いていたらしい。それを知るには，フィン人に近い北ユーラシア先住民たちの言語や文化を知らなければ，ということで，彼はシベリアで調査を行ない，サモイェド族の民話などを含む本を1857年に出したが，39歳の若さで亡くなっている。今日における神話研究は，こうした先人たちの努力の上に築かれたものであることを，忘れてはならない。
　なお北・中央ユーラシアでは，サーミのようによく調査・研究されてきた民族もいる他，スラヴ神話やコーカサスの『ナルト叙事詩』，アルメニア神話など，独特な魅力をたたえた神話・伝説群も存在するのである。

本章の参考文献
【1】アフリカ神話・宗教に関する主な概説および研究
阿部年晴 1994『アフリカの創世神話』（精選復刻紀伊國屋新書）紀伊國屋書店．
――― 2005「アフリカの神話」大林太良ほか（編）『世界神話事典』:458-466．角川書店．
バスティード，R 1998「アフリカの神話」バノフほか『無文字民族の神話』新装復刊:229-278．白水社．
Baumann, Hermann. 1936. *Schöpfung und Urzeit des Menschen im Mythus der afrikanischen Völker*. Berlin: Reimer.
Abrahamsson, Hans. 1951. *The Origin of Death: Studies in African Mythology*. (Studia Ethnographica Upsaliensia; 3). Uppsala: Almqvist & Wiksells Bokryckeri.
Bascom, William. 1992. *African Folktales in the New World*. (Folkloristics). Bloomington: Indiana University Press.
Meinhof, Carl. 1921. *Afrikanische Märchen*. Jena: Eugen Diederichs.
Dammann, Ernst. 1963. *Die Religionen Afrikas*. (Die Religionen der Menschheit; Bd. 6). Stuttgart: W. Kohlhammer.
グリオール，マルセル 1981『水の神：ドゴン族の神話的世界』坂井信三／竹沢尚一郎（訳）せりか書房．
グリオール，マルセル／ジェルメーヌ・ディテルラン 1986『青い狐：ドゴンの宇宙哲学』坂井信三（訳）せりか書房．
Eguchi, Paul Kazuhisa. 1978-84. *Fulfulde Tales of North Cameroon*, 4 Vols. (African Languages and Ethnography; 11, 13, 15, 18). Tokyo: Institute for the Study of Languages and Cultures of Asia and Africa.
江口一久 1996-2003『北部カメルーン・フルベ族の民間説話集』全6巻，京都：松香堂／吹田：国立民族学博物館．
【2】アフリカ探検史・研究史など
ユゴン，アンヌ 1993『アフリカ大陸探検史』（知の再発見双書；29）堀信行（監修）創元社．
那須国男 1986『アフリカ探険物語』（現代教養文庫）社会思想社．
Jungraithmayr, Herrmann & Wilhelm J. G. Möhlig (Hrsg.) 1983. *Lexikon der Afrikanistik. Afrikanische Sprachen und ihre Erforschung*. Berlin: Dietrich Reimer Verlag.
ド・ブロス，シャルル 2008『フェティシュ諸神の崇拝』（叢書・ウニベルシタス；889）杉本隆司（訳）法政大学出版局．
Pietz, William. 1985-88. The Problem of the Fetish. *Res*, 9: 5-17, 13: 23-45, 16: 105-123.
Apter, Emily & William Pietz (eds.) 1993. *Fetishism as Cultural Discourse*. Ithaca: Cornell University Press.

田中雅一（編）2009『フェティシズム論の系譜と展望』（フェティシズム研究；1）京都：京都大学学術出版会．
Antenhofer, Christina (Hrsg.) 2011. *Fetisch als heuristische Kategorie. Geschichte—Rezeption—Interpretation*. Bielefeld: transcript Verlag.
Chidester, David. 1996. *Savage Systems: Colonialism and Comparative Religion in Southern Africa*. (Studies in Religion and Culture). Charlottesville: University Press of Virginia.（チデスター，デイヴィッド『サベッジ・システム：植民地主義と比較宗教』沈善瑛／西村明訳，青木書店，2010年）

【3】北ユーラシアの神話・民話の概説書・資料集成
斎藤君子 1988『シベリア民話集』（岩波文庫）岩波書店．
――― 1993『シベリア民話への旅』平凡社．
――― 2011『シベリア神話の旅』三弥井書店．
荻原眞子 1995『東北アジアの神話・伝説』東方書店．
――― 1996『北方諸民族の世界観：アイヌとアムール・サハリン地域の神話・伝承』草風館．
――― 2005「シベリアの神話」大林太良ほか（編）『世界神話事典』：411-418. 角川書店．
――― 2005「内陸アジアの神話」大林太良ほか（編）『世界神話事典』：419-425. 角川書店．
山田仁史／永山ゆかり／藤原潤子（編）2014『水・雪・氷のフォークロア：北の人々の伝承世界』勉誠出版．
Schmalzriedt, Egidius & Hans Wilhelm Haussig (Hrsg.). 1999. *Götter und Mythen in Zentralasien und Nordeurasien*. (Wörterbuch der Mythologie; Bd. 7, 1. Teil). Stuttgart: Klett-Cotta. (Uray-Kőhalmi, Käthe, „Die Mythologie der mandschu-tungusischen Völker," Roux, Jean-Paul, „Die alttürkische Mythologie," Boratav, Pertev N., „Die türkische Mythologie. Die Mythologie der Ogusen und der Türken Anatoliens, Aserbaidschans, Turkmenistans," Vértes, Edith, „Die Mythologie der Uralier Sibiriens," Pentikäinen, Juha, „Die lappische (saamische) Mythologie")
Coxwell, C. Fillingham. 1925. *Siberian and Other Folk-Tales*. London: The C. W. Daniel Company.（コックスウェル『北方民族の民話』上下，アジアの民話3・4，渋沢青花訳，大日本絵画，1978-79年）
Findeisen, Hans. 1970. *Dokumente urtümlicher Weltanschauung der Völker Nordeurasiens*. Oosterhout: Anthropological Publications.
Kunike, Hugo. 1940. *Märchen aus Sibirien*. (Die Märchen der Weltliteratur). Jena: Eugen Diederichs Verlag.
Gulya, János. 1968. *Sibirische Märchen*. (Die Märchen der Weltliteratur). München: Eugen Diederichs Verlag.（抄訳は小澤俊夫編訳『モンゴル・シベリア』世界の民話21，ぎょうせい，1978年所収）
Doerfer, Gerhard. 1983. *Sibirische Märchen. Tungusen und Jakuten*. (Die Märchen der Weltliteratur). Düsseldorf: Eugen Diederichs Verlag.（抄訳は小澤俊夫編訳『シベリア東部』世界の民話37，ぎょうせい，1986年所収）
Holmberg, Uno. 1927. *Finno-Ugric, Siberian*. (The Mythology of All Races; 4). Boston: Marshall Jones Company.

【4】シャマニズム・狩猟儀礼など同地の宗教・世界観
Harva, Uno. 1938. *Die religiösen Vorstellungen der altaischen Völker*. (FF Communications; 125). Helsinki: Suomalainen Tiedeakatemia.（ハルヴァ，ウノ『シャマニズム：アルタイ系諸民族の世界像』全2巻，東洋文庫830・835，田中克彦訳，平凡社，2013年）
Paulson, Ivar, Åke Hultkrantz & Karl Jettmar. 1962. *Die Religionen Nordeurasiens und der amerikanischen Arktis*. (Die Religionen der Menschheit; Bd. 3). Stuttgart: W. Kohlhammer Verlag.
Lot-Falck, Eveline. 1953. *Les rites de chasse chez les peuples sibériens*. Paris: Gallimard.（ロット=ファルク『シベリアの狩猟儀礼』人類学ゼミナール14，田中克彦／糟谷啓介／林正寛訳，弘文堂，1980年）
Paproth, Hans-Joachim. 1976. *Studien über das Bärenzeremoniell*. Uppsala: Tofters Tryckeri.
エリアーデ，ミルチア 2004『シャーマニズム：古代的エクスタシー技術』上下（ちくま学芸文庫）堀一郎（訳）筑摩書房 (Eliade, Mircea, *Le chamanisme et les techniques archaïques de l'extase*, Paris: Payot, 1951)
フィンダイゼン 1977『霊媒とシャマン』和田完（訳）冬樹社 (Findeisen, Hans, *Schamanentum, dargestellt am Beispiel der Besessenheitspriester nordeurasiatischer Völker*, Stuttgart: W. Kohlhammer, 1957)
ホッパール，ミハーイ 1998『図説シャーマニズムの世界』村井翔（訳）青土社 (Hoppál, Mihály, *Schamanen und Schamanismus*, Augsburg: Pattloch, 1994)

大林太良 1984「日本のシャマニズムの系統」加藤九祚(編)『日本のシャマニズムとその周辺』(日本文化の原像を求めて;2):3-27. 日本放送出版協会.
―――― 1991『北方の民族と文化』山川出版社(「シャマニズムの起源」「シャマニズム研究の問題点」「シベリアのシャマニズム」の3論文を収める)
フルトクランツ, オーケ 2008「シャマニズムの研究史」山田仁史(訳), 岩田美喜/竹内拓史(編)『ポストコロニアル批評の諸相』:165-200. 仙台:東北大学出版会.
山田仁史 2012「シャマニズムをめぐる神話と世界観」高倉浩樹(編)『極寒のシベリアに生きる』:219-237. 新泉社.
―――― 2013「日本と周囲諸地域のシャマニズムにおける弾弓」菊谷竜太/滝澤克彦(編)『身体的実践としてのシャマニズム』(東北アジア研究センター報告;8):109-123. 仙台:東北大学東北アジア研究センター.
加藤九祚 1974『シベリアに憑かれた人々』(岩波新書)岩波書店.
【5】中央・内陸アジア(モンゴル・チベット・テュルク諸族)の伝承と宗教
原山煌 1995『モンゴルの神話・伝説』東方書店.
小澤重男(訳)1997『元朝秘史』上下(岩波文庫)岩波書店.
若松寛(訳)1993『ゲセル・ハーン物語:モンゴル英雄叙事詩』(東洋文庫;566)平凡社.
―――― (訳)1995『ジャンガル:モンゴル英雄叙事詩 2』(東洋文庫;591)平凡社.
君島久子 1987『ケサル大王物語:幻のチベット英雄伝』筑摩書房.
坂井弘紀 2002『中央アジアの英雄叙事詩:語り伝わる歴史』(ユーラシア・ブックレット;35)東洋書店.
Tucci, Giuseppe & Walther Heissig. 1970. *Die Religionen Tibets und der Mongolei*. (Die Religionen der Menschheit; Bd. 20). Stuttgart: Verlag W. Kohlhammer.
【6】カレワラ
リョンロット 1999『カレワラ:フィンランド叙事詩』上下(岩波文庫)小泉保(訳)岩波書店.(1976年初刊, 99年改訂版)
森本覚丹(訳)1983『カレワラ:フィンランド国民的叙事詩』上下(講談社学術文庫;612・613)講談社.(英訳からの重訳)
Lönnrot, Elias. 1999. *The Kalevala*. Translated from the Finnish with an Introduction and Notes by Keith Bosley. (Oxford World's Classics). Oxford: Oxford University Press.
小泉保(編訳)2008『カレワラ物語:フィンランドの神々』(岩波少年文庫;587)岩波書店.
小泉保 1999『カレワラ神話と日本神話』(NHKブックス;855)日本放送出版協会.
石野裕子 2012『「大フィンランド」思想の誕生と変遷:叙事詩カレワラと知識人』岩波書店.
Krohn, Kaarle. 1924-28. *Kalevalastudien*, 6 Bde. (FF Communications; 53・67・71・72・75・76). Helsinki: Suomalainen Tiedeakatemia.
【7】サーミについての一般書など
Bernatzik, Hugo Adolf. 1942. *Lappland*. Leipzig: Koehler & Voigtländer Verlag.(1934年夫妻で調査旅行した記録。写真多数)
Bäckman, Louise. 2000. Die Saami. Ein volk in vier Ländern. *In*: Burenhult, Göran (Hrsg.), *Naturvölker heute. Beständigkeit und Wandel in der modernen Welt*: 156-157. Augsburg: Bechtermünz.(サーミの現状を写真入りで伝える)
ラウラヤイネン, レーナ 2006『魔術師のたいこ』横浜:春風社.(サーミ人の伝承にある程度もとづきながら書かれた創作)
ロゴシュキン, アレクサンドル(監督)2002『ククーシュカ:ラップランドの妖精』デックスエンタテインメント(映画のDVD)
【8】サーミの宗教
Hultkrantz, Åke. 1962. Die Religion der Lappen. *In*: Paulson, Ivar, Åke Hultkrantz & Karl Jettmar, *Die Religionen Nordeurasiens und der amerikanischen Arktis*. (Die Religionen der Menschheit; Bd. 3): 283-303. Stuttgart: W. Kohlhammer Verlag.
Bäckman, Louise & Åke Hultkrantz. 1978. *Studies in Lapp Shamanism*. (Acta Universitatis Stockholmiensis; Stockholm Studies in Comparative Religion; 16). Stockholm: Almqvist & Wiksell International.

Bäckman, Louise & Åke Hultkrantz (eds.) 1985. *Saami Pre-Christian Religion: Studies on the Oldest Traces of Religion among the Saamis*. (Acta Universitatis Stockholmiensis; Stockholm Studies in Comparative Religion; 25). Stockholm: Almqvist & Wiksell International.

Schefferus, Johannes. 1674. *The History of Lapland*. Oxford: At the Theater. (前年にラテン語で出された *Lapponia* の英訳。サーミ研究の幕開けを告げた古典)

【9】サーミの神話・伝承

Pentikäinen, Juha. 1997. *Die Mythologie der Saamen*. (Ethnologische Beiträge zur Circumpolarforschung; Bd. 3). Aus dem Finnischen von Angela Bartens. Berlin: Reinhold Schletzer Verlag. (1995年フィンランド語版からの独訳)

―――. 1999. Die lappische (saamische) Mythologie. *In*: Schmalzriedt, Egidius & Hans Wilhelm Haussig (Hrsg.), *Götter und Mythen in Zentralasien und Nordeurasien*. (Wörterbuch der Mythologie; 1. Abt.: Die alten Kulurvölker; Bd. 7,1): 701-827. Stuttgart: Klett-Cotta. (サーミ神話の資料・研究史についての詳細な概説を含む)

Bartens, Hans-Hermann. 2003. *Märchen aus Lappland*. (Die Märchen der Weltliteratur). München: Diederichs. (サーミの伝承と研究史についての概説を含む)

【10】スラヴ神話の概説

栗原成郎 1995『吸血鬼伝説』(河出文庫) 河出書房新社.

―――― 1996a『ロシア民俗夜話: 忘れられた古き神々を求めて』(丸善ライブラリー; 190) 丸善.

―――― 1996b「スラブ人の神話的表象世界: 神話と自然観に見るスラブ的なもの」川端香男里／中村喜和／望月哲男 (編)『スラブの文化』(講座スラブの世界; 1): 32-66. 弘文堂.

―――― 2005「ロシアフォークロアと神話」伊東一郎 (編)『ロシアフォークロアの世界』: 13-32. 群像社.

伊東一郎 1986「神話と民間信仰」森安達也 (編)『スラヴ民族と東欧ロシア』(民族の世界史; 10): 338-362. 山川出版社. (簡にして要を得たすぐれた概説)

グレーンベック、ヴィルヘルム／アレクサンダー・ブリュックナー 1972『ゲルマン、スラヴの民族宗教史』金山龍重／華園聰麿 (訳) 仙台: 宝文堂. (Chantepie de la Saussaye Begr., *Lehrbuch der Religionsgeschichte*, 4., vollständig neubearbeitete Aufl., 2. Bd., Tübingen: Mohr, 1925 に収められた Aleksander Brückner, Slaven und Litauer, S. 506-39 および Vilhelm Grönbech, Die Germanen, S. 540-600 を訳出、訳注を付し、さらに Aleksander Brückner, *Die Slaven*, Religionsgeschichtliches Lesebuch; Heft 3, Tübingen: Mohr, 1926 の原典資料重訳を付す。とくに後者は西スラヴの神話についての貴重な邦訳)

ギラン、フェリックス 1993『ロシアの神話』小海永二 (訳) 青土社. (固有名詞の訳語のミスなどが散見)

ワーナー、エリザベス 2004『ロシアの神話』(丸善ブックス; 101) 斎藤静代 (訳) 丸善.

ボワイエ、レジス (Boyer, Régis) 2001「スラブの神話・宗教」ボンヌフォワ、イヴ (編)『世界神話大事典』: 700-711. 大修館書店.

松村一男 2012「スラヴの神話」大林太良／伊藤清司／吉田敦彦／松村一男 (編)『世界神話事典 世界の神々の誕生』(角川ソフィア文庫): 138-145. 角川書店.

Máchal, Jan. 1928. Slavic Mythology. *In*: *The Mythology of All Races*, Vol. 3: 215-330, 351-361, 389-398. Boston: Marshall Jones.

Gieysztor, A. 1967. Die Mythologie der Slawen. *In*: Grimal, Pierre (Hrsg.), *Mythen der Völker*, Bd. 3: 104-139. Frankfurt a.M.: Fischer.

Běťáková, Marta Eva & Václav Blažek. 2012. *Encyklopedie baltské mytologie*. Praha: Libri. (チェコ語によるバルト神話辞典。英訳予定)

【11】スラヴ神話の古典的原典の邦訳と参考書

國本哲男／山口巌／中条直樹ほか (訳) 1987『ロシア原初年代記』名古屋: 名古屋大学出版会.

木村彰一 (訳) 1983『イーゴリ遠征物語』(岩波文庫) 岩波書店.

中村喜和 (編訳) 1970『ロシア中世物語集』(筑摩叢書; 168) 筑摩書房.

中沢敦夫 2011『ロシア古文鑑賞ハンドブック』横浜: 群像社.

【12】スラヴの「小神格」(妖怪など)

斎藤君子 1999『ロシアの妖怪たち』大修館書店.

佐野洋子 2008『ロシヤの神話:自然に息づく精霊たち』三弥井書店.
【13】ロシアの民話
アファナーシエフ 1987『ロシア民話集』上下(岩波文庫)中村喜和(編訳)岩波書店.
【14】コーカサスの神話・伝承についての概説
Levin, Isidor. 1978. *Märchen aus dem Kaukasus*. (Die Märchen der Weltliteratur). Düsseldorf: Diederichs. (コーカサスの自然・文化・伝承・研究史についてのすぐれた概説を含む)
シャラシジェ, ジョルジュ (Charachidzé, Georges) 2001「カフカスの神話・宗教」ボンヌフォワ, イヴ(編)『世界神話大事典』:712-727. 大修館書店.
Dumézil, Georges. 1986. Mythologie der kaukasischen Völker. *In*: Haussig, Hans Wilhelm (Hrsg.), *Götter und Mythen der kaukasischen und iranischen Völker*. (Wörterbuch der Mythologie; Bd. 4): 1-58. Stuttgart: Klett-Cotta.
【15】とくにアルメニア神話について
シャラシジェ, ジョルジュ 2001「アルメニアの宗教と神話」ボンヌフォワ, イヴ(編)『世界神話大事典』:729-732. 大修館書店.
Ananikian, Mardiros H. 1925. Armenian Mythology. *In*: *The Mythology of All Races*, Vol. 7: 1-100, 363-371, 379-397, 435-440. Boston: Marshall Jones.
Ishkol-Kerovpian, K. 1986. Mythologie der vorchristlichen Armenier. *In*: Haussig, Hans Wilhelm (Hrsg.), *Götter und Mythen der kaukasischen und iranischen Völker*. (Wörterbuch der Mythologie; Bd. 4): 59-160. Stuttgart: Klett-Cotta.
Levin, Isidor. 1977. Armenier. *In*: Ranke, Kurt (Hrsg.), *Enzyklopädie des Märchens*, Bd. 1: 794-805. Berlin: Walter de Gruyter.
【16】ナルト叙事詩
大林太良/伊藤清司/吉田敦彦/松村一男(編)2012『世界神話事典 創世神話と英雄伝説』(角川ソフィア文庫)角川書店.(264-265頁にシュルドン, 394-396頁に英雄ナルトたち)
リトルトン, C・スコット/リンダ・A・マルカー 1998『アーサー王伝説の起源:スキタイからキャメロットへ』辺見葉子/吉田瑞穂(訳)吉田敦彦(解説)青土社.(吉田敦彦の解説に, ナルト叙事詩の概要が記されている)
Dumézil, Georges. 1930. *Légendes sur les Nartes*. Paris: Institut d'Etudes Slaves.
―――. 1965. *Le livre des héros. Légendes ossètes sur les Nartes*. Paris: Gallimard.
―――. 1978. *Romans de Scythie et d'alentour*. Paris: Payot.(以上の3文献が, デュメジルによるオセットのナルト叙事詩仏訳を含む)
Sikojev, André. 1985. *Die Narten. Söhne der Sonne. Mythen und Heldensagen der Skythen, Sarmaten und Osseten*. Köln: Diederichs.
―――. 2005. *Kinder der Sonne. Die Narten – Das große Epos des Kaukasus*. München: Hugendubel.(以上の2文献はオセットのナルト叙事詩の露語からの独訳を含む。シコイェフはロシア正教会の聖職者で, 父はオセット人, 母はドイツ人)
Colarusso, John. 2002. *Nart Sagas from the Caucasus: Myths and Legends from the Circassians, Abazas, Abkhaz, and Ubykhs*. Princeton: Princeton University Press.(チェルケス, アバザ, アブハズ, ウビフという北西コーカサス諸語で伝えられてきたナルト叙事詩からの選訳)
Colarusso, John & Tamirlan Salbiev (eds.) 2016. *Tales of the Narts: Ancient Myths and Legends of the Ossetians*. Translated by Walter May. Princeton: Princeton University Press.

第11章
宣教と民族誌
―― 東南アジア

セラム島のココヤシとり
（イェンゼン著の
挿画にもとづく）

11.1 東南アジア概観

　東南アジアは大きく大陸部と島嶼部に分けられ，政治的には前者にはベトナム，ラオス，カンボジア，タイ，ミャンマーが，後者にはフィリピン，インドネシア，ブルネイ，東チモールが含まれ，マレーシアとシンガポールは両者にまたがっている。しかし文化的に見ると，台湾原住民族や中国南部，ニューギニア島の一部，インド東北部からバングラデシュ，マダガスカルの諸民族をも広義の東南アジアに含めることができる（図16）。これは主として，大陸部に

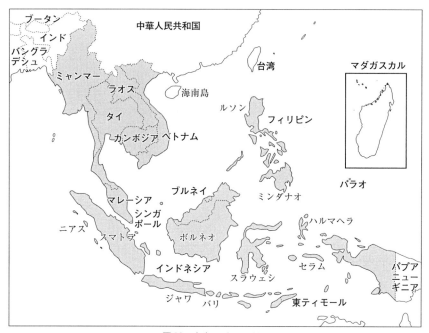

図16　東南アジアの地図

おけるオーストロアジア語族，チベット=ビルマ語族，タイ語族，ミャオ=ヤオ語族，そして島嶼部におけるオーストロネシア語族といった言語群とその文化の広範な広がりにもとづく区分である。

　この地域には，20世紀に至るまで狩猟採集民も存在したが，彼らの神話はよくわかっていない。天神が雷と結び付けられる傾向があるらしく，虎などに変身できる人間がいるという観念も，狩猟民段階にさかのぼるものかもしれない。農耕民では，平地の水稲耕作民と後背地・山地の焼畑耕作民の対立や交渉が各地で見られ，海と山，ないし川下と川上といった関係性として，神話にも反映していることがある。また東西交易の要衝の位置を占める東南アジアでは古くから港市を中心に国家が発展し，ヒンズー教，仏教，イスラーム，さらにキリスト教といった大宗教とも結びつきながら建国神話が形成された。大きく見れば，ベトナムには中国の，他のインドシナ諸国にはヒンズー教，次いで上座部仏教の影響が強く及び，島嶼部ではヒンズー化，続いてイスラーム化が進行した。こうした歴史的経緯から，東南アジアの神話には様々な要素がしばしば重層的に並存しており，それらを区別することはある程度可能である。

　東南アジアはまた，様々な文化の移動・伝播も経験してきた。たとえばオーストロネシア語族の移動やその後の高文化の影響に伴い，メラネシアやポリネシア西部・中部およびミクロネシアまで共通した神話モチーフが見出される。他方で，イザナキ・イザナミからのヒルコの誕生や国生み，出雲神話の稲羽の素兎，日向神話におけるコノハナノサクヤビメとイワナガヒメ，海幸・山幸の神話などには，東南アジアとの共通性が色濃い。南西諸島の民間伝承にも同様の傾向が認められる。

　ここにおける神話の研究は主に19・20世紀の植民地統治やキリスト教宣教と結びついて進められ，多くの資料が記録されてきたが，地域全体を概観する試みはさほど多くはなく，大林太良（【2】1985, 2005）のものを除けば，島嶼部か大陸部，あるいは建国神話，昔話というように，地域ないしテーマにおいて一定の重点を置いたものがほとんどである。

11.2　宣教・統治と民族誌

　いま述べたように，東南アジアの民族学的研究は，植民地統治やキリスト教宣教と密接にかかわっていた。たとえば島嶼部では，インドネシア民族学の父とされライデン大学の第二代民族学教授を務めたウィルケンや，彼のあとにイン

ドネシア民族学の中心的地位についた宣教師クロイトの他、ライン宣教会 (Rheinische Missionsgesellschaft) の一員としてスマトラ島バタック族の宗教・神話を研究したヴァルネックらが著名である。

　大陸部の場合、1884年から85年にかけての清仏戦争の結果、雲南省国境地帯の二都市が開かれ、さらに87年に仏領インドシナ連邦が成立、93年にはラオスが保護国化された。こうした中、パリ海外伝道協会 (Société des Missions Étrangères de Paris) に属する三人の宣教師すなわちヴィアル、リエタール、サヴィナなどが多くの著作を残した。

　また軍人や行政官、博物学者など多様な職業の人々が、本務のかたわら民族学的調査・研究にたずさわり、神話や宗教についての記録を残している。

11.3　起源神話

　東南アジアの神話では一般に、宇宙の起源に関心が向けられることは少なく、この世界はすでに存在していたという前提のもと、人類の起源について語られることが多い。広範囲に伝わるのは原初海洋、すなわち太古に万物を覆っていた水の話である。スラウェシ島ミナハッサの神話では、世の初め海洋中に岩土が一つ突き出ていた。ここから一羽の鶴が生じ、さらに岩の汗から女神が生まれた。女神は鶴の助言に従って岩土から一握りの土を取り、岩上に広げて大地をこしらえた。その後彼女は山上で風を受けて孕み、息子を生んだ。彼の成長後、二人は別方向に旅した後、再び出会ったがそれと気づかず母子婚を遂げ、その子孫が殖えたのだという。この伝承には、岩・石からの人類発祥、大地の創造（アース・ダイバーないし島釣り型）、風に孕むモチーフ、インセストによる人類増加など、他地域からも報告のある様々な要素が見られる。

　ミャンマーのカチン族の神話では、創造神がナッ（精霊）の助けを得て、ヒョウタンから最初の男を造った。このヒョウタンは天から地上に落ち、そこから別の者も出てきたという。こうしたヒョウタンや竹などの植物から人類が生じたというタイプの神話も東南アジアには多く、ラオスの建国神話にも同様のモチーフが見られる。そこに登場するクン・ボロム（パーリ語クン・パラーマに由来し「至高の主」の意）は伝説上の始祖王で、天神の息子とされる。諸種の写本により内容が相違するが、太古に天神が洪水を起こした後、ヒョウタンを降し、その中からラオ族など諸民族が出てきた。次に天神は息子クン・ボロムを統治者として降したが、その際一組の夫婦を伴ったという。この夫婦は今もラ

オスの正月行事に登場する。天地の交流はその後途絶え，クン・ボロムの七人息子による領土の分割統治へと続く。この神話には，ラオ族土着の要素とインド由来の要素との混淆が見られる。

　動物を始祖とする神話もある。犬祖神話はその一つで，台湾セデック族タウダー群の例では，昔ある女と豚との間に男子が生まれ，さらに彼女は入墨で外見を変じて息子と交わった。その後さらに犬との間に多くの子を生み，それらがタウダー群の祖先となったという。犬・豚は鶏と並び，東南アジアで古くから飼われてきた家畜であることも，この伝承の背景をなすものであろう。他に，太陽の卵を蛇が孵化させて族祖が生まれたといった卵生神話も伝わるが，これは首長家や王家の系譜譚となっている場合が多く，高文化的な世界観の影響が及んだものであろう。

11.4　楽園喪失にかかわる神話

　東南アジア大陸部・島嶼部いずれにも広く分布しているのは，かつて天地は近接していた，ないし天地間には交流があったが，それが杜絶して天地は分かれたという神話である。また，原古は天から食物が与えられた，ないしは米が巨大だったとか，一粒の米を炊けば充分な量になった，あるいは作物や農具が自分から動いてくれたなど，楽園とも言うべき状態だったのが，人間側の過失や不遜により失われ，以後人間は苦労して働かねばならなくなった，という神話もある。初め人間は死ななかったのに，ある契機から死ぬ運命がもたらされたという神話も，このカテゴリーに含めてよかろう。

　たとえばスラウェシ島ミアン・バランタク族の神話では，最初の夫婦は，プラウ舟の形をした箱，または土器に乗り，籐をつたって天から降りてきた。その籐が天地をつないでいたのである。降りた所は一面の水の中に突き出した唯一の山頂であった。二人に何か必要なものができた時には，男が籐を登ってゆけばよかった。必要なものはみな，天神が与えてくれたからである。ところが，いつしか二人は自分たちで必要な作物を植えるようになった。すると天地をつないでいた籐は折れてしまった。また当時の人間はまだ不死身であった。年をとると脱皮して若返ったからである。しかし争いが日常茶飯事になり，姦通や悪事が増えたころ，大洪水がやってきた。生き残ったのは，前もって警告を聞きいれ，プラウ舟を造っていた一組の夫婦だけだった。二人を乗せた舟は天神のもとにたどり着いた。天神は二人にエビを与えたが，彼らは食べようとしな

かった。次にバナナを与えたところ，二人は食べた。こうして人間はバナナを選んだために，死ぬ運命となった。もしエビを選んでいれば，脱皮して若返る能力を維持できていたのである（【6】Fischer 1932:214-215,【11】山田 2007:44)。これは実際に，収穫が終了したバナナの株は枯死するという性質にもとづく。

> **第31話　スラウェシ島ポソのバナナ型神話**
>
> 　ラモアという名の創造主による人間の創造と，死の起源が語られる。クロイト自身が現地民の口から聞き取り，オランダ語で発表した話である。
>
> 　むかし，天は地に密接していた。とくに島の中央では，山がさらに天に迫っていた。その場所で，ラモアはある日，石から二人の人間を切り出した。男と女とである。二人はまだ動けなかったが，彼らに命を授けるため，ラモアは二人を山頂へ担いで行った。そしてラモアが風を起こすと，それが最初の人間夫婦に当たるやいなや，二人はイノサ，すなわち息吹を得た。
>
> 　かくしてタウ・ピアモ（彼らはこう呼ばれた）は「命を得」，どこへでも行きたい所へ動いて行けるようになった。間もなくラモアは石を縄に結わえて，天から下ろした。ところが最初の人間たちはそれを受け取らなかった。彼らはラモアに叫んだ，「石をどうしたらいいのです。何か別のものをください」。
>
> 　すると石は引き揚げられ，縄からはずされた。そしてラモアはそれにピサン（バナナ）を結んだ。それが地上に下ろされると，タウ・ピアモは先を争ってピサンへ駆け寄り，それを手に取った。そこへラモアの声がした。「ははは，人の子らよ！　お前たちはピサンを選んだのだから，お前たちの命もそれと同じくなろう。ピサンの木が子供を持つと，親の木は枯れてしまうのだ。そのようにお前たちも死んで，子供らがその代わりとなるのだ。もし石を選んでおれば，お前たちの命も石と同じように，変わることなく（死ぬことなく）あっただろうに」。
>
> 　これを聞いてタウ・ピアモは自分たちの選択を悔やんだが，誤ちを取り返すには，時すでに遅かった。（後略）
>
> 出典：Kruyt, Albertus Christiaan. 1894. De Legenden der Poso-Alfoeren aangaande de eerste menschen. *Mededeelingen van wege het Nederlandsche zendelinggenootschap*, 38: 339-346, blz. 339-340.
> 参考：Frazer, James George. 1913. *The Belief in Immortality and the Worship of the Dead*, Vol. 1. London: Macmillan, pp. 72-73.

11.5　大洪水と火の起源

　こうした洪水神話の分布も広い。そして洪水を生き延びたのは，しばしば兄

妹ないし母子とされ、そのインセストから新たな人類ないし民族が開始される。たとえば海南島黎(リー)族の場合、大洪水を生き延びたのはただ一対の姉弟だけであった。雷公が姉の顔に黒い紋様を描いたため、弟は姉と知らずに結婚し、二人の子孫が殖えていったという。これは入墨の起源神話ともなっている（【11】劉 1936）。マニプルのマラーム・ナガ族によれば、最初の兄妹メドゥガイとシモティンは西から来た。そこへ大洪水が起き、この二人しか残らなかった。二人は初め結婚をためらったが、夢に神が現れ、今後は豚肉を食べないならば結婚を許すと言った。このため彼らは交わり、子孫が生まれたが、子孫たちは今に至るまで豚肉を禁忌としているのである（【7】Walk 1949:66-67）。

大洪水以外に、大火により原初の人類が滅んだという伝承もあり、インド東北部のオーストロアジア系諸族に例が多い。たとえばイドゥ・ミシュミ族では、大火に際し風と地震も起きたとされる。大昔、人間たちは神々と一緒に地上に暮らしていた。ところが天に住む神インニ・タヤは、神々と人間たちの悪行に怒り、彼らを滅ぼすために、風神・地震神・火神という下位の神々を地上に送った。神々は高い木に登ったが、火に呑み込まれて死んだ。一人の男と一人の女だけが生き残り、共に暮らして三人の子供をもうけた。長子はミシュミ族に、次子はチベット人とその他の諸民族になり、そして第三子からは猿が生じたのである（【7】山田 2010:162）。

洪水神話では、しばしば火が失われ、人々はそれを新たに獲得したと語られる。ボルネオ島サラワクのイバン族の伝承によると、筍を採りに森に入った女たちが丸太と思って座ったのは実は大蛇だった。男たちがやって来てこれを切り刻み、持ち帰って食べるため焼いていたところ、大雨が降り始め、大地は水没してしまった。生き残ったのは高い山頂に逃れた一人の女、犬と鼠が一匹ずつ、そしてその他の小動物だけであった。そのうち、犬は蔓植物のもとに暖かい場所を見つけた。そこは、蔓が風に揺られて木の幹と摩擦し、暖まっていたのであった。これにヒントを得て、彼女は木片を蔓でこすって火を起こす発火法を思いついた。女は火錐棒を相手として息子を生んだが、この息子は片腕、片脚、片眼、片耳、片頬、片身、片鼻しかなかった。後に風の精から完全な身体を授けられたという（【7】Frazer 1918:220-221）。こうした〈片側人〉モチーフは東南アジアのほかアフリカからも知られる。

11.6 作物・稲魂(いなだま)・カミ

　焼畑農耕民の間では，作物の起源に関する神話が発達した。東南アジアではおおむね二つの類型があり，イェンゼンの分類では（1）ハイヌヴェレ型，つまり人体（ことに女性の死体）から作物が発生したというものと，（2）プロメテウス型，すなわち作物をどこからか盗んで来たというタイプに分けられる。前者はセラム島ウェマーレ族の神話に出てくる少女の名から，後者はギリシャ神話から採られたもので，この二類型は火の起源神話にも見られる。死体から作物が発したという伝承はオーストロネシア語族の居住域，すなわち東南アジア島嶼部からオセアニアにかけて広く分布しているが，東南アジア大陸部や台湾からは報告が少なく，今後の研究に残された問題である。他方，こうした死体化生型神話は日本神話にも，南北アメリカ大陸からも知られ，より昔話化した形では檳榔(びんろう)や煙草など嗜好植物の起源譚となっている。プロメテウス型では，穀粒を性器などに隠して盗んだという話が東南アジアから東アジアにかけて広く見られる。

　穀物ことに稲も人間同様に霊魂を持つという観念，すなわち稲魂も広く知られる。さらに，日本語の「カミ」に相当する精霊観念，つまり人を取り巻く環境の中にさまざまな形で存在し，時に自然物や祖先や死者などと結びつく精霊に対する信仰も，東南アジアには広く見られる。ミャンマーでナッ（ト），タイやラオスでピー，カンボジアでネアック・ター，インドシナ半島山地民でヤンなどと呼ばれるのがそれである。たとえばラオスの屋敷地にはピーを祀る小祠が設けられ，米やバナナなどの供物が捧げられる。少数民族においても同様の信仰が広く見られ，ラオス北部のカム族では家の精霊をローイ・ガーン，森の精霊をローイ・ホーなどと呼ぶが，それらの性格はピーとよく似ている。こうした精霊信仰は，仏教信仰と様々に混淆しつつ共存し，時に人格化・神格化される。

　また東南アジアのヒンズー化に伴い，サンスクリットで「神，神性」を表すデバタないしデヴァタという語も各地に伝播し，パンテオン（神々の世界）に採り入れられた。たとえばスマトラ島トバ・バタック族では至高神バタラ・グルが上界に住み，中・下界にはその他の神々（デバタ）が住むが，うちデバタ・イドゥップは男女一対の木像で表される子授けの神である（【4】Warneck 1909）。ミンダナオ島のバゴボ族では，世の始めにディワタ（神）が海陸を作り，土塊

から人間をこしらえ唾をかけて最初の男女とした後，大鰻と大蟹を作った。後者が前者を咬むと地震が起きるとされている（【11】Eugenio 1993:92）。

11.7 天体にかかわる神話

　太陽・月・星など天体についての神話や観念としては，太陽と月の争いに関する神話が東南アジアから広く知られる。ことに有名なのは，かつて太陽と月の両者はそれぞれ子沢山だったが，お互い自分の子どもたちを食べてしまおうと合意し，太陽はそれを実行したが，月はしなかった。そのため月は子供たちつまり星たちと一緒に今でも夜空に現れ，太陽は一人で昼間に空に輝いている，というものである。最近のユーリー・ベリョースキンの研究では，このモチーフはアフリカやオーストラリアからも知られ，人類の神話の中でもかなり古い時代までさかのぼるものではないかとされている（図17）（【11】Berezkin 2007）。かつて太陽が複数あったとする伝承や，太陽を弓矢などで射たという話は環太平洋に広がり，東南アジアもその分布域に含まれる。たとえばミャンマーの

出典：【11】Berezkin 2007:7.

図17　月が太陽をだますモチーフの分布図

シャン人では、かつて三個の太陽が存在し、非常な高熱となったため、獣や男らは皆死んでしまったという。しかし女は聖人や菩薩の母となって善徳を得た。その後第四の太陽が出て、女たちも死んだ。生き残った巨魚の脂肪に火が点き、全世界を焼き尽くした後、何千年・何万年も経って世界は再創造されたが、この世界もやがてまた燃え尽きるという。これは仏教化されているが、より素朴な伝承、すなわち二個の太陽のうち射られた方が月になったという物語は台湾原住民族などに見出される。

第32話　トンキン地方（ベトナム北部）マン族の太陽を射る話

　軍人として仏領インドシナに派遣されたオーギュスト・ボニファシーが採集・発表した伝承で、「世界と人類の創造にかかわる聖なる詩の概要」と題されている。

　世界は王ないし皇帝の称号をもつ精霊たちによって創られた。一人が天を創り、もう一人が地を、別の一人が木々を、というように。

　最初に地上に住んだ人類は醜悪だった。これらの人々の口は縦に裂けており、かかとを前にして歩いていた。彼らは洞窟に住み、土や生肉を食らい、動物のように、血縁も気にせずむやみに交合していた。

　天の主はこの種族を滅ぼそうと思ったが、ひとりの男だけは温情に浴した。主はこの男に天使を送り、種子を手渡させた。男が種子を播くと、それは芽を出して花を咲かせ、間もなく巨大なヒョウタンが実った。

　男が妹とともにこのヒョウタンに入ると、雨が地上に降り始めた。ヒョウタンは浮かび、水が退くと、崑崙山の頂上に停止した。

　12の天体が地上を干上がらせ、それらが非常な乾燥をもたらすと、龍王がそれらを弓で射て、二個すなわち太陽と月だけを残した。

　男は、種族を存続させるため、自分の妻と妹の夫を見つけようと旅立った。しかし黒い亀が、次には樹が、彼らに一緒になるよう説得した。なぜなら地上には彼らしかいなかったからである。

　彼らはそこで一緒になったが、困ったことに、一夜にして醜い肉塊が生まれた。男がこの肉塊を360に切ると、それらから人々と王たちと精霊たちが生まれた。

出典：Bonifacy, Auguste. 1903. Étude sur les chants et la poésie populaires des Máns du Tonkin. *Premier congrès international des études d'Extrême-Orient, Hanoi (1902). Compte rendu analytique des séances*: 85-89. Hanoi: F.-H. Schneider, pp. 87-88.

> 東南アジアに広く伝わる，兄妹婚型洪水神話と太陽を射る話が結合したもの。崑崙山・龍王など漢族からの影響も見られる。

　全世界に類例が知られる羽衣説話ないし白鳥処女の昔話は，東南アジアにも広く分布し，かつて存在した天地の交流とその途絶という楽園喪失モチーフとも通ずる。他方，天から降下した天女はしばしばスバルなどの星とされ，大林太良の研究では中国北部からベトナム，さらにルソン島北部にかけてまとまって分布している。ベトナムの例では，昔ある淋しい所に池があり，いつも天女たちが水浴していた。ある木こりが一人の着物を隠し，その天女を妻とした。二人の間に生まれた子供が三歳になった時，天女は米の下に自分の衣を見つけ，子供を置いて飛び去った。後に観音は天女を明の明星に，父と息子を宵の明星に変えたという（【9】大林 1980）。ディクソンは東南アジアの羽衣説話をインド起源と断じている。

11.8　昔話化した伝承群

　語の本来の意味での神話というより，昔話として広く知られる伝承も数多い。たとえば日本の海幸・山幸にも通ずる「失われた釣り針」は環太平洋から知られるが，東南アジアには陸上型と言うべきバージョンもある。ハルマヘラ島ガレラ族では，ある男が畑を荒らす豚に槍を投げたところ，豚は槍が刺さったまま走り去った。追って行き地下の国に着くと，地下の男が「娘が槍で刺された。治してくれたら嫁にやる」と言う。男はうまく治療し，この妻を連れて地上に戻ったが，「目を開けてはならぬ」との言いつけを破ったため，妻は失われてしまう。この話の後半部はオルフェウス型になっている。

　他にも，海などに流され放浪する英雄物語の女性版とも見なせる「ヴァギナ・デンタータ」譚，東南アジア版トリックスターと言うべき豆鹿の昔話なども広範囲から伝わる。豆鹿がワニをだまして対岸に渡るモチーフは日本の「稲羽の素兎」にも近いが，対立者が猿と亀になっている場合もあり，前者は東南アジア島嶼部の西から南にかけて，後者の型は北から東にかけて分布している。フィリピンの話では，あるとき亀と猿がバナナの木を見つけ，半分にして植えた。すなわち力の強い猿は上半分を，弱い亀は下半分を取って植えたのだが，後者だけが根を張り，葉も実もなった。亀は登れないので取ってくれと猿に頼むと猿は引き受けたが，独り占めしようとした。亀は怒り，尖った貝をたくさ

ん拾ってきて木の根元に置いた。猿は降りると貝で傷つき出血した。猿は亀に報復を企み，臼で搗（つ）かれるのと水中に放られるのとどちらかを選べと言う。亀は，自分は溺れるのが怖いと欺き，まんまと逃れたという。

第33話　フィリピン・タガログ語の猿亀合戦

　以下は，フィリピン独立運動の闘士だったホセ・リサールが，日本滞在時に知った「猿蟹合戦」とよく似た話として，フィリピンの子供なら知らぬ者のない「亀と猿の話」を報告したものであり，その後この話の比較研究に大きな刺激を与えた。なお途中に出てくる刺のある貝とは，タガログ語でスス（susu）と言う，一種の巻貝（periwinkle）のこと。

　亀と猿は川波の間に浮かぶバナナの木を見つけた。とても綺麗な木で，大きな緑の葉がしげり，根っこも付いていて，ちょうど嵐で引き抜かれたばかりのようだった。二匹はそれを岸に持って行った。「さあこれを分けて，それぞれの取り分を植えましょう」と亀が言った。二匹はそれを真中で切り，猿の方が強かったので木の上部を取った。葉があるから早く育つと思ったのだ。亀の方は弱いので，根っこはあるが醜い下部を取った。数日たって，二匹は出会った。
「こんにちは猿さん，バナナの木はどんな具合？」と亀がきいた。
「いやはや，とっくに枯れちまったよ。で，君のはどう，亀さんよ」と猿が答えた。
「ほんと，いい具合よ。葉もしげって，実もみのって。ただ，登って取ることができないの」。
「だいじょうぶ，俺が登って取ってあげるよ」と意地悪な猿は言った。
「お願いね，猿さん」と亀は感謝しながら答えた。
　こうして二匹は，亀の家へ歩いて行った。
　猿は大きな緑の葉かげに，黄色い実がたわわに輝いているのを見るやいなや，登って行き，早速ちぎって食らいつくと，がぶりと呑み込んだ。
　猿がまったく自分のことを気にしていないのを見て，「私にもちょうだいよ」と亀は言った。
「皮の一切れだって，食べられるものはやるもんか」と猿は，両のほっぺをバナナでぱんぱんにしながら答えた。
　亀は復讐を企てた。彼女は川へ行き，刺（とげ）のある貝を拾って，これをバナナの木の周りに置いて，自分はココヤシの殻に隠れた。猿が下りてくると，怪我をして血が出た。

> 長いこと探し回って，猿は亀を見つけた。
> 「この恥知らずめ，ここにいたのか！　悪さの償いをしてもらおう。死んでもらうぜ。だがな，俺は太っ腹だから，死に方を選ばせてやる。臼で挽くのがいいかい，それとも水に投げるのがいいかい，どっちがいい？」と猿は言った。
> 「臼，臼にして。溺れるのは恐いもの！」と亀が答えた。
> 「へっへっ。よっしゃ，溺れるのが恐いんだな。じゃあ溺れさせてやるよ」と猿は笑った。
> 　そして岸へ行くと，猿は亀を水中へ投げこんだ。ところが，すぐに亀は泳ぎながら現れて，してやられた狡猾な猿を嘲ったのだった。
>
> 出典：Rizal, José. 1889. Two Eastern Fables. *Trübner's Record*, 3rd series, 1(3):71-74, p. 72.

11.9　諸文明との邂逅

　東南アジアの諸民族は，様々な文明と出会い，影響をこうむってきた。そうした歴史は神話や伝承にも刻印されている。たとえば「失われた文字」の伝承は，文字を有する強力な民族と出会った際，無文字民族側が自己認識を語ってきた物語である。他方，文字を持つ国家を打ち立てた所では，建国神話が必要とされ，そこでは外来の王者や土着の異種（たとえば水界の龍）などからの系統が強調されることとなった。ベトナムの場合，北の元・明との対立の中で，13世紀末から15世紀末に建国神話の編纂がなし遂げられ，20世紀に入るとフランスやアメリカとの抗争において，再び情緒的に引き合いに出されるに至った。つまり，ベトナムの始祖王とされる雄王は龍と僊(せん)（仙人）の子であるが，ホー・チ・ミンは「龍僊の子孫よ団結せよ」と人々に蜂起を呼びかけ，アメリカとの戦争中の北ベトナムでは，彼の言葉とされる「雄王が天晴れ興した国を我々は守らなければならない」との標語が多用されたのである。こうした政治的側面とは別に，神話や昔話のもつエンターテインメントとしての作用も今日なお根強く続いている。たとえば東南アジア諸国では，元来インド由来の『マハーバーラタ』『ラーマーヤナ』といった叙事詩中の諸エピソードが，影絵劇などとも結びつきながら，人々に娯楽を提供しているのである。

本章の参考文献
【1】東南アジア地域・民族・文化の概観・書誌ほか
大林太良（編）1984『東南アジアの民族と歴史』（民族の世界史；6）山川出版社.
LeBar, Frank M., Gerald C. Hickey & John K. Musgrave (eds.) 1964. *Ethnic Groups of Mainland Southeast Asia*. New Haven: Human Relations Area Files Press.（東南アジア大陸部諸民族の概説）

LeBar, Frank M. (ed.) 1972-75. *Ethnic Groups of Insular Southeast Asia*, 2 Vols. New Haven: Human Relations Area Files Press.（東南アジア島嶼部諸民族の概説）

Embree, John F. & Lillian Ota Dotson. 1950. *Bibliography of the Peoples and Cultures of Mainland Southeast Asia*. New Haven: Southeast Asia Studies, Yale University.（東南アジア大陸部諸民族書誌）

Kennedy, Raymond. 1962. *Bibliography of Indonesian Peoples and Cultures*, 2nd ed. (Behavior Science Bibliographies). New Haven: Southeast Asia Studies, Yale University.（インドネシア諸民族の書誌）

Saito, Shiro. 1972. *Philippine Ethnography: A Critically Annotated and Selected Bibliograpy*. Honolulu: The University Press of Hawaii.（フィリピン民族学の書誌）

【2】東南アジアの神話・宗教に関する主な概説

大林太良 1985「東南アジアの神話」パノフ, ミシェル／大林太良ほか『無文字民族の神話』大林太良／宇野公一郎（訳）:57-87. 白水社.

―――― 2005「東南アジアの神話」大林太良／伊藤清司／吉田敦彦／松村一男（編）『世界神話事典』（角川選書；375）:342-348. 角川書店.

ボンヌフォワ, イヴ（編）2001『世界神話大事典』金光仁三郎（主幹）大修館書店. (1027-1107 頁に, 第8章「東南アジアの神話・宗教」)

小野明子 1974「日本神話とインドネシア神話」大林太良（編）『日本神話の比較研究』:159-200. 法政大学出版局.

Dixon, Roland B. 1916. *Oceanic*. (Mythology of All Races; Vol. 9). Boston: Marshall Jones.

Stöhr, Waldemar & Piet Zoetmulder. 1965. *Die Religionen Indonesiens*. (Die Religionen der Menschheit; Bd. 5,1). Stuttgart: W. Kohlhammer.

Stöhr, Waldemar. 1976. *Die altindonesischen Religionen*. (Handbuch der Orientalistik, 3. Abt., 2. Bd., Abschn. 2). Leiden: E. J. Brill.

シュテーア, ヴァルデマール 2000「多様性と全体性：インドネシアの宗教」エリアーデ（原案）『世界宗教史』7（ちくま学芸文庫）奥山倫明／木塚隆志／深澤英隆（訳）:137-227, 346-349, 文献解題 23-27. 筑摩書房.

Scott, James George. 1918. Indo-Chinese. *In*: Gray, Louis Herbert (ed.), *Mythology of All Races*, Vol. 12: 247-357, 429-430, 448-450. Boston: Marshall Jones.

Höfer, András, Gernot Prunner, Erika Kaneko, Louis Bezacier & Manuel Sarkisyanz. 1975. *Die Religionen Südostasiens*. (Die Religionen der Menschheit; 23). Stuttgart: W. Kohlhammer.

【3】東南アジアの建国神話

弘末雅士 2003『東南アジアの建国神話』（世界史リブレット；72）山川出版社.

生田滋 1974「東南アジアの建国神話」大林太良（編）『日本神話の比較研究』:201-267. 法政大学出版局.

山本達郎 1939「印度支那の建国説話」史学会（編）『東西交渉史論』上:261-314. 冨山房.

【4】東南アジア（・中国南部）の宣教・統治と民族学

Michaud, Jean. 2007. *'Incidental' Ethnographers: French Catholic Missions on the Tonkin-Yunnan Frontier, 1880-1930*. (Studies in Christian Mission; Vol. 33). Leiden: Brill.

Glover, Denise M., Stevan Harrell, Charles F. McKhann & Margaret B. Swain (eds.) 2011. *Explorers and Scientists in China's Borderlands, 1880-1950*. Seattle: University of Washington Press.

藤原貞朗 2008『オリエンタリストの憂鬱：植民地主義時代のフランス東洋学者とアンコール遺跡の考古学』めこん.

Aritonang, Jan Sihar & Karel Steenbrink (eds.) 2008. *A History of Christianity in Indonesia*. (Studies in Christian Mission; Vol. 35). Leiden: Brill.

Koentjaraningrat. 1975. *Anthropology in Indonesia: A Bibliographical Review*. (Koninklijk Instituut voor Taal-, Land- en Volkenkunde, Bibliographical Series; 8). 's-Gravenhage: Martinus Nijhoff.

Roxborogh, John. 2007. Asia, Southeast. *In*: Bonk, Jonathan J. (ed.), *Encyclopedia of Mission and Missionaries*. (Routledge Encyclopedia of Religion and Society): 35-39. New York: Routledge.

Vial, Paul. 1898. *Les Lolos. Histoire, religion, mœurs, langue, écriture*. (Études sino-orientales; fasc. A). Changhai: Imprimerie de la mission catholique.

Liétard, Alfred. 1913. *Au Yun-nan. Les Lo-lo p'o. Une tribu des aborigènes de la Chine méridionale*. (Biblio-

thèque-Anthropos; tome 1, 5e fasc.). Münster i. W.: Aschendorffsche Verlagsbuchhandlung.
Savina, François Marie. 1924. *Histoire des Miao*. Hongkong: Imprimerie de la Société des Missions-Étrangères.
Warneck, Johannes. 1909. *Die Religion der Batak*. (Quellen der Religions-Geschichte). Göttingen: Vandenhoeck & Ruprecht.
【5】創世・人類起源神話
Kühn, Alfred. 1935. *Berichte über den Weltanfang bei den Indochinesen und ihren Narchbarvölkern*. Leipzig: Albert Richter.
Münsterberger, Warner. 1939. *Ethnologische Studien an indonesischen Schöpfungsmythen*. Haag: Martinus Nijhoff.
Laubscher, Matthias Samuel. 1971. *Schöpfungsmythik ostindonesischer Ethnien*. (Basler Beiträge zur Ethnologie; Bd. 10). Basel: Pharos-Verlag.
大林太良 1993「東南アジア・オセアニアの犬祖説話」埴原和郎（編）『日本人と日本文化の形成』:125-134. 朝倉書店.
White, David Gordon. 1991. *Myths of the Dog-Man*. Chicago: The University of Chicago Press.（ホワイト，デイヴィッド・ゴードン『犬人怪物の神話：西欧，インド，中国文化圏におけるドッグマン伝承』金利光訳，工作舎，2001年）
Mair, Victor H. 1998. *Canine Conundrums: Eurasian Dog Ancestor Myths in Historical and Ethnic Perspective*. (Sino-Platonic Papers; No. 87). Philadelphia: Department of Asian and Middle Eastern Studies, University of Pennsylvania.
【6】楽園喪失にかかわる神話
Fischer, Henri Théodore. 1932. Indonesische Paradiesmythen. *Zeitschrift für Ethnologie*, 64: 204-245.
Anell, Bengt. 1936. The Origin of Death according to the Traditions in Oceania. *Studia Ethnographica Upsaliensia*, 20: 1-32.
山田仁史 2004「東南アジア・オセアニアにおける死の起源神話」松村一男（編）『生と死の神話』:113-129. リトン.
【7】大洪水と火の起源
Walk, Leopold. 1949. Das Flutgeschwisterpaar als Ur- und Stammeselternpaar der Menschheit. *Mitteilungen der Österreichischen Gesellschaft für Anthropologie, Ethnologie und Prähistorie*, 78-79: 60-115.
Porée-Maspero, Eveline. 1962-69. *Études sur les rites agraires des Cambodgiens*, 3 tomes. La Haye: Mouton.
Frazer, James George. 1918. *Folk-Lore in the Old Testament*, Vol. 1. London: Macmillan.
篠田知和基／丸山顯徳（編）2005『世界の洪水神話：海に浮かぶ文明』勉誠出版.
Yamada, Hitoshi. 2011. The Gourd in South Chinese and Southeast Asian Flood Myths. *In*: Shinoda, Chiwaki (éd.), *Mythes, Symbole et Images*, I: 21-36. Chiba: Librairie Rakuro.
山田仁史 2010「大洪水（Sintflut）と大火災（Sintbrand）の神話」篠田知和基編『水と火の神話：「水中の火」』:157-176. 名古屋：楽郁書院.
Frazer, James George. 1930. *Myths of the Origin of Fire*. London: Macmillan.（フレイザー，J・G『火の起原の神話』ちくま学芸文庫，青江舜二郎訳，筑摩書房，2009年）
【8】作物・稲魂・カミ
Jensen, Adolf Ellegard. 1939. *Hainuwele. Volkserzählungen von der Molukken-Insel Ceram*. Frankfurt a.M.: Vittorio Klostermann.
―――. 1966. *Die getötete Gottheit. Weltbild einer frühen Kultur*. (Urban-Bücher; 90). Stuttgart: W. Kohlhammer.（イェンゼン，Ad・E『殺された女神』人類学ゼミナール 2，大林太良／牛島巖／樋口大介訳，弘文堂，1977年）
Mabuchi, Toichi. 1964. Tales concerning the Origin of Grains in the Insular Area of Eastern and Southeastern Asia. *Asian Folklore Studies*, 23: 1-92.
大林太良 1973『稲作の神話』弘文堂.
山田仁史 2001「台湾原住民の作物起源神話」『台湾原住民研究』6:91-178.
宇野円空 1941『マライシアに於ける稲米儀礼』東洋文庫.

van der Weijden, Gera. 1981. *Indonesische Reisrituale.* Basel: Ethnologisches Seminar der Universität und Museum für Völkerkunde.
長田俊樹 2000『ムンダ人の農耕儀礼：アジア比較稲作文化論序説』（日文研叢書；21）京都：国際日本文化研究センター.
【9】天体にかかわる神話
大林太良 1999『銀河の道 虹の架け橋』小学館.
山田仁史 2011「日月の争いと星々の神話」『説話・伝承学』19: 21-40.
Mänchen-Helfen, Otto. 1937. Der Schuß auf die Sonnen. *Wiener Zeitschrift für die Kunde des Morgenlandes*, 44: 75-95.（メンヒェン=ヘルフェン，オットー「太陽を射る話」山田仁史訳・註,『比較民俗学会報』29(3)［137］:8-20,(4)［138］:1-8, 2009年）.
岡正雄 1994「太陽を射る話」大林太良（編）『岡正雄論文集 異人その他 他十二篇』（岩波文庫）:203-217. 岩波書店.（初出は1935年）
山田仁史 1998「太陽を射たモグラ：比較の視点から」『口承文芸研究』21：36-47.
Hartland, Edwin Sidney. 1891. *The Science of Fairy Tales: An Inquiry into Fairy Mythology.* London: Walter Scott.
西村真次 1927『神話学概論』早稲田大学出版部.
大林太良 1980「中国・東南アジアの星型羽衣説話」『山本達郎博士古稀記念論文集 東南アジア・インドの社会と文化』上：323-343. 山川出版社.
【10】昔話化した伝承群
Frobenius, Leo. 1904. *Das Zeitalter des Sonnengottes.* Berlin: Georg Reimer.
大林太良 1991『神話の系譜：日本神話の源流をさぐる』（講談社学術文庫；957）講談社.
後藤明 2002『南島の神話』（中公文庫）中央公論新社.
金関丈夫 1996「Vagina Dentata」大林太良（編）『新編 木馬と石牛』（岩波文庫）:253-301. 岩波書店.（1940年初出）
Ross, Sonja. 1994. *Die Vagina Dentata in Mythos und Erzählung. Transkulturalität, Bedeutungsvielfalt und kontextuelle Einbindung eines Mythenmotivs.* (Völkerkundliche Arbeiten; Bd. 4). Bonn: Holos Verlag.
西岡秀雄 1956「兎と鰐説話の伝播」『史学』29：130-149, 337-349.
小島瓔禮 1965「稲羽の素兎考」『国学院大学久我山高等学校紀要』3：98-132.
Antoni, Klaus J. 1982. *Der weisse Hase von Inaba. Vom Mythos zum Märchen.* (Münchener ostasiatische Studien; Bd. 28). Wiesbaden: Steiner.
大林太良 1995『北の神々 南の英雄：列島のフォークロア12章』小学館.
【11】その他の参考文献
山田仁史 2007「神話から見たヒトの起源と終末」野家啓一（編）『ヒトと人のあいだ』（シリーズ ヒトの科学；6）:35-62. 岩波書店.
劉咸 1936「海南黎人文身之研究」『民族學研究集刊』1：197-233.
Eugenio, Damiana L. (ed.) 1993. *Philippine Folk Literature: The Myths.* Diliman, Quezon City: University of the Philippines Press.
Berezkin, Yuri E. 2007. Out of Africa and Further Along the Coast: African-South Asian-Australian Mythological Parallels. *Cosmos*, 23: 3-28.

第12章
シノロジーから東アジア学へ
── 中国と朝鮮半島

帝江（コントン）
（『山海経』の挿画にもとづく）

12.1 東アジアの巨視的見方

　本章で取り上げるのは中国と朝鮮半島，つまり日本も合わせて「東アジア」と呼ばれる地域である。先に扱ってきた東南アジア，アフリカ，北ユーラシアなどの神話は，およそ19世紀後半には研究が進められた。それは植民地主義と深くかかわっていたことには，何度か触れてきた。しかし東アジア神話についての本格的研究は，20世紀になってようやく始まったと言える。

　しかも，ここは日本の学者による研究の蓄積が，非常に大きい地域である。それは，漢字文化という共通の基盤があることと関係している。つまり欧米の研究者は，漢字を学ぶのに苦労するためなかなか入り込めないが，日本人は近代以前から，漢字・漢文を学んできたし，今でも初等教育から学んで慣れ親しんでいるので，敷居が低い。韓国語は今でこそ基本的にハングルだけで記述するようになったが，古い史料は漢文で書かれているものが多い。中国に行って言葉が通じない場合，漢文で筆談するという手段が使えるのも，こういう文化的背景があればこそなのである。

　また，日本の学者による蓄積が多いことには，近代東アジアにおける日本の位置，というのが大きく関係してもいる。つまり日本は明治に入っていち早く近代化を推進し，その過程で欧米から色々な概念を輸入して漢語に翻訳し，それらを中国や朝鮮半島に「輸出」した。そのため東アジア各国では今も様々な近代的概念が共有されており，その中には「宗教」や「神話」といった言葉も含まれる。

　もう一点，中国と朝鮮半島そして日本に共通するのは，古典神話と，いわば非古典神話とも言うべきものが共存しているということである。先に見てきた東南アジア，アフリカ，北ユーラシア，オセアニアについては，無文字社会が多かった。無文字社会の場合，古典神話と非古典神話の区別はない。しかし東

アジアでは，古くから文字で記録された古典神話と，近現代になって口伝えのものを改めて記録された非古典神話とは，いちおう区別する必要がある。両者をつなぐ試みは面白いし必要でもあるが，なかなか難しい面もある。

さて，中国と中国神話を見る際には，この古典・非古典の区別ということに加え，以下の三点を念頭に置くべきだろう。

第一は，漢族と少数民族という区別。中国は圧倒的に漢族の多い国だが，それに加えて 55 の少数民族がいる。ただし，この 55 という数はいちおう便宜的に決められたもので，その分類の仕方は必ずしも絶対的なものではない。例えば台湾の原住民は「高山族」として一民族とされているが，台湾では代表的なものだけで九民族が戦前から区別されてきた。漢族は九割以上を占める圧倒的マジョリティで，他に満州族，モンゴル族，ウイグル族，チベット族のように比較的人口の多い民族もいるが（「五族共和」），人口統計で数千人しかいない民族もいる。

第二は，北と南での文化の違いである。「南船北馬」という言葉もあるし，北の麦（マントウや麺），南の米，といった違いもある。中国でも南部には，様々な言語が存在している（【1】橋本 1978:38-39）。これらはしばしば，漢語（「普通話」）の方言だと言われることもあるが，むしろもともと南方にあった様々な言語が，北からの漢語がかぶさることによって変化し，「漢語化」したもの，と考えた方がうまく説明できる場合も多い。こうした「漢化」（Sinicization）が中国全土で繰り広げられてきた。

第三点は中国文化一般というより，中国の古典神話に限定した話だが，体系的ではないということである。日本神話の場合，『古事記』・『日本書紀』として 8 世紀初めには文字化された。律令制を整え，唐にならった国家を作る際に，日本の独自性を確保するためという事情もあったが，こうして体系的な神話が残っている。しかし中国の場合，さまざまな資料に神話が断片的に残っている。その意味ではギリシャ神話にも多少似ている。ただ，ギリシャ神話ではアポロドロスやオウィディウスのように，ある程度まとめてくれた人がいたが，中国ではそういう試みもほとんどなかったので，さまざまな古典に散らばっている。そこで有用なのが，そうした断片的神話をあつめた資料集である。たとえば中国の袁珂（【2】袁 1980），台湾の徐志平（【2】徐 2006），日本の伊藤清司（【2】伊藤 1996）などのものがよい。

12.2　シノロジーから東アジア学へ

　さて，中国を対象とする学問すなわちシノロジー（Sinology）の先駆けとなったのは，清朝に渡ったイエズス会宣教師たちがヨーロッパにもたらした様々な報告だったが，神話の研究が始まるには20世紀を待たねばならなかった。すでに19世紀から，中国神話の断片的な紹介が行われていたとはいえ（【2】李福清 2007），本格的な研究を開始したシノロジストとしては，フランスのマルセル・グラネやアンリ・マスペロ，ドイツのエドゥアルト・エルケスやオットー・メンヒェン=ヘルフェン，カール・ヘンツェなどを挙げなければならない。

　そもそも「神話」という語は，明治期の日本で翻訳語として造られた言葉である（【8】平藤 2004:4-6）。それが中国に伝わったのは，日本に留学していた詩人の蒋觀雲が1903年に書いた，短い論文が最初であった（【2】馬編 1994上:18-20）。その後1920年前後になると，中国を近代化しようという流れの中で，国民の核となるものとして神話や民俗が必要とされ，神話研究や民俗学が本格化する。その際，魯迅（周樹人）やその弟の周作人，また早稲田大学で学んだ鍾敬文などが大きな役割を担った。

　朝鮮半島では，19世紀後半から欧米人宣教師が神話伝承の翻訳や紹介を開始し，日本統治下での研究を経て，やはり早稲田大学に留学した孫晋泰により，1920年代末から本格的研究が開始された（【10】Grayson 2001:13-23,【11】金 2014）。

　このように，近代東アジアで日本がいち早く近代化し，さまざまな「学知」を輸出したこと，その際に留学生が仲介役になったこと，などが見えてくる。また，そうした国民文化の核として神話や民俗が要請された経緯もよく分かる。同時に，中国神話の研究には，欧米の中国学者（シノロジスト）が果たした役割を決して無視できない。それは，日本神話に果たした日本学者（ジャパノロジスト）たちの意義と同様である。そして，20世紀後半以降，東アジア各国が政治・経済的重要性を強めるにつれて，欧米のシノロジーやジャパノロジーは，朝鮮半島研究も含め，今や東アジア学という，より大きな枠組みで推進されている。そこではサブカルチャーなどとともに，神話や宗教にも大きな関心が寄せられているのである。

12.3　中国の古典神話

　すでに述べたように，中国の神話というのは決して一色ではなく，様々な文

化系統から採り入れたものが混じり合って出来上がっている。北京師範大学の楊利慧らによれば、そうした中国神話には三つの特徴があるという（【2】Yang & An 2008）。

それは第一に、分散しており断片的だということ。実は日本神話というのは世界的に見ると、8世紀という早い段階において系統だって記録に残された、非常に稀なケースである。それに対し、中国の神話はこうした体系化を経ることがなかった。このため、中国神話は様々な書物の中に、断片的に残っているにすぎない。ただし後述するように、日本神話は文書として標準版ができてしまったのに対し、中国神話は諸種の書物にその多様な姿をとどめている、と評価することもできよう。

第二に、中国の神話は歴史主義的である。儒教の伝統的な考えでは「怪力乱神を語らず」という言葉があるように超常的なものを忌避する傾向があり、神話のような非合理的な考え方は、とくに知識人の間では軽蔑されて、記録に残りにくかったし、場合によっては合理的、歴史的に解釈し直されたのである。たとえば、中国の伝説上の黄帝は四面だったとされるが、孔子はこれについて、四面というのは「四つの方面に役人を派遣した」という意味だ、と合理的・歴史的な解釈を施している（【2】李／王主編 1996 上:35）。

第三に、文学書や哲学書として書き直されている点。たとえば『荘子』のような哲学書にも、神話の痕跡が見られる。

以上のような特徴が、中国神話にはある。くり返すが特によく言われるのは、断片的ということだ。ただ、ある程度まとまって古典的な神話が載せられている文献がないわけではない。そういうものとして、たとえば『山海経』や『楚辞』などが挙げられる（【2】伊藤 1996:7-9）。

断片的だとは言え、中国にもやはり神話と呼べるものが存在したということが分かっている。そのうち創世神話は、三つ――ないしは女媧(じょか)・渾沌・四極・陰陽・顓頊(せんぎょく)・盤古の六つ（【2】Birrell 2000）――の系統に分けてみることができる。

第一は、女媧という女神を中心とする物語だ。媧という文字は、蛇のような生き物を意味し、自分の殻や皮を脱ぎ捨てることで若返る、といった力を表すものと解釈されることもある。女媧はしばしば男神の伏羲(ふくぎ)とペアで現れ、天地が崩れた際に補修したという神話もあるが、次は『太平御覧』巻78に引用された、後漢・応劭撰『風俗通義』による伝承である。

天地ができあがったが，まだ人間はいなかった。そこで女媧は黄土を手でこねて人間を一人一人造っていった。だが，その仕事はなかなか重労働で，休まず続けても思うようにはできあがらなかった。そこで女媧は縄を泥の中にひたし，それを引きあげて造ることにした。こうして縄から滴り落ちる泥がつぎつぎと人間になったが，黄土を丸めて造った人間が金持や高貴な人間となったのに対し，縄から滴ってできた人間は貧乏人や凡庸な人間となった（【2】伊藤 1996:37）。

次に二番目の系列の起源神話は，混沌に関するものである。たとえば前漢に書かれた『淮南子』精神訓には，次のように見える。

　この世界ができる以前は，像（かげ）だけあって形はなく，ただただ深く暗く混沌としていてつかみどころがなく，どのようになるのか，どのようにしたらよいのか，まったくわからなかった。
　そこに二柱の神が自然に出現して，天地を創る事業をはじめたが，天地はあまりにも広大で，それはいつできあがるとも，いつ終わるともなく続いた。そうこうして，やがて混沌とした中から陰気と陽気が分離し，四方と八方とが分かれ，また，剛（かた）いものと柔らかいものとが生じて，そこから万物が形づくられた。不純な気は鳥獣虫魚の類となり，純粋な気は人類となった（【2】伊藤 1996:26）。

最後の三番目は，はるか昔にいた盤古という巨人の身体が様々なものに変わったという神話である。

第34話　盤古の死と世界の創造

　盤古という巨人の身体から世界が生じたという断片的な神話。

　この世にはじめに盤古が生まれた。やがてそれが死ぬときにさまざまなものに変わった。吐く息は風や雲になり，左の眼が太陽，右の眼が月になった。胴体や手足は東西南北の四つの端と，五岳（五嶽。五つの名山）になり，血液は河川に，筋脈は山や丘陵，池や沢など大地の起伏となり，肉は耕地に，髪の毛や髭はたくさんの星々に，皮膚の毛は草や木に，歯や骨は金属や岩石に，もっともすぐれた

> 部分は珠玉に，汗は雨に，そして体内のさまざまな虫は，吹く風に感化されて田野に住む民衆となった。
>
> 出典：清・馬驌撰『繹史』巻1に引用された『五運歴年紀』の一節（【2】伊藤 1996:29）

 以上のように，中国の古典神話は断片的とは言っても，それをちょうどパズルのようにつなぎ合わせて再構成することで，中国古代の人々が宇宙や人類の起源などをどのように考えていたのか，その言わば世界観が見えてくる。ただ，なかなか分からないことも多いため，文献以外の資料を利用することもよく行なわれている。そうした一つが，考古学的資料だ（【2】伊藤 1996:17-20）。特に有名なのは，1970年代に発掘された湖南省長沙の馬王堆漢墓である。これは，三つの墓の被葬者（長沙の丞相とその妻子）が全て判明し，紀元前2世紀ということが分かっただけでなく，ここから発掘された「帛画」と呼ばれる，絹の上に図像を描いたものには，さまざまな神々や動物など興味深い図像が描かれており，中国古典神話の世界観を彷彿させるものとして大いに注目された（図18）（【2】Birrell 2000:67-68，邦訳：100-101）。現在もこうした考古学的資料は増加しつつあり，それを神話と突き合わせてみるという研究法も採られている。

12.4 中国の民間伝承・民間信仰

 もう一つ，比較資料としてしばしば利用されるものとして，少数民族の文化がある。先に述べたように，中国では55の少数民族が認定されており，その文化の中に漢族文化の古い要素が残っているのではないか，という見方がある。たとえば『楚辞』に収められた「九歌」と呼ばれる一連の詩の中に「国殤」という一節がある。これを民族学者の凌純聲は，雲南ワ族の首狩の資料をもとにして，出戦，殺敵，祭梟（さらし首を祭る），娯魂（霊魂を楽しませる），と解釈している。同様の手法を『詩経』に対して取ったのは，先に挙げたマルセル・グラネだ。彼によれば『詩経』国風の歌の数々は，中国少数民族の間に行われている歌垣のような，若い男女間で交わされる恋愛歌と解釈されるのである。

 ところで，漢族の古典神話は民間でどのように伝わったのだろうか。その重要な媒体の一つは，講談などで語られた神怪小説『封神演義』である。日本では1990年代に漫画化されるまで，あまり知られていなかった作品だが，中国民衆における人気は絶大である。もとは明代にまとめられ，舞台となっているのは殷から周にかけての時代である。周の武王が殷の紂王を伐ったとき，様々

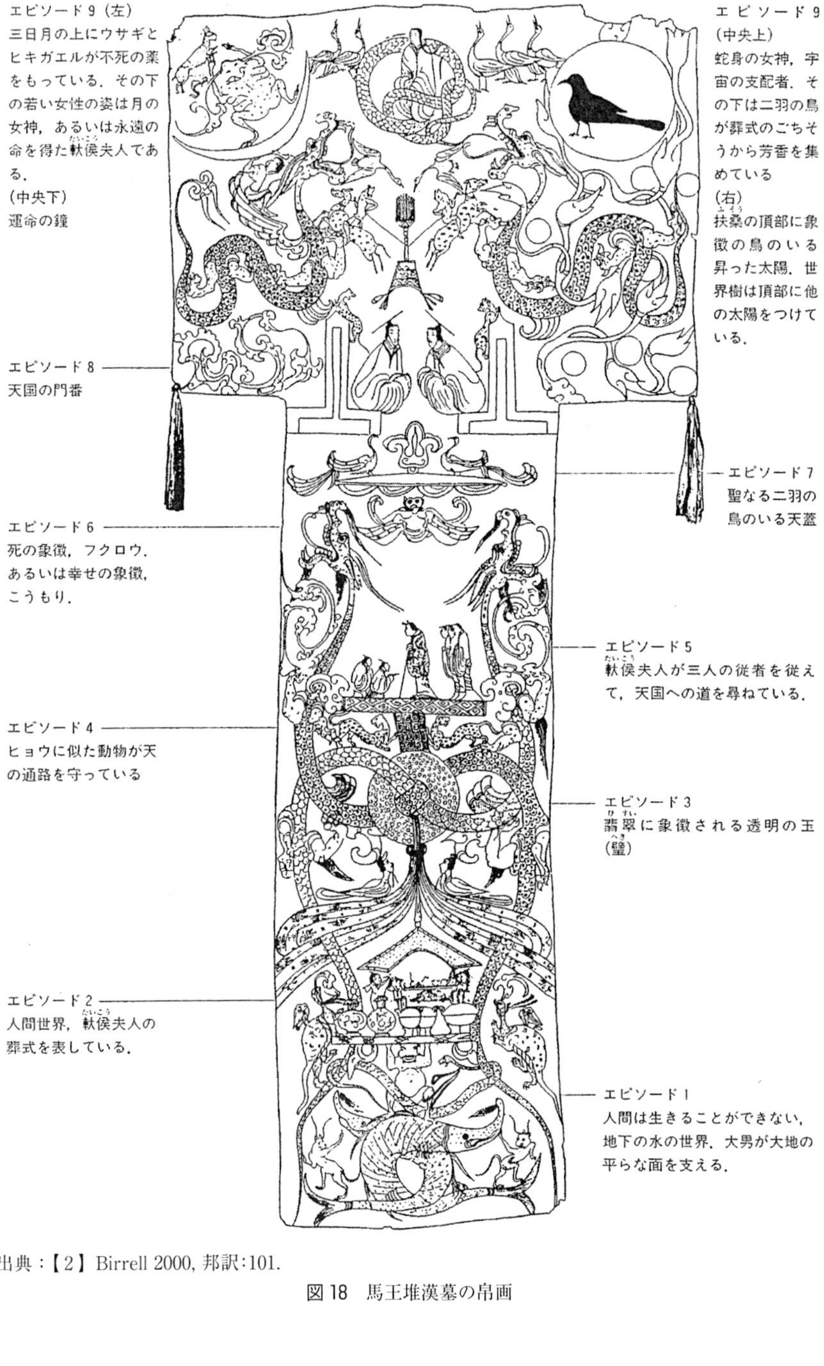

174

エピソード9（左）
三日月の上にウサギとヒキガエルが不死の薬をもっている。その下の若い女性の姿は月の女神、あるいは永遠の命を得た軑侯夫人である。
（中央下）
運命の鐘

エピソード9（中央上）
蛇身の女神、宇宙の支配者。その下は二羽の鳥が葬式のごちそうから芳香を集めている
（右）
扶桑の頂部に象徴の鳥のいる昇った太陽。世界樹は頂部に他の太陽をつけている。

エピソード8
天国の門番

エピソード7
聖なる二羽の鳥のいる天蓋

エピソード6
死の象徴、フクロウ。あるいは幸せの象徴、こうもり。

エピソード5
軑侯夫人が三人の従者を従えて、天国への道を尋ねている。

エピソード4
ヒョウに似た動物が天の通路を守っている

エピソード3
翡翠に象徴される透明の玉（璧）

エピソード2
人間世界、軑侯夫人の葬式を表している。

エピソード1
人間は生きることができない、地下の水の世界、大男が大地の平らな面を支える。

出典：【2】Birrell 2000, 邦訳:101.

図18　馬王堆漢墓の帛画

な神が参与し，「宝貝」という奇想天外な武器を使って戦い合う，壮大な物語である。漢族の間ではよく知られており，民間信仰でもお馴染みの神々が多く登場する。また，この他にも漢族の豊かな民間伝承は，多くの文献に記されて今日まで残されているのである。

第35話　中国のシンデレラ物語

　西洋のシンデレラ物語に似た話は世界に広く分布することが知られている。そのうち最古とされるのは，西暦9世紀，唐の段成式が『酉陽雑俎(ゆうようざっそ)』続集巻一に記したものだ。周知のように，日本の博物学者・粘菌学者であった南方熊楠が初めてこれに気づき，1911年の『東京人類学会雑誌』に，「西暦九世紀の支那書に載せたるシンデレラ物語」という論文を発表した。その後，欧米の研究者もこれを英語でも紹介し，広く知られるようになったのである。以下はその要約である。なお，洞(どう)とは非漢族に対する唐朝の羈縻(きび)政策下における組織の最下位の単位である。

　南方の人は次のように伝えている。秦・漢の前に呉氏という洞主がいた。土地の人は呉洞と呼んだ。彼には妻が二人いたが，一人は死んで，あとに葉限(しょうげん)という娘が残された。幼い頃から聡明で，父に可愛がられていた。しかしある年の暮れに父も亡くなると，継母にいじめられ，薪集めや水汲みに使われるようになった。
　ある時，娘は一匹の魚をとった。赤い鰭と金の目をした小さな魚である。それを秘かに飼っていたが，成長したので裏手の池へ移し，自分の食べ物の余りをやっていた。娘が池に行くと魚は必ず頭を出したが，他人が行っても出て来なかった。継母はこれを知り，娘を着換えさせて遠くへ水汲みに行かせ，自分は娘のボロ着物を着，鋭い刀を袖に隠して池へ行き，魚を呼んだ。魚はすぐに頭を出したのでこれを切り殺し，食べたところ非常に美味しかった。その骨は積肥(つみごえ)の下に隠した。
　魚が現れないので葉限が泣いていると，ざんばら髪で粗衣をまとった人が天から降りて来て，「お前の母が魚を殺したのだ。その骨は糞の下にある。それを部屋に隠して祈れば，望み通りになる」と言って慰めた。言われた通りにすると，金や宝玉，衣装も食物も望み通りに出てきた。
　洞の祭に，継母は実の娘と出かけ，葉限には庭の果物の番をさせた。彼女は母親が遠くへ行ったのを伺って，翡翠の羽で紡いだ上衣を着，金の履(くつ)をはいて出かけた。実の娘は「お姉さんに似た人がいる」と言い，継母もおかしいと思った。それで葉限は引き返したが，その折，片方の履を落とし，洞の人がそれを拾った。

洞の隣には陀汗という国があり，履は洞人に売られて，その国の王の手に渡った。王は国中の女性たちにはかせたが，合う者はなかった。しまいに葉限にはかせてみると本人であった。葉限が翡翠の衣を着け，履をはいて王の前に進み出ると，その姿は天女のような美しさだった。王は彼女を正妻とし，継母と実の娘は死んでしまった。

　以上の話は，私（段成式）の家の使用人であった李士元の話である。李はもと邕州（今の広西省南寧近辺）の洞の人で，南方の怪事をよく記憶している。

出典：唐・段成式『酉陽雑俎』続集巻一

参考：山田仁史 2011「台湾のシンデレラ？」篠田知和基（編）『愛の神話学』:459-480. 名古屋：楽瑯書院.

12.5　朝鮮半島の神話・伝説

　朝鮮半島の神話も中国同様，古典と非古典に分けることができる。古典神話が記された主な資料は，『三国史記』と『三国遺事』である。前者は，朝鮮で現存しているものとしては最古の歴史書で，全50巻から成る。高麗の仁宗の命で金富軾らが執筆し，1145年に成立した。新羅・高句麗・百済という三国の歴史を記録した正史だ。

　『三国遺事』はさらに一世紀ほど時代がくだり，モンゴルの脅威が迫る中，民族のアイデンティティを守るためもあって，先に出来た『三国史記』に漏れた事項などを集めたもので，全5巻から成る。高麗の忠烈王の時に，一然という僧が記したので，仏教説話が多い。

　これらには，とりわけ建国神話が多く記されており，朝鮮半島には天降る君主や不思議な誕生をした英雄の即位など，共通したモチーフが多く見られる。そしてこれらの他に，近現代になってから口承の形で記録された非古典神話と言うべき物語が数多く残っていることは，中国や日本とも共通しているのである。

第36話　檀君神話

　以下の原文「壇君」という表記は，今ではふつう「檀君」と書く。古朝鮮の建国神話である。

　『魏書』のいうところによると，今から凡そ2000年前，壇君王俊がでて，都を阿斯達に立て国を開いて朝鮮と号した。これは高（堯）の建国と同じ時にあたっている。

『古記』によると、むかし桓因（帝釈のこと）の庶子の桓雄は、天下を治めようと志し、人間の世に生まれることをしきりに求めた。父桓因は、このような桓雄の意図を知り、桓雄を下界に降して三危太伯に会わせ、ひろく世の人びとのために力を尽くさせようとし、天符の印三箇を授けて下界へ降し、人の世を治めさせようとした。桓雄は部下3000人を率いて太伯山（すなわち太伯、今の妙香山）の峯にある神檀樹のもとに降ってきた。ここは神市といわれ、降ってきた桓雄は桓雄天王とよばれた。桓雄は、風、雨、雲を司るものたちを率いて、穀物のみのり、生命、病気、刑罰、善悪など、おおよそ人間にとって大切な360に余る一切のことがらを執り行って世を治め導いた。

　ときに一匹の熊と一匹の虎がおって、しかも同じ穴に住んでいたが、つね日頃、人に生まれかわれるようにと、神である桓雄に祈願していた。あるとき神は1くゆりのあらたかなよもぎと、20枚のにんにくを与えていうのに「お前たちはこれを食え、そして陽の光を見ないで日を過せ。そのようにして100日をかぞえるとたちまち人の形となることができよう」と。熊と虎は、いただいたこのよもぎとにんにくを食べ、忌みこもること21日めに熊だけは女身となった。虎は忌むことが十分でなかったために、人間の姿になりおおせることはできなかった。女身となった熊は、結婚相手がなかったので、日夜、檀樹のもとで呪願したところ、孕む身となった。これはかりそめの姿となった桓雄が女熊と結婚して孕ませたもので、女熊はやがてその子を生むこととなった。

　この子はのちに自ら壇君王俟ととなえ、唐高の即位50年、庚寅の年に都を平壌城（今の西京）に定め、はじめて朝鮮と称した。また都を白岳山の阿斯達に遷した。またの名を弓忽山あるいは今弥達ともいう。王俟は1500年にわたって国を治めた。（後略）

出典：『三国遺事』紀異第一「古朝鮮」（【10】三品 1975-95 上：300-301、一部改変）

本章の参考文献
【1】中国・東アジアの巨視的見方
Eberhard, Wolfram. 1968. *The Local Cultures of South and East China.* Translated from the German by Alide Eberhard. Leiden: E. J. Brill.（エバーハルト、W『古代中国の地方文化：華南・華東』白鳥芳郎監訳、六興出版、1987年）
橋本萬太郎 1978『言語類型地理論』弘文堂.
──────（編）1983『漢民族と中国社会』（民族の世界史；5）山川出版社.
大林太良 1996『東と西 海と山：日本の文化領域』（小学館ライブラリー；92）小学館.
大林太良／生田滋 १९९७『東アジア民族の興亡：漢民族と異民族の四千年』日本経済新聞社.
片岡樹／シンジルト／山田仁史（編）2013『アジアの人類学』（シリーズ来たるべき人類学；4）横浜：春風社.
【2】中国神話に関する主な概説・基本資料集成・研究・書誌
伊藤清司 1996『中国の神話・伝説』東京：東方書店.
────── 2012「中国の神話」大林太良／伊藤清司／吉田敦彦／松村一男（編）『世界神話事典：世界の神々の誕

生』（角川ソフィア文庫）：27-36. 角川学芸出版.
伊藤清司先生退官記念論文集編集委員会（編）1991『中国の歴史と民俗』第一書房.
『中国民話の会通信』82号（「追悼伊藤清司先生」2007年9月。略年譜・主要著書論文目録を付す）
君島久子 1983『中国の神話：天地を分けた巨人』（世界の神話；7）筑摩書房.
松村武雄 1976『中国神話伝説集』（現代教養文庫；875）社会思想社.
徐志平 2006『中國古代神話選注』台北：里仁書局.
袁珂 1980『神話選訳百題』上海：上海古籍出版社.
―――― 1989『中国民族神話詞典』成都：四川省社会科学院出版社.
―――― 1993『中国の神話伝説』上下，鈴木博訳，青土社（1950年原著初出，84年増補版）
―――― 1998『中国神話大詞典』成都：四川辞書出版社.（1985年初版の訳は『中国神話伝説大事典』鈴木博訳，大修館書店，1999年）
《中国各民族宗教与神話大詞典》編審委員会（編）1993『中国各民族宗教与神話大詞典』北京：学苑出版社.
馬昌儀（編）1994『中国神話学文論選萃』上下，北京：中国広播電視出版社.
鍾敬文（学術総監）苑利（主編）2002『神話巻』（二十世紀中国民俗学経典）北京：社会科学文献出版社.
―――― 2002『伝説故事巻』（二十世紀中国民俗学経典）北京：社会科学文献出版社.
―――― 2002『史詩歌謡巻』（二十世紀中国民俗学経典）北京：社会科学文献出版社.
楊利慧 1999『女媧溯源：女媧信仰起源地的再推測』（中国民間文化探索叢書）北京：北京師範大学出版社.
―――― 2009『神話与神話学』（新世紀高等学校教材・漢語言文学専業課系列教材）北京：北京師範大学出版社.
Yang, Lihui（楊利慧）& Deming An（安徳明）2008. *Handbook of Chinese Mythology*. (Handbooks of World Mythology). New York: Oxford University Press.
Birrell, Anne. 2000. *Chinese Myths*. London: British Museum Press.（ビレル，アン『中国の神話』丸善ブックス99，丸山和江訳，丸善，2003年）
李福清（Riftin, Boris）1991『中國神話故事論集』馬昌儀（編）台北：臺灣學生書局.
―――― 2007『中国各民族神話研究外文論著目録 1839-1990』北京：北京図書館出版社.
李亦園／王秋桂（主編）1996『中國神話與傳説學術研討會論文集』上下（漢學研究中心叢刊 論著類；第5種）台北：漢學研究中心.
賀学君／蔡大成／櫻井龍彦（編）2012『中日学者中国神話研究論著目録総覧』（中国社会科学院民俗学研究書系）北京：中国社会科学出版社.

【3】現代日本における中国神話研究
百田弥栄子 1999『中国の伝承曼荼羅』（三弥井民俗選書）三弥井書店.（中国語訳は『中国伝承曼荼羅：中国神話伝説的世界』范禹訳，北京：民族出版社，2005年）
―――― 2004『中国神話の構造』三弥井書店.
―――― 2015『シルクロードをつなぐ昔話：中国のグリム童話』三弥井書店.
森雅子 2005『西王母の原像：比較神話学試論』慶應義塾大学出版会.
―――― 2013『神女列伝：比較神話学試論2』慶應義塾大学出版会.
斧原孝守 1992「雲南少数民族の月食神話」『比較民俗学会報』13(3):16-27.
―――― 1996「オオゲツヒメ・ウケモチノカミ神話考：中国の民間説話との比較」『口承文芸研究』19:64-77.
―――― 1999「陽物の橋」『中国民話の会通信』54:4-8.
―――― 2002「中国大陸における『脱皮喪失神話』について」『比較民俗学会報』22(4):1-11.
―――― 2005「『猿蟹合戦』とモズクガニ：猿と蟹はなぜ争うのか」『説話・伝承学』13:114-126.
―――― 2006「神武東征伝説の源流：昔話『奪われた三人の王女』（ATU三〇一）との比較」『東アジアの古代文化』126:159-175.
―――― 2008「中国少数民族神話から見た猿田彦の原像：猿祖神話との関連をめぐって」『猿田彦大神フォーラム年報 あらはれ』11:166-185.
―――― 2010「失われた人間の尾：中国大陸の二次的な人間起源神話の一類型」『比較民俗学会報』31(1):5-14.
―――― 2015「東アジアにおける昔話モチーフの分布」『口承文芸研究』39:177-187.

【4】中国民間伝承の主な集成およびタイプ・インデックス（類型索引）
飯倉照平（編訳）1993『中国民話集』（岩波文庫）岩波書店.
Eberhard, Wolfram. 1937. *Typen chinesischer Volksmärchen*. (FF Communications; No. 120). Helsinki: Suomalainen Tiedeakatemia.（中国語訳は艾伯華『中国民間故事類型』王燕生／周祖生訳，劉魁立審校，北京：商務印書館，1999 年。日本語訳は馬場英子／瀬田充子／千野明日香編訳『中国昔話集』1・2，東洋文庫 761・762，平凡社，2007 年）
Ting, Nai-tung. 1978. *A Type Index of Chinese Folktales: In the Oral Tradition and Major Works of Non-Religious Classical Literature*. (FF Communications; No. 223). Helsinki: Suomalainen Tiedeakatemia.（中国語訳は丁乃通『中国民間故事類型索引』中国民間文化研究書系，鄭建威／李倞／商孟可／段宝林訳，李広成校，武漢：華中師範大学出版社，2008 年）
金榮華 2007『民間故事類型索引』上中下，台北：中國口傳文學學會.
【5】道教にかかわる民俗信仰と神々
二階堂善弘 1998『封神演義の世界：中国の戦う神々』（あじあブックス；6）大修館書店.
――― 2002『中国の神さま：神仙人気者列伝』（平凡社新書；130）平凡社.
――― 2003『中国妖怪伝：怪しきものたちの系譜』（平凡社新書；176）平凡社.
実吉達郎 1996『中国妖怪人物事典』講談社.
陸西星（撰）鐘伯敬（評）1996『封神演義』（中國古典名著）楊宗瑩（校訂）繆天華（校閱）台北：三民書局.
許仲琳（編）1995『完訳 封神演義』上中下，矢野真弓／川合章子（訳）横浜：光栄.
八木原一恵（編訳）1999『封神演義』（集英社文庫）二階堂善弘（解説）集英社.
曾勤良 1984『臺灣民間信仰與封神演義之比較研究』台北：華正書局.
【6】中国民俗学と，中国における神話研究の展開
子安加余子 2008『近代中国における民俗学の系譜：国民・民衆・知識人』御茶の水書房.
叶舒憲 2005『老子与神話』（新世紀学人文萃）西安：陝西人民出版社.（pp. 268-291「中国神話学百年回眸」）
Li, Jing (ed.) 2015. *Chinese Folklore Studies: Toward Disciplinary Maturity*. (Asian Ethnology; Vol. 74, No. 2). Nagoya: Nanzan Institute for Religion and Culture.
【7】鍾敬文の中国神話・民間伝承研究の主著とその評伝資料集
鍾敬文 2002『民間文芸学巻』（鍾敬文文集）合肥：安徽教育出版社.
――― 2002『民俗学巻』（鍾敬文文集）合肥：安徽教育出版社.
楊哲（編）2004『中国民俗学之父：鍾敬文生涯・学芸自記与学界評述』合肥：安徽教育出版社.
【8】近代日本の学知としての神話学その他の諸学問とアジア（とくに中国・朝鮮半島）での展開
平藤喜久子 2004『神話学と日本の神々』弘文堂.
山室信一 2001『思想課題としてのアジア：基軸・連鎖・投企』岩波書店.
岸本美緒（編）2006『東洋学の磁場』（岩波講座「帝国」日本の学知；第 3 巻）岩波書店.
末廣昭（編）2006『地域研究としてのアジア』（岩波講座「帝国」日本の学知；第 6 巻）岩波書店.
Tanaka, Stefan. 1993. *Japan's Orient: Rendering Pasts into History*. Berkeley: University of California Press.
【9】欧米の中国学（シノロジー），そこにおける神話研究の主要成果およびその概観
Granet, Marcel. 1919. *Fêtes et chansons anciennes de la Chine*. Paris: Ernest Leroux.（グラネ，M『中国古代の祭礼と歌謡』東洋文庫 500，内田智雄訳，平凡社，1989 年）
―――. 1926. *Danses et légendes de la Chine ancienne*, 2 tomes. Paris: Félix Alcan.（グラネ，マルセル『中国古代の舞踏と伝説』明神洋訳，せりか書房，1997 年）
Maspero, Henri. 1924. Légendes mythologiques dans le *Chou King*. *Journal Asiatique*, 204: 1-100.
Erkes, Eduard. 1926. Chinesisch-amerikanische Mythenparallelen. *T'oung Pao*, 24: 32-53.
Mänchen-Helfen, Otto. 1935. Herakles in China. *Archiv Orientální*, 7(1-2): 29-34.
Hentze, Carl. 1932. *Mythes et symboles lunaires. Chine ancienne, civilisations anciennes de l'Asie, peuples limitrophes du Pacifique*. Anvers: De Sikkel.
―――. 1955. *Tod, Auferstehung, Weltordnung. Das mythische Bild im ältesten China, in den grossasiatischen und zirkumpazifischen Kulturen*, 2 Bde. Zürich: Origo Verlag.
松本信広 1932「古代文化論」『現代史学大系』第 10 巻：1-216. 共立社.

石田幹之助 1932『欧米に於ける支那研究』創元社.
後藤末雄 1969『中国思想のフランス西漸』全2巻（東洋文庫；144・148）矢沢利彦（校訂）平凡社（初出は1933年）
青木富太郎 1940『東洋学の成立とその発展』蛍雪書院.
福井文雅 1991『欧米の東洋学と比較論』隆文館.
――― 2008『ヨーロッパの東方学と般若心経研究の歴史』五曜書房.
高田時雄（編）1996『東洋学の系譜 欧米篇』大修館書店.
菊地章太 2007『フランス東洋学ことはじめ：ボスフォラスのかなたへ』研文出版.
黄長／孫越生／王祖望（主編）2005『欧洲中国学』北京：社会科学文献出版社.
【10】朝鮮半島の神話・民間伝承の概説・基本資料・研究・タイプインデックス
松原孝俊 2012「朝鮮半島の神話」大林太良／伊藤清司／吉田敦彦／松村一男（編）『世界神話事典：世界の神々の誕生』（角川ソフィア文庫）:37-48. 角川学芸出版.
黄浿江 1991『韓国の神話・伝説』宋貴英（訳）東方書店.
金両基 1995『韓国神話』青土社.
依田千百子 1985『朝鮮民俗文化の研究』瑠璃書房.
――― 1991『朝鮮神話伝承の研究』瑠璃書房.
――― 2007『朝鮮の王権と神話伝承』勉誠出版.
三品彰英 1972『増補 日鮮神話伝説の研究』（三品彰英論文集；第4巻）平凡社.
三品彰英（遺撰）村上四男（編集代表）1975-95『三国遺事考証』全5冊、塙書房.
金厚連／田畑博子 2006『韓国神話集成』第一書房.
Grayson, James H. 2001. *Myths and Legends from Korea: An Annotated Compendium of Ancient and Modern Materials*. London: Routledge.
金富軾 1980-81『完訳 三国史記』上下, 金思燁（訳）六興出版.
一然 1980『完訳 三国遺事』金思燁（訳）六興出版.
今村鞆 1941『高麗以前の風俗関係資料撮要』京城：朝鮮総督府中枢院.
孫晋泰 2009『朝鮮民譚集』増尾伸一郎（解説）勉誠出版.（初出は1930年）
崔仁鶴 1976『韓国昔話の研究：その理論とタイプインデックス』弘文堂.
――― 1977『朝鮮伝説集』日本放送出版協会.
Choi, In-hak（崔仁鶴）1979. *A Type Index of Korean Folktales*. Seoul: Myong ji University Publishing.
【11】朝鮮半島における民俗学・人類学の展開
三品彰英 1960「朝鮮民俗学：学史と展望」『民俗学の成立と展開』（日本民俗学大系；1）:131-145. 平凡社.
全京秀 2004『韓国人類学の百年』岡田浩樹／陳大哲（訳）風響社.
金廣植 2014『植民地期における日本語朝鮮説話集の研究：帝国日本の「学知」と朝鮮民俗学』勉誠出版.

終章
現代における神話と神話学

　12章にわたり、世界の神話の成り立ちと「発見」・翻訳のあゆみをたどってきた。最後に本章では、神話が現代の我々に訴えるものとは何か、すでに紹介した話も交えながら、改めて考えてみることにしよう。神話とは遠い昔の話ではなく、今の私たちにも身近な存在であることが、意識できるのではなかろうか。

　たとえば『日本書紀』によれば、この世界ははじめ鶏の卵のように混沌（こんとん）としていたが、やがて天地が分かれ、神々や日本の国土が生まれたと言われる。フィンランドの国民的叙事詩『カレワラ』でも、はるか大昔に鴨の卵が割れて、その下部が大地に、上部が天空に、黄みが太陽に、そして白みが月に変わったとされていた。これらの他にも、卵から宇宙・世界が生じたという創世神話はエジプトやギリシャ、ペルシャ、インド、中国、ポリネシアなど、さまざまな地域・民族に伝えられてきた。現代の科学的知識からすれば、こんな神話はばかげた空想と映るかもしれないが、果たして本当にそうだろうか。ビッグバン宇宙論を提唱したベルギーのルメートルは、「宇宙卵」の爆発から宇宙が誕生したと考えた。物理学者の彼は聖職者でもあり「真理に至る道は二つある」とも述べている。科学と神話・宗教は、一見別の物と思われがちだが、意外と近い関係にあるとも言えるのだ。

　本書では、女神の体が変じた作物についても詳しく述べてきた。東インドネシアの神話では、むかしハイヌヴェレという不思議な女の子が、宝物を自在に出すので村人たちに嫉妬され、殺された。その後、死体の各部が、島民の主食であるさまざまなイモに変わったと言う。『古事記』ではオオゲツヒメという女神が殺され、その頭部に蚕、両目に稲、耳にアワ、鼻に小豆、陰部に麦、尻に大豆ができた。北米クリーク族では、大昔あるおばあさんが「自分の身体を耕地の上で引きずるように、そして三カ月後に見に来るように」と言った。人々がその通りにすると、畑にはトウモロコシと豆が育っていた。今の我々に

はちょっと残酷に思えてしまう，こうした神話は何を伝えているのだろうか。おそらく原始の農耕民は，作物が生まれては枯れ，あるいは収穫されて，また次の農耕サイクルがめぐってくるのに驚異をおぼえたのだろう。そして「生の前提には死がある」という考えを，これらの神話に表現したのではなかろうか。貴い犠牲の上にできた作物だととらえるなら，今日の人間も「粗末には扱えない」という気持ちになるかもしれない。

　本書でしばしば触れてきた英雄の神話も世界に広く知られる。たとえばオイディプスの神話。ギリシャ・テバイの王ライオスの息子である。「男子が生まれたら，お前はその子に殺されるだろう」という不吉な神託を信じたライオスは，生まれたオイディプスを棄てたが，彼はさまざまな苦難を経てたくましく成長し，結局ライオスを殺して神託は成就された。その途中スフィンクスから出された「朝は四本足，昼は二本足，晩は三本足の生き物は何か」という謎かけに「人間」と正解した話は有名である。このように，いったん棄てられて放浪し，その過程で妻や超自然力を手に入れる英雄の神話・伝説はたくさんある。ペルシャのキュロス王，ローマのロムルス・レムス，怪物退治のペルセウスや，ヤマタノオロチを退治したスサノオなどもそうした例だ。世界各地の英雄神話にこうしたパターンが共通するのは，やはり人間の深層心理に訴えかける何かがあるからだろう。現代では，このパターンを映画や小説に応用する試みも現れている。ハリウッド映画のシナリオ用マニュアルに採用されているほどなので，読者にも思いあたる作品があるかもしれない。

　最後に洪水神話と聞くと，『聖書』に出ていたノアの洪水を思い出すかもしれないが，日本にも洪水伝承がある。岩手県洋野町（旧大野村）の話では，天地開闢の頃，大津波が起き，海水が川を逆流して大洪水になり，人々は流されて死んでしまったという。しかし，神からの予言を信じた夫婦だけは助かったと言われる。「天地開闢の頃」というのだから，これは地域に伝わるれっきとした神話である。実は，この地域は1896年（明治29），1933年（昭和8），そして2011年（平成23）の大津波で，川をさかのぼる激流に見舞われ，大きな被害を受けた。言い伝えにある津波の描写も，災害を体験した人たちならではのものだろう。また宮城県多賀城市にある名所（歌枕）・末の松山には，「かつて海嘯があったが，ここまでは到達しなかった」という伝説がある。実際，東日本大震災の時も，やや高台になっているこの場所までは津波が及ばなかった。洪水神話・伝説には，このように，災害をリアルに体験した人々が，その記憶

表7 〈滅びの風景〉としての神話 比較表

神話	成立年	書名	著者	原語	対抗勢力	本書で扱った章
日本	712	『古事記』	太安万侶	上代日本語	唐・新羅など	第8章
ゲルマン	9～12世紀	『エッダ』	?	古アイスランド語	キリスト教	第4章
マヤ	1554～58	『ポポル・ヴフ』	?	キチェ語	スペイン	第9章
フィンランド	1835	『カレワラ』	リョンロット	フィンランド語	キリスト教・ロシア	第10章
アイヌ	1923	『アイヌ神謡集』	知里幸恵	アイヌ語	和人	第8章

を後代へ継承するという役割もあったのではないかと思われる。

　以上の例からも，広い意味における神話が決して現代社会にも無縁でないことが分かるだろう。では，世界の神話が民族や時代をこえ，人の心をひきつけるのは，なぜだろうか。面白いから？　美しいから？　根源的な物語だから？

　そうかもしれない。しかしそれだけではない気がする。神話というのは〈滅びの風景〉を描いたものだから，ということを私は考えている。簡単に言うなら，神話というのは異なる民族同士，異なる宗教同士が出会い，弱い側が滅ぼされる直前に，自分たちの伝承を後世に残したい，という，切なくも強い思いから，書き残した場合がある，ということだ。まるで遺言や辞世の句のように──。

　「白鳥の歌」という言葉をご存じだろうか。白鳥は，死ぬまぎわに最も美しい声で歌うと言われる。自らの伝統が眼前で崩壊していく〈滅びの風景〉を目にした詩人たち。彼らも最後の気力を振りしぼり，戦慄におののきながら，文字を書きつづったのではないだろうか。だからこそ，神話は我々の心を打つのだと私は思う。本書で見てきた日本神話，ゲルマン神話，マヤ神話，フィンランドの『カレワラ』，アイヌ神話にもそういう側面があることを，思い出してほしい（表7）。

　では，神話研究としての神話学は現在，どんな状況にあるのだろうか。本書の中でもちらほら紹介はしてきたが，本書はいわば，19世紀末から20世紀にかけての神話学に対して，基盤を提供した資料の性質や形成・伝来過程を追いかけてきた。これらの資料を利用しながら，言語学・民族学・人類学・心理学・文学・宗教学といったさまざまな分野の研究者たちが，神話の研究に取り組んできた。そして21世紀に入り，2006年に国際比較神話学会（International

Association for Comparative Mythology）が結成され，研究手法や研究視角はますます多様化しているのが現状である。

　おそらく，人間がこの世に存在するかぎり神話は読みつがれ，語りつがれてゆくことと思う。そして，それらを研究する学問としての神話学に取り組む人も，絶えることはないと信じている。

本章の参考文献：19世紀から20世紀における神話学の諸理論
大林太良 2012「神話学の方法とその歴史」大林太良／伊藤清司／吉田敦彦／松村一男（編）『世界神話事典　創世神話と英雄伝説』（角川ソフィア文庫）：24-54. 角川書店.
松村一男 1999『神話学講義』（角川叢書；5）角川書店.
エリアーデ，ミルチャ 1987「19・20世紀における神話：神話の宗教的価値と論理的構造を求めて」久米博（訳），シュール，P=M／F・L・アトリー／J・セズネック／F・ハード／M・エリアーデ『神話の系譜学』（叢書ヒストリー・オヴ・アイディアズ；13）：160-211. 平凡社.
Segal, Robert A. 2004. *Myth: A Very Short Introduction*. Oxford: Oxford University Press.
楊利慧 2009『神話与神話学』（新世紀高等学校教材）北京：北京師範大学出版社.（とくに下編「神話研究的理論与方法」）

あとがき

　想い起こせば，異文化への興味を最初にかき立てられたのは，梅棹忠夫／石毛直道編『世界地理Ⅰ　自然とくらし』(学研の図鑑，1974年)によってだった。世界にはこんなにも様々な暮らし方があるのかと，いつまでも飽きることなく写真と文章に見入っていた。神話学との出会いはもう少し遅い。井上光貞『神話から歴史へ』(日本の歴史1，中央公論社，1965年)を手に取ったのは小学校高学年のころだったが，日本神話と似た話が国外にも分布することを知り，興奮が止まらなかった。大林太良先生がその部分の執筆を手伝っていたことは，むろん当時は知らなかった。

　大学生になり，その大林先生の『神話学入門』(中公新書，1966年)を読み，実際お会いする機会に恵まれたことが，私のその後の歩みを決定づけた。阿佐谷のご自宅に何度も足を運び，直接に教えを受けた時間は，今ではかけがえのない財産となっている。先生の書名を意識しつつ，「新」と名づけた本書はまずもって，今は亡き大林先生に捧げたく思う。とはいえ私は本書において，師の名著との違いも認識しているし，こうした試みが自分の手に余るものであることも自覚している。ただ，一人の人間の視点から，統一的に全世界の神話を描き出すことが多少とも意義あることと思い，浅学の身ながら挑戦してみた結果であり，誤りや不足の点は今後も修正・補充を加えてゆきたく考えている。

　大学院に入ってから今日にいたるまで，神話・神話学については大林先生以外にも，多くの方々にご教示いただいてきた。その中で直接お目にかかり，特にお世話になった皆様の名前を記し，謝意を表したい(姓の五十音順，敬称略)。伊藤清司，マイケル・ヴィッツェル(Michael Witzel)，沖田瑞穂，荻原眞子，長田俊樹，斧原孝守，加藤隆浩，紙村徹，木村武史，後藤明，後藤敏文，篠田知和基，島崎啓，中堀正洋，ハンス゠ヨアヒム・パプロート(Hans-Joachim Paproth)，平藤喜久子，ユーリー・ベリョースキン(Yuri Berezkin)，松村一男，丸山顯德，百田弥栄子，森雅子，楊利慧(Yang Lihui)，吉田敦彦，鹿憶鹿(Lu Yilu)，渡邉浩司。

　さて本書は基本的に書き下ろしだが，旧稿を利用した箇所もある。それらを以下に記すが，いずれも今回，大なり小なり書き直した。

第 1 章
・「神話から見たヒトの起源と終末」野家啓一（編）『ヒトと人のあいだ』（シリーズ　ヒトの科学；6）：35-62, 岩波書店, 2007 年の一部を組み入れた。

第 3 章
・「北アメリカの神々：大自然に住まう神霊と神獣たち」松村一男（編）『世界の神々の事典：神・精霊・英雄の神話と伝説』（エソテリカ事典シリーズ；5）：246-247, 学研, 2004 年を 3.4. に利用。

第 7 章
・「オセアニアの神々：太平洋に浮かぶ多様な創世神話」松村（編）同上書：254-255 を 7.7. に利用。

第 8 章
・「シーボルトと 19 世紀の日本神話研究」『シーボルトが紹介したかった日本』：25-33, 佐倉：国立歴史民俗博物館, 2015 年が, 8.2. および 8.3. と一部重複。

第 9 章
・「マヤの神々：古代文明が伝える世界の創造と破壊」松村（編）同上書：248-249 及び
・「アステカの神々：創造神ケツァルコアトルと人身供犠」松村（編）同上書：250-251 の 2 編を 9.1. に,
・「インカの神々：アンデスを翔ける英雄神ヴィラコチャ」松村（編）同上書：252-253 を 9.3. に利用。

第 10 章
・「アフリカの神々：王国を守護する聖王とトリックスター」松村（編）同上書：256-257 を 10.2. に利用。

第 11 章
・山田仁史ほか「東南アジアの神話」篠田知和基／丸山顕德（編）『世界神話伝説大事典』：304-330, 勉誠出版, 2016 年のうち筆者執筆の概説部分（304-309 頁）を大幅に利用。

終章
・「神話と私たち」（科学の泉）全 6 回,『河北新報』2013 年 6 月 11 日-16 日連載および
・「なぜ，神話は滅びないのか？」（仙台放送ニュースアプリ「東北大学コラム」2015 年配信）を組み入れた。

　なお私事になるが，本書を書き終えた今，あらためてレコード店を営む両親からの影響の大きさを思わずにいられない。小さい頃からクラシック音楽に親しむ環境で育った私は，無意識の反発もいささかあってか民族学へと進み，主としてかつての無文字社会を調査研究してきたが，気づけば本書はヨーロッパ精神史において異文化，とりわけ神話がどう見られてきたかを辿っている。結局，私の内に形づくられていた西洋文化史というひとつの座標軸が，民族学と神話学をつなぎ合わせる形で本書に結実したのだろう。その過程では，妻とともに息子に対し，絵本の読み聞かせをしたのも大きな経験だった。どれだけ沢山のことを発見できたか知れない。

　本書のところどころに語り口調が残っているとすれば，それは講義ノートをもとにした部分が多いからである。神話に興味を示してくれた学生の皆さん，及びよい環境と刺激とを与えていただいた同僚の先生方に感謝申し上げたい。最後に，訳文の転載を許諾してくださった著作権者の方々，および本書の企画をもちかけ，原稿を丁寧に読んで的確なアドバイスを出し続けてくださった朝倉書店編集部に深謝したい。

2017 年 2 月　　　　　　　　　　　　　　　　　　　　　　山田　仁史

人名索引

ア　行

アストン，ウィリアム・ジョージ（William George Aston；1841-1911）　*111*
姉崎正治（1873-1949）　*73*
アーノルド，マシュー（Matthew Arnold；1822-88）　*54*
アファナーシエフ，アレクサンドル・ニコライェーヴィチ（Aleksandr Nikolajewitsch Afanassjew；1826-71）　*144, 147*
アポロドロス（Apollodōros；前2世紀）　*23*
アンクティル＝デュペロン，アブラアム・イヤサント（Abraham Hyacinthe Anquetil-Duperron；1731-1805）　*68, 77*

イシドルス（Isidorus；560頃-636）　*31*
泉靖一（1915-70）　*130*
一然（1206-89）　*176*
イデス，イスブラント（Evert Ysbrant Ides；1657-1708）　*142, 147*
伊波普猷（1876-1947）　*113*

ヴァイツ，テオドール（Theodor Waitz；1821-64）　*106*
ヴァルネック，ヨハネス（Johannes Warneck；1867-1944）　*155*
ヴィアル，ポール（Paul Vial；1855-1917）　*155*
ヴィート，マクシミリアン・ツー（Maximilian Prinz zu Wied；1782-1867）　*130*
ウィリー，ゴードン（Gordon Willey；1913-2002）　*128*
ウィルキンス，チャールズ（Charles Wilkins；1749/50-1836）　*77*
ウィルケン，ヘオルヘ・アレクサンデル（George Alexander Wilken；1847-91）　*154*
ヴィレラ，ガスパル（Gaspar Vilela；1524-72）　*109*
ヴィンテルニッツ，モーリッツ（Moriz Winternitz；1863-1937）　*72*
ウェルギリウス（Publius Vergilius Maro；前70-前19）　*28*
ヴェルハウゼン，ユリウス（Julius Wellhausen；1844-1918）　*12*
ウーレ，マックス（Max Uhle；1856-1944）　*130*

エウヘメロス（Euhemeros；前300頃）　*30*
江口一久（1942-2008）　*139*
エリス，ウィリアム（William Ellis；1794-1872）　*96, 103*
エルケス，エドゥアルト（Eduard Erkes；1891-1958）　*170*
エーレンライヒ，パウル（Paul Ehrenreich；1855-1914）　*130*

オウィディウス（Publius Ovidius Naso；前43-後17頃）　*23*
オッペール，ジュール（Jules Oppert；1825-1905）　*88*
折口信夫（1887-1953）　*108*
オルモス，アンドレス・デ（Andrés de Olmos；1485-1571）　*126*

カ　行

カストレーン，マティアス・アレクサンダー（Matthias Alexander Castrén；1813-52）　*147*
キッテル，ルードルフ（Rudolf Kittel；1853-1929）　*12*
キャラウェイ，ヘンリー（Henry Callaway；1817-90）　*137, 147*
キャンベル，ジョン・フランシス（John Francis Campbell；1822-85）　*62*
金田一京助（1882-1971）　*116*
金富軾（1075-1151）　*176*

クック，ジェームズ（James Cook；1728-79）　*94, 103*
グラネ，マルセル（Marcel Granet；1884-1940）　*170*
クラプロート，ハインリヒ・ユリウス（Heinrich

Julius Klaproth;1783-1835)　　110
グリム，ヴィルヘルム（Wilhelm Grimm;1786-1859）　57
グリム，ヤーコブ（Jacob Grimm;1785-1863）　57
グルッペ，オットー（Otto Gruppe;1851-1921）　31
グレイ，ジョージ（George Grey;1812-98）　97, 103, 147
呉茂一（1897-1977）　29
クロイツヴァルト，フリードリヒ・ラインホルト（Friedrich Reinhold Kreutzwald;1803-82）　145
クロイト，アルベルトゥス・クリスティアーン（Albertus Christiaan Kruyt;1869-1949）　155
クローカー，トーマス・クロフトン（Thomas Crofton Croker;1798-1854）　62

ゲスト夫人（Lady Charlotte Guest;1812-95）　62
ゲルラント，ゲオルク（Georg Gerland;1833-1919）　103
ケレーニイ，カール（Karl Kerényi;1896-1973）　29
ケンペル，エンゲルベルト（Engelbert Kaempfer;1651-1716）　109

コウ，マイケル（Michael D. Coe;1929-）　128
コッホ=グリューンベルク，テオドール（Theodor Koch-Grünberg;1872-1924）　130
コドリントン，ロバート・ヘンリー（Robert Henry Codrington;1830-1922）　94, 103
コルテス，エルナン（Hernán Cortés;1485-1547）　126

サ　行

サアグン，ベルナルディノ・デ（Bernardino de Sahagún;1499-1590）　127
サヴィナ，フランソワ・マリー（François Marie Savina;1876-1941）　155
サトウ，アーネスト（Ernest Mason Satow;1843-1929）　110
サルミエント・デ・ガンボア，ペドロ（Pedro Sarmiento de Gamboa;1532-92）　129

シエサ・デ・レオン，ペドロ（Pedro Cieza de León;1518頃-54）　129
シェフェルス，ヨハネス（Johannes Schefferus;1721-79）　147
シーボルト，アレクサンダー（Alexander Siebold;1846-1911）　111

シーボルト，フィリップ・フランツ（Philip Franz Siebold;1796-1866）　109, 111
シャンポリオン，ジャン・フランソワ（Jean-François Champollion;1790-1832）　80, 88
周作人（1885-1967）　170
シュターデン，ハンス（Hans Staden;1525頃-79頃）　37
シュトゥッケン，エドゥアルト（Eduard Stucken;1865-1936）　111
シュミット，イザーク・ヤーコブ（Isaac Jacob Schmidt;1779-1847）　147, 152
シュレーゲル，アウグスト・ヴィルヘルム（August Willhelm Schlegel;1767-1845）　77
シュレーゲル，フリードリヒ（Friedrich Schlegel;1772-1829）　77
蒋観雲（1866-1929）　170
鍾敬文（1903-2002）　170
ジョーンズ，ウィリアム（William Jones;1746-94）　71, 77
ジル，ウィリアム・ワイアット（William Wyatt Gill;1828-96）　103
スクールクラフト，ヘンリー・ロウ（Henry Rowe Schoolcraft;1793-1864）　130
ストルルソン，スノリ（Snorri Sturluson;1178-1241）　50
スミス，ジョージ（George Smith;1840-76）　88

ゼーテ，クルト（Kurt Sethe;1869-1934）　80
ゼーラー，エドゥアルト（Eduard Seler;1849-1922）　128

孫晋泰（1900-？）　170

タ　行

タイラー，エドワード・バーネット（Edward Burnett Tylor;1832-1917）　103, 110
タウベ，カール（Karl Taube;1957-）　128
高楠順次郎（1866-1945）　73
タキトゥス（Cornelius Tacitus;後56頃-後120頃）　50

チェンバレン，バジル・ホール（Basil Hall Chamberlain;1827-93）　111
知里幸恵（1903-22）　116

デイヴィッズ，トーマス・ウィリアム・リース（Thomas William Rhys Davids;1843-1922）　73,

77
ティチング, イサーク (Isaac Titsingh;1745-1812) 109
テヴェ, アンドレ (André Thevet;1504?-92?) 37
デ・ビュック, アドリアーン (Adrian de Buck;1892-1959) 81
デ・マレース, ピーテル (Pieter de Marees;生没年未詳) 147
徳川光圀 (1628-1700) 110
ドービニー夫人 (Madame Elizabeth d'Orbiney;生没年未詳) 88
ド・ブロス, シャルル (Charles de Brosses;1709-77) 135, 147
トリムボルン, ヘルマン (Hermann Trimborn;1901-86) 130
ド・ルージェ, エマニュエル (Emmanuel de Rougé;1811-72) 88

ナ 行

ナポレオン・ボナパルト (Napoléon Bonaparte;1769-1821) 80
南条文雄 (1849-1927) 73

ネストレ, エーバーハルト (Eberhard Nestle;1851-1913) 13
ネフスキー, ニコライ (Nikolai Nevsky;1892-1937) 114

ハ 行

ハイネ, ハインリッヒ (Heinrich Heine;1797-1856) 62
ハウプト, パウル (Paul Haupt;1858-1926) 88
バスコム, ウィリアム (William Bascom;1912-81) 3
バスティアーン, アードルフ (Adolf Bastian;1826-1905) 99, 103, 110
バチェラー, ジョン (John Batchelor;1854-1944) 115
馬場辰猪 (1850-88) 110
林鵞峯 (1618-80) 109

ヒエロニムス (Hieronymus;340頃-420) 11
ピサロ, フランシスコ (Francisco Pizarro;1478-1541) 128
ヒュギーヌス (Gaius Julius Hyginus;前64頃-後17頃) 24

ヒンクス, エドワード (Edward Hincks;1792-1866) 88
フォントネル, ベルナール・ド (Bernard le Bouier de Fontenelle;1657-1757) 42
ブラウンス, ダーヴィッド・アウグスト (David August Brauns;1827-93) 111
ブラッスール・ド・ブールブール, シャルル・エティエンヌ (Charles Étienne Brasseur de Bourbourg;1814-74) 127
フランシスコ・ヒメーネス (Francísco Ximénez;1666-1729頃) 127
プリニウス (Gaius Plinius Secundus;後23頃-後79) 35
プルタルコス (Plutarkhos;46-126頃) 82
フルトクランツ, オーケ (Åke Hultkrantz;1920-2006) 28
ブルフィンチ, トーマス (Thomas Bulfinch;1796-1867) 29
フレイザー, ジェイムズ・ジョージ (James George Frazer;1856-1941) 25
ブレーク, ヴィルヘルム (Wilhelm Bleek;1827-75) 137, 147
プロイス, コンラート・テオドール (Konrad Theodor Preuss;1869-1938) 130
フロベニウス, レオ (Leo Frobenius;1873-1938) 110
フローレンツ, カール (Karl Florenz;1865-1939) 111

ヘイエルダール, トール (Thor Heyerdahl;1914-2002) 93
ベクウィズ, マーサ (Martha Beckwith;1871-1959) 99
ヘシオドス (Hēsiodos;前8世紀) 20
ベタンソス, フアン・ディエス・デ (Juan Diez de Betanzos;1510頃-76) 129
ヘルダー, ヨハン・ゴットフリート・フォン (Johann Gottfried von Herder;1744-1803) 57
ヘンツェ, カール (Carl Hentze;1883-1975) 170
ベンファイ, テオドール (Theodor Benfy;1809-81) 77

ボアズ, フランツ (Franz Boas;1858-1942) 130
ボスマン, ウィレム (Willem Bosman;1672-?) 147
ボッカチオ, ジョヴァンニ (Giovanni Boccaccio;

索引

189

1313-75) *31*
ボッタ, パオロ・エミリオ (Paolo Emilio Botta;1802-70) *88*
ボッティチェリ, サンドロ (Sandro Botticelli;1444-1510) *26*
ボップ, フランツ (Franz Bopp;1791-1867) *77*
ボードマー, カール (Karl Bodmer;1809-93) *130*
ボニファシー, オーギュスト (Auguste Bonifacy;1856-1931) *161*
ホメロス (Homēros;前8世紀) *20*

マ 行

マクファーソン, ジェイムズ (James Macpherson;1736-96) *54*
マスペロ, アンリ (Henri Maspero;1883-1945) *170*
マスペロ, ガストン (Gaston Maspero;1846-1916) *90*
マゼラン, フェルディナンド (Ferdinand Magellan;1470頃-1521) *94*
マレー, ポール・アンリ (Paul Henri Mallet;1730-1807) *53*
マンデヴィル, ジョン (John Mandeville;生没年未詳) *36*

美馬順三 (1795-1825) *109*
ミュラー, フリードリヒ・W・K (Friedrich W. K. Müller;1863-1930) *111*
ミュラー, フリードリヒ・マックス (Friedrich Max Müller;1823-1900) *30, 72, 77*

メンヒェン=ヘルフェン, オットー (Otto Mänchen-Helfen;1894-1969) *170*

本居宣長 (1730-1801) *108*
モンテスマ (Montezuma;1466-1520) *126*
モンテーニュ, ミシェル・ド (Michel de Montaigne;1533-92) *37*

ヤ, ラ, ワ行

柳田国男 (1875-1962) *113*
ヤング, トーマス (Thomas Young;1773-1829) *80*

ラフィトー, ジョゼフ=フランソワ (Joseph-François Lafitau;1670-1740) *40*
ラング, アンドルー (Andrew Lang;1844-1912) *112*

リウィウス (Titus Livius Patavinus;前59-後17) *21*
リヴィングストン, デイヴィッド (David Livingstone;1813-73) *137*
リエタール, アルフレト (Alfred Liétard;1872-1912) *155*
リサール, ホセ (José Rizal;1861-96) *163*
リョンロット, エリアス (Elias Lönnrot;1802-84) *62, 144*

ル・ジューヌ, ポール (Paul Le Jeune;1591-1664) *39*
ルター, マルティン (Martin Luther;1483-1546) *12*
ルメートル, ジョルジュ=アンリ (George-Henri Lemaître;1894-1966) *181*

レシーノス, アドリアーン (Adrián Recinos;1886-1962) *128*
レリー, ジャン・ド (Jean de Léry;1534-1613) *37*

ロイド, ルーシー (Lucy C. Lloyd;1834-1914) *147*
魯迅 (1881-1936) *170*
ロバートソン=スミス, ウィリアム (William Robertson Smith;1846-94) *12*
ローブ, ジェームズ (James Loeb;1867-1933) *32*
ローリンソン, ヘンリー・クレズウィック (Henry Creswicke Rawlinson;1810-95) *88*
ロング, ジョン (John Long;1768-91) *130*
ロングフェロー, ヘンリー・ワズワース (Henry Wadsworth Longfellow;1807-82) *130*

ワーグナー, リヒャルト (Richard Wagner;1813-83) *62*

事項索引 (神名，作品名など含む)

ア 行

『アイヌ神謡集』　116, 117, 183
『アヴェスター』　68, 71, 77
赤ずきん　2
アーサー王伝説　2
アース・ダイバー　39, 155
アダムとエバ（イヴ）　10, 13
アニミズム　44
アフロディテ（ウェヌス）　21, 26, 31
アンプーとバータ　84

イエズス会　35, 39, 40, 42, 108, 170
イザナキとイザナミ　97, 109, 118, 154
イシス　83, 84
イシュタル　86-87
稲魂　159
イルマタル　144
インド・ヨーロッパ（印欧）語族　48, 71, 72, 92

失われた釣針　111, 162
失われた文字　164
歌垣　174
宇宙樹　51
ウトナピシュティム　85-86
海幸・山幸　111, 162
浦島太郎　62
ウラノス　24, 25, 31, 97
ウルガタ　11

英雄神話，——物語　16, 17, 22, 162, 182
エウヘメリズム　29
『エッダ』　50, 51, 54, 57, 67, 72, 183
エデンの園　10
エンキドゥ　86
円筒印章　86

オイディプス　182
王殺し　138
オオゲツヒメ　112, 181

『オシアン』　54-56, 60, 67, 72
オシリス　83, 84
オージン　51, 53
オーストロネシア語族　92, 93, 154, 159
オフルマズド（アフラ・マズダー）　68-71
オルフェウス（オルペウス）　26, 27, 42, 162

カ 行

外在魂　84
カーゴ・カルト　104
カト　100-101
神々の黄昏　51
ガヨーマルド　69-71
『カレヴィポエグ』　145, 147
『カレワラ』　130, 144, 145, 147, 183
棺柩文書　81
ガンナーグ・メーノーグ　68-70

『旧約聖書』　2, 7, 8, 10-13, 16, 20, 41, 43
巨人　172
ギルガメシュ　86-88
『ギルガメシュ叙事詩』　84-88
儀礼　18

寓意説　29
供儀　12, 18, 143
クグマッツ　124
首狩　174
クムリポ　99
クロノス　24, 25, 26, 31
クン・ボロム　155

啓蒙思想，——主義　54, 67
ゲセル　146
ケツァルコアトル　125, 126
ゲブ　81-83
言語学　71, 72, 111, 116, 137, 148, 183
犬祖神話　156

考古学　130, 173

洪水神話　　85, 158, 162, 182
国学　　108
国民国家　　57
『語源』　　31, 35
『古事記』　　20, 107, 108, 110-112, 116, 118, 123,
　　169, 181, 183
コノハナノサクヤビメ　　154

サ　行

災害　　182
最後の審判　　18
祭司資料　　11, 13, 15
サガ　　50
猿蟹合戦　　163
産業革命　　57
『三国遺事』　　176, 177
『三国史記』　　176

ジークフリート伝説　　2
『死者の書』　　81
死体化生型　　112, 113, 159
七十人訳聖書　　11
『ジャータカ』　　75, 164
シャマニズム　　142, 143
シャマン　　54, 96, 142, 143, 152
シュー　　81-82
宗教学　　72, 73
終末論　　17
『出エジプト記』　　7, 16-17
呪的逃走（マジック・フライト）　　112, 131
葉限　　175
女媧　　171-172
食人　　36-38
叙事詩　　74, 85, 86, 88, 90, 144-148, 164, 181
シンデレラ　　174, 175
『神統記』　　20, 26, 30
『新約聖書』　　7, 11-13, 17-18

スサノオ　　112, 146, 182
スフィンクス　　82, 182

ゼウス（ユピテル）　　21, 25, 41
世界巨人　　74, 75, 101
セト（テュポン）　　83, 84
セドナ　　43
『山海経』　　168, 171

『創世記』　　7, 10, 13, 15, 16

『楚辞』　　171, 173

タ　行

太陽を射る話　　161, 162
タブー　　94, 96, 104, 106
檀君（壇君）　　176

中世神話　　118

通過儀礼　　100

テペウ　　124
伝説　　1-3
天体　　160
天地分離　　23-25, 81, 96-98, 104, 156
天父地母　　44, 139

動物の主　　43, 117
トーテミズム　　12, 130
トーテム　　96
鳥占　　23
トリックスター　　43, 44, 100, 104, 137, 138, 152
トール　　53

ナ　行

『ナルト叙事詩』　　148

『ニーベルンゲンの歌』　　2, 57
『日本書紀』　　20, 107, 109-111, 169, 181
ニャムビ（ザムビ）　　138

ヌート　　81-83

ノア　　13-16, 18, 39-40, 182
ノアの洪水　　13, 15, 39, 40, 182

ハ　行

ハイヌヴェレ，――型　　112, 159, 181
白鳥処女　　101
『博物誌』　　35
羽衣伝説　　101
バナナ型　　157
パパ　　97, 104
ハルシュタット文化　　49
バルドル　　51, 54
盤古　　172

ビッグバン　　181

『ビブリオテーケー』	23-25
ビラコチャ	128
ピラミッド文書	80
フェティシズム	135, 136, 152
フェティッシュ	96, 135, 136, 152
プルシャ	73, 74
プロメテウス型	159
文化英雄	44, 102, 104
文化相対主義	37
『ブンダヒシュン』	68, 77
ヘイムダル	51, 52
『変身物語』	23, 26, 31
『封神演義』	173
骨からの再生	54
『ポポル・ヴフ（ウーフ）』	123-125, 127, 128, 181, 183
ホルス	80, 84

マ 行

マソラ	12
マナ	94-96, 104
『マハーバーラタ』	74, 75, 164
『マビノギオン』	59
巫女の予言	51
民俗学	57-59, 66, 91, 116, 143, 145, 154, 170, 183
昔話	1-3
ムルング	138
冥界	26-28
メッスー	39
モーセ	16-17
モーセ五書	7
桃太郎	2

ヤ，ラ，ワ行

ヤハウェ	10, 11, 14
ヤハウェ資料	11, 13, 15
夢の時代	100
『ヨハネの黙示録』	17
ラテーヌ文化	49
『ラーマーヤナ』	74, 164
ラモア	157
ランギ	97, 104
卵生神話	145, 156
『リグ・ヴェーダ』	73
ルガルバンダ	87
ロキ	51, 53
ロゼッタ・ストーン	80, 90
『ローマ建国史』	21
ロマン主義	54, 55, 67
ロムルス（ロームルス）とレムス	21, 182
話型索引	142

著者略歴

山田仁史(やまだひとし)

1972 年　宮城県に生まれる
1995 年　東北大学文学部卒業
2003 年　京都大学大学院人間・環境学研究科博士課程満期退学
　　　　ミュンヘン大学大学院修了
現　在　東北大学大学院文学研究科准教授
　　　　Dr. phil.
著　書　『いかもの喰い』（亜紀書房，2017）
　　　　『首狩の宗教民族学』（筑摩書房，2015）
　　　　『水・雪・氷のフォークロア』（共編，勉誠出版，2014）
　　　　『神の文化史事典』（共編，白水社，2013）　など
訳　書　F. M. ミュラー『比較宗教学の誕生』（共訳，国書刊行会，2014）

新・神話学入門

定価はカバーに表示

2017 年 4 月 20 日　初版第 1 刷
2023 年 2 月 25 日　　　第 3 刷

著　者　山　田　仁　史
発行者　朝　倉　誠　造
発行所　株式会社　朝　倉　書　店

　東京都新宿区新小川町 6-29
　郵便番号　162-8707
　電　話　03(3260)0141
　FAX　03(3260)0180
　https://www.asakura.co.jp

〈検印省略〉

© 2017 〈無断転写・転載を禁ず〉　　中央印刷・渡辺製本

ISBN 978-4-254-50025-7　C3014　Printed in Japan

JCOPY　<出版者著作権管理機構　委託出版物>

本書の無断複写は著作権法上での例外を除き禁じられています．複写される場合は，そのつど事前に，出版者著作権管理機構（電話 03-5244-5088, FAX 03-5244-5089, e-mail: info@jcopy.or.jp）の許諾を得てください．